FORSCHUNG UND PRAXIS DER GESUNDHEITSFÖRDERUNG

BAND 16

„FRÜH ÜBT SICH ..." GESUNDHEITSFÖRDERUNG IM KINDERGARTEN

Impulse, Aspekte und Praxismodelle

Dokumentation einer Expertentagung der BZgA vom 14. bis 15. Juni 2000 in Bad Honnef

D1666432

Bundeszentrale für gesundheitliche Aufklärung
Köln 2002

Die Deutsche Bibliothek – CIP-Einheitsaufnahme

„Früh übt sich ..." – Gesundheitsförderung im Kindergarten : Impulse, Aspekte und Praxismodelle ; Dokumentation einer Expertentagung der BZgA vom 14. bis 15. Juni 2000 in Bad Honnef / Bundeszentrale für gesundheitliche Aufklärung, BZgA [Red. Katharina Salice-Stephan]. – Köln : BZgA, 2002
(Forschung und Praxis der Gesundheitsförderung ; Bd. 16)

ISBN 3-933191-45-9

Herausgeberin:
Bundeszentrale für gesundheitliche Aufklärung (BZgA)
Ostmerheimer Str. 220, 51109 Köln
Tel.: 0221/8992-0
Fax: 0221/8992-300

Projektleitung: Dr. Monika Meyer-Nürnberger
E-Mail: meyer-nuernberger@bzga.de

Redaktion: Katharina Salice-Stephan
Satz: Salice-Stephan, Köln
Druck: Schiffmann, Bergisch Gladbach

Auflage: 3.2.04.04

Band 16 der Fachheftreihe ist erhältlich
unter der Bestelladresse BZgA, 51101 Köln,
und über Internet unter der Adresse http://www.bzga.de

Bestellnummer: 60616000

Vorwort

Die Gesundheit von Kindern und Jugendlichen bildet einen Schwerpunkt der Arbeit der Bundeszentrale für gesundheitliche Aufklärung. Gerade für das frühe Kindesalter lassen sich noch hohe Gesundheitspotenziale unterstellen, die es zu aktivieren und erhalten gilt. Hinzu kommt ein hohes Aufkommen gesundheitlicher Beeinträchtigungen bereits im frühen Kindesalter, das Interventionen erfordert. Bei einer gelungenen Förderung von Gesundheitskompetenzen in diesem Alter ist mit weitreichenden Wirkungen zu rechnen, die die Entwicklung der Kinder, deren gesundheitsrelevante Einstellungen und Verhaltensweisen und damit auch das spätere Gesundheitsverhalten der Erwachsenen prägen.

Ein ideales Feld für eine gezielte frühzeitige Gesundheitsförderung ist der Lebensraum der Kindergärten und Kindertagesstätten. Ein Großteil der Kinder in einer zentralen Alters- und Entwicklungsphase verbringt sehr viel Zeit in diesem Umfeld.

Vor diesem Hintergrund hat die Bundeszentrale für gesundheitliche Aufklärung im Juni 2000 eine Fachtagung zum Thema „Gesundheitsförderung im Kindergarten" veranstaltet, um die derzeitigen Erkenntnisse aus Wissenschaft und Praxis zusammenzutragen, zentrale Aspekte gemeinsam mit Experten aus Wissenschaft und Praxis zu diskutieren und empfehlenswerte Ansätze und Möglichkeiten der Gesundheitsförderung im Kindergarten vorzustellen.

Der vorliegende Band 16 aus der Fachheftreihe „Forschung und Praxis der Gesundheitsförderung" dokumentiert umfassend Inhalte und Ergebnisse der Fachtagung und soll dazu beitragen, den fachlichen Austausch — auch über die Tagung hinaus — zu fördern und die Gesundheitsförderung in diesem wichtigen Setting, wie es Kindergärten und Kindertagesstätten darstellen, zu intensivieren.

Köln, März 2002

Dr. Elisabeth Pott
Direktorin der Bundeszentrale
für gesundheitliche Aufklärung

Steckbrief der Tagung

Thema der Tagung:	Gesundheitsförderung im Kindergarten
Ziele:	• Sicherung und Intensivierung der Gesundheitsförderung im Kindergarten • Unterstützung der Arbeit der Erzieherinnen und Erzieher • Aufbereitung vorhandener Informationen (Transparenz) und Vernetzung von Aktivitäten • Implementierung und Weiterentwicklung des Setting-Ansatzes in der Gesundheitsförderung • Integration qualitätssichernder Maßnahmen
Tagungstermin:	14. bis 15. Juni 2000
Tagungsort:	Seminaris Hotel, Bad Honnef
Veranstalterin:	Bundeszentrale für gesundheitliche Aufklärung (BZgA) Ostmerheimer Str. 220 51109 Köln Tel.: +49 (0)221/89 92-0 Fax: +49 (0)221/89 92-3 00
Wissenschaftliche Begleitung:	Prof. Dr. Volker Rittner Oliver Bönsch, Jens Buksch, Dr. Nils Neuber, Deutsche Sporthochschule Köln, Institut für Sportsoziologie
Impulsreferate:	Dr. Elisabeth Pott, Bundeszentrale für gesundheitliche Aufklärung Prof. Dr. Renate Zimmer, Universität Osnabrück Prof. Dr. Cornelia Helfferich, Ev. Fachhochschule Freiburg Prof. Dr. Volker Rittner, Deutsche Sporthochschule Köln
Moderation:	Prof. Dr. Peter Franzkowiak, Fachhochschule Koblenz
Organisation:	Christine Dorer, veranstaltungen + congresse, Köln/Stuttgart Christina Paradies, Kerstin Huth, BZgA
Konzeption und Tagungsleitung:	Dr. Monika Meyer-Nürnberger, BZgA

Inhaltsverzeichnis

Gesundheitsförderung im Kindergarten – eine Einführung

Monika Meyer-Nürnberger

Hintergrund und Ziele der Tagung

Die Gesundheit von Kindern und Jugendlichen ist Schwerpunktthema der Bundeszentrale für gesundheitliche Aufklärung (BZgA). Ziel ist es, den Entwicklungsprozess der Kinder und Jugendlichen positiv zu beeinflussen und ihre Gesundheitskompetenzen zu fördern.

Die Kompetenz- und Entwicklungsförderung im Kindesalter hat in den vergangenen Jahren im Bereich der Gesundheitsförderung zunehmend an Bedeutung gewonnen. Hintergrund ist eine Sichtweise, die – angelehnt an Aaron Antonovskys Modell der Salutogenese – weniger nach den Ursachen von Krankheit als vielmehr nach den (individuellen) Gründen für Gesundheit fragt. Dementsprechend ist die Stärkung personaler Ressourcen, z.B. des Selbstbewusstseins, der Eigenverantwortung und Konfliktfähigkeit, ein wesentliches Anliegen und Ziel der Gesundheitsförderung im Kindesalter.

Ein ideales Feld für frühzeitig ansetzende gesundheitsfördernde Maßnahmen ist das Setting (Lebensraum) Kindergarten/Kindertagesstätte – ein Großteil der Kinder im vorschulischen Alter kann hier erreicht werden.

Hauptziel der Tagung war es, die Gesundheitsförderung im Kindergarten zu sichern und zu intensivieren. Schwerpunkte bildeten hierbei die Aufbereitung vorhandener Informationen (Transparenz) und Vernetzung von Aktivitäten im In- und Ausland, die Implementierung und Weiterentwicklung des Setting-Ansatzes in der Gesundheitsförderung, die Verbreitung von *Models of good practice* sowie die Integration qualitätssichernder Maßnahmen.

Als wesentliches Leitbild diente hierbei der von der Bundeszentrale für gesundheitliche Aufklärung verfolgte ganzheitliche Ansatz zur Gesundheitsförderung im vorschulischen Alter – unter Einbeziehung der epidemiologischen Grundlagen, der gesellschaftlichen und institutionellen Rahmenbedingungen wie auch unter Berücksichtigung der Arbeit und Sicht der pädagogischen Fachkräfte.

Vor diesem Hintergrund wurde der Verlauf der Fachtagung von vier inhaltlichen Themenblöcken bestimmt:

- Entwicklungsförderung im vorschulischen Alter;
- Gesundheitsförderung im Kindergartenalltag;
- Gesundheitsförderung im Kindergarten unter Berücksichtigung besonderer sozialer Lagen;
- Gesundheitsförderung im Kindergarten – Transparenz/Vernetzung und Qualitätssicherung.

Ausgewiesene Experten referierten zu den prioritären Themenbereichen. Darauf aufbauend erfolgte die vertiefte umsetzungsbezogene Diskussion in zahlreichen moderierten Workshops sowie die Ableitung übergreifender Leitfragen und Empfehlungen. Ergänzend wurden erfolgreiche Projekte präsentiert.

Struktur und Inhalt dieser Dokumentation

Entsprechend dem Tagungsverlauf gibt die vorliegende Dokumentation – nach den einführenden Worten von Dr. Elisabeth Pott, Direktorin der Bundeszentrale für gesundheitliche Aufklärung, und Dr. Rüdiger Krech, Vertreter des WHO-Regionalbüros für Europa – die Beiträge und Ergebnisse der vier Themenblöcke wieder:

Entwicklungsförderung im vorschulischen Alter

Die Entwicklungsförderung im vorschulischen Alter, die – ausgehend vom individuellen Entwicklungsstand jedes einzelnen Kindes – darauf abzielt, Kinder bei der Lösung für sie bedeutsamer Entwicklungsaufgaben zu unterstützen, bildete den ersten Themenschwerpunkt der Tagung. Der einführende Beitrag in *Kapitel 1* benennt die zentralen Gesundheitsprobleme im Kindesalter und zeigt vor diesem Hintergrund die Notwendigkeit auf, möglichst frühzeitig mit gezielten altersgerechten Maßnahmen der Gesundheitsförderung zu beginnen. Gute Anknüpfungsmöglichkeiten finden sich mit Blick auf die pädagogische Arbeit der Erzieherinnen und Erzieher, die die Kinder in einer zentralen Alters- und Entwicklungsphase begleiten. Im Workshopkontext werden Konzepte der Frühpädagogik in Hinblick auf Möglichkeiten des Einbaus gesundheitsfördernder Elemente erörtert. Ein Schwerpunkt liegt auf dem Situationsansatz. In weiteren Arbeitsgruppen werden geschlechtsspezifische Aspekte der Entwicklungsförderung und die speziellen Möglichkeiten der Entwicklungsförderung durch Bewegung diskutiert.

Gesundheitsförderung im Kindergartenalltag

Zentrale Einflussfaktoren auf die Kindergartenarbeit sind die räumliche und personelle Ausstattung des Kindergartens, die Zusammenarbeit im Team, der Kontakt zu den Eltern wie auch die soziokulturelle Einbindung des Kindergartens in die Kommune. Und nicht zuletzt hängt das Gelingen der Gesundheitsförderung von den „Hauptakteuren" des Kindergartenalltags ab – von den Kindern und den Erzieherinnen und Erziehern.

Um Ansatzpunkte der zielgerichteten Gesundheitsförderung im Rahmen des Settings Kindergarten geht es im Einführungsreferat des zweiten Themenblocks (*Kapitel 2*). Dargestellt werden wichtige Gesundheitsressourcen (körperliche, personale, soziale). Aufgezeigt wird das hohe Maß an Übereinstimmung von Inhalten der Gesundheitsförderung mit Aufgaben von Bildung und Erziehung – und somit die Möglichkeit der Einbindung in die pädagogische Arbeit im Kindergartenalltag. In diesem Zusammenhang wird die große Bereitschaft der Erzieherinnen und Erzieher, sich intensiv mit pädagogischen Leitvorstellungen auseinander zu setzen, hervorgehoben.

Leben und Arbeiten im Kindergarten in Verbindung mit Bedarfen von Erzieherinnen und Erziehern, die Rolle von Gesundheitsförderung/Gesundheitserziehung im Rahmen des Fortbildungsangebots, Möglichkeiten der Implementation von Gesundheitsförderung in den Kindergartenalltag unter Berücksichtigung von Umfeld und Einflussfaktoren sowie die Prävention von Kinderunfällen mit Blick auf die besondere Bedeutung der Bewegungsförderung in diesem Kontext sind die umsetzungsorientierten Themen der im Anschluss dokumentierten Workshops.

Gesundheitsförderung im Kindergarten unter Berücksichtigung besonderer sozialer Lagen

Inwieweit kann die Gesundheitsförderung im vorschulischen Alter auch sozial benachteiligte Kinder erreichen, z.B. Kinder aus sozialen Brennpunkten bzw. mit schwierigen Biografien? Welche Zugangswege bieten sich an? In *Kapitel 3* richtet sich das besondere Augenmerk auf Familien mit niedrigem Sozialstatus und damit einhergehenden eingeschränkten Bildungs- und Gesundheitschancen sowie auf die immer stärker in den Vordergrund tretende Migrationsproblematik. Im Mittelpunkt steht dabei die Frage der Erreichbarkeit von Kindern, die in besonderem Maße der Gesundheitsförderung bedürfen.

Der einführende Beitrag geht zunächst auf den Begriff der sozialen Lage ein und befasst sich mit unterschiedlichen Gesundheitskonzepten. Verdeutlicht werden die Anforderungen, die sich daraus für Verständigungsprozesse und Zugangswege in Hinblick auf Kinder und Familien in unterschiedlichen sozialen Lagen ergeben. Herausgearbeitet wird der besondere Stellenwert der Elternarbeit in diesem Kontext.

Das Thema Kinderarmut in Deutschland, die gesundheitlichen Auswirkungen sozialer Benachteiligung bei Kindern und Möglichkeiten der Gesundheitsförderung durch gezielte Elternarbeit sind grundlegende Arbeitsgruppenthemen, die hier dokumentiert sind.

Zwei Arbeitsgruppen befassen sich mit konkreter Projektarbeit in betroffenen Einrichtungen. Erörtert werden prioritäre Ziele der Gesundheitsarbeit in sozialen Brennpunkten und Förderangebote für Kinder in Regionen mit erhöhtem Hilfsbedarf. Ein weiterer Schwerpunkt liegt in der Präsentation neuer Ansätze für die Elternarbeit mit Migranten, wobei hier insbesondere die spezifischen Anforderungen bei türkischen Familien berücksichtigt werden.

Gesundheitsförderung im Kindergarten – Transparenz/Vernetzung und Qualitätssicherung

Strategien effektiver Gesundheitsförderung können nur im Zusammenspiel unterschiedlicher Akteure und Politikbereiche erfolgreich umgesetzt werden. Wie entsprechende Netzwerke und Verhandlungssysteme funktionieren können, wie intersektorale Kooperationen vor allem auf kommunaler Ebene gefördert werden können und welche Problemfelder dabei überwunden werden müssen, sind zentrale Aspekte des einführenden Beitrags im vierten Themenblock (*Kapitel 4*). In einer der Arbeitsgruppen werden konkrete Beispiele der qualitativen Verbesserung der Gesundheitsförderung auf der Basis neuer Interessenkonstellationen dargestellt.

Wichtig im Zusammenhang der Qualitätssicherung ist die Verbesserung von Transparenz und Übersichtlichkeit im Versorgungsfeld. Hierzu werden in diesem Themenblock bundesweite Marktübersichten der BZgA über Angebote, Medien und Maßnahmen der Gesundheitsförderung im Kindesalter vorgestellt, einschließlich ihrer standardisierten Dokumentation. In einem weiteren Workshop geht es um die konkrete Entwicklung und Anwendung eines Kriterienrasters speziell zur Einschätzung von Medien zur Bewegungsförderung.

Unter dem Titel „Mental Health Promotion im vorschulischen Alter – Strategien ganzheitlicher Gesundheitsförderung im europäischen Vergleich" erfolgt die Präsentation eines europaweiten Verzeichnisses. Schwerpunkte des EU-Aktionsprojekts liegen in der Sammlung und Kategorisierung von Modellprojekten.

Weitere Beiträge

Leitfragen, Empfehlungen und Perspektiven zur Gesundheitsförderung im Kindergarten

Kapitel 5 enthält eine Zusammenfassung der von den Teilnehmerinnen und Teilnehmern erarbeiteten Tagungsergebnisse in Form übergreifender Leitfragen und Empfehlungen/ Perspektiven und bietet damit eine Bestandsaufnahme der gegenwärtigen Konzeptüberlegungen wie auch der praktischen Umsetzung zur Gesundheitsförderung im Kindergarten.

Modellprojekte für die Gesundheitsförderung im Kindergarten

Die im Rahmen der Tagung beispielhaft präsentierten Modellprojekte zur Gesundheitsförderung im Kindergarten sind in *Kapitel 6* vor dem Hintergrund der zugrunde liegenden Auswahlkriterien skizziert.

Der Anhang (*Kapitel 7*) enthält eine umfassende Literaturübersicht zur Tagungsthematik, das Tagungsprogramm sowie ein ausführliches Verzeichnis der Teilnehmerinnen und Teilnehmer.

Eröffnung der Tagung durch die Bundeszentrale für gesundheitliche Aufklärung

Dr. Elisabeth Pott, Direktorin der Bundeszentrale für gesundheitliche Aufklärung

Meine sehr geehrten Damen und Herren,

ich möchte Sie ganz herzlich hier in Bad Honnef begrüßen und unsere Fachtagung „Gesundheitsförderung im Kindergarten" eröffnen. Mein besonderer Dank gilt den beiden Kindergartengruppen aus dem Kreis Neuss — der Gruppe der evangelischen Kindertagesstätte „Kinderwind", Kaarst, und der Gruppe aus der katholischen Kindertagesstätte „St. Agatha", Dormagen —, die uns durch ihre engagierten Darbietungen zu Beginn der Tagung eine gelungene „zielgruppenspezifische" Einstimmung ermöglicht haben. Herzlichen Dank den Kindern und ihren Gruppenleiterinnen.

Die Gesundheit von Kindern, eine möglichst frühzeitige und zielgerichtete Gesundheitsförderung liegt uns allen am Herzen. Das Thema Kindergesundheit bildet dementsprechend einen der Schwerpunkte in der Präventionsarbeit der Bundeszentrale für gesundheitliche Aufklärung. Ansatzpunkte unserer Maßnahmen sind — entsprechend dem von der BZgA verfolgten lebensbegleitenden, ganzheitlichen Ansatz — Gesundheitsförderung in der Schwangerschaft, im Kleinkindalter und später dann bei Kindern im Kindergarten- und Schulalter.

Orientiert an diesem ganzheitlichen Ansatz der Gesundheitsförderung konzentriert sich die Bundeszentrale in besonderem Maße auf settingbezogene Arbeit. Der Lebensraum der Kindergärten und Kindertagesstätten ist ein ideales Feld für eine entsprechende Gesundheitsförderung.

Gesundheitsförderung im Kindergarten ist eine wichtige gemeinsame Aufgabe aller beteiligten Akteure, wobei sich die Bundeszentrale als Moderatorin des Prozesses versteht. Wir haben Sie als Expertinnen und Experten eingeladen, um die derzeit wichtigsten Erkenntnisse aus Wissenschaft und Praxis transparent zu machen, den fachlichen Austausch zu fördern sowie empfehlenswerte Ansätze der Gesundheitsförderung und Möglichkeiten der Implementierung in den Kindergartenalltag aufzuzeigen.
Das Ziel des zweitägigen Kongresses ist die Intensivierung der Gesundheitsförderung in Kindertagesstätten. Entsprechend haben wir die Veranstaltung konzipiert, um gemeinsam mit Ihnen an Lösungswegen zu arbeiten, die uns diesem Ziel näher bringen.

Ich wünsche der Fachtagung einen guten und erfolgreichen Verlauf, Ihnen eine konstruktive Zusammenarbeit, interessante Diskussionen und gute Arbeitsergebnisse.

Grußwort der WHO

Dr. Rüdiger Krech, WHO-Regionalbüro für Europa, Kopenhagen

 Wenn es um Gesundheitsförderung in einem bestimmten Lebensumfeld geht, sollte der Blick zwangsläufig auch immer über dieses spezifische Setting, wie wir das nennen, hinausgehen und die Bedingungen ins Auge fassen. Dass dies in gleichem Maße auch für die Gesundheitsförderung im Kindergarten – das Thema dieser Tagung – zutrifft, wird bereits durch das umfangreiche Tagungsprogramm eindrucksvoll veranschaulicht. Als einen Aspekt möchte ich die Kinderarmut hier am Anfang erwähnen, denn unmittelbar vor dieser Veranstaltung habe ich in Genf die europäische Region der WHO in einer Initiative zu den makro-ökonomischen Veränderungen und deren Einflüsse auf die Entwicklung von Öffentlicher Gesundheit vertreten. In dieser Initiative, die die Generaldirektorin der WHO, Frau Dr. Brundtland, ins Leben gerufen hat, ist es gelungen, alle wichtigen internationalen Organisationen und auch die führenden nicht staatlichen Organisationen zusammenzubringen und sich auf ein gemeinsames Vorgehen zu einigen. Bei der gestrigen Veranstaltung ging es um Armutsbekämpfung. Ein jedes Lebensumfeld, also auch das eines potenziell gesundheitsfördernden Kindergartens, hat zwangsläufig etwas mit Armut zu tun. Dazu komme ich aber ein wenig später.

Meine erste Frage, die ich an Sie richten möchte, ist:

Was unterscheidet einen gesundheitsfördernden Kindergarten von einem herkömmlichen Kindergarten, der eine gute Pädagogik umsetzt?

Sie wissen vielleicht, dass wir von der Weltgesundheitsorganisation zusammen mit unseren Mitgliedsländern und anderen Partnern seit etwa 15 Jahren versuchen, mit dem Setting-Ansatz Gesundheitsförderung in Städten, in Betrieben, in Schulen, in Krankenhäusern, jetzt auch in Universitäten einzuführen. Diese erste Frage an Sie ist daher ein wenig provokant und impliziert eine weitere: Brauchen wir immer mehr solche Settings um zu zeigen, dass Gesundheitsförderung im Alltagsleben umsetzbar ist?

Natürlich sollte man die Erfahrungen, die aus dem Bemühen, andere Bereiche des Alltagslebens gesundheitsförderlich auszurichten, gewonnen wurden, auch in Kindergärten nutzen. Ich glaube, es gehört zum guten Image der Pädagogik, von anderen zu lernen. Durch ein pures Kopieren und Übertragen auf den Kindergarten – beispielsweise des Ansatzes der gesundheitsfördernden Schulen – wird aber meines Erachtens das Potenzial nicht gänzlich ausgenutzt. Wo also liegt der Mehrwert, der *added value*, der innovative Aspekt eines gesundheitsförderlichen Kindergartens, der den Setting-Ansatz insgesamt bereichern könnte? Ein solcher Aspekt könnte meines Erachtens darin bestehen, das zugrunde liegende pädagogische Konzept näher zu betrachten, hinsichtlich seiner Auswirkungen auf die Gesundheit kritisch zu analysieren und gegebenenfalls – in der praktischen Arbeit wie auch bereits in den Aus- und Fortbildungsplänen – anzupassen. Daher meine zweite Frage an Sie:

Könnten Sie sich vorstellen, zusammen mit der BZgA und vielleicht mit uns an einem salutogenetischen Ansatz für Kindergärten zu arbeiten und eine salutogenetische Frühpädagogik zu entwickeln?

Bei den im Rahmen dieser Tagung ausgestellten Projekten handelt es sich richtigerweise um Projekte unspezifischer Natur. Sie richten sich darauf, wie man Selbstwertgefühl steigern kann, wie man die eigenen Kompetenzen insgesamt steigern kann, um dann z.B. bestimmten Suchtmechanismen vorzubeugen. Und das ist, glaube ich, genau der richtige Ansatz. Daher also die Frage an Sie: Können Sie sich vorstellen, diese Erfahrungen, die Sie zur Wahl eines solchen unspezifischen Gesundheitsförderungsansatzes bewogen haben, für die Erarbeitung einer salutogenetischen Frühpädagogik zu nutzen?

Natürlich ist ein gesundheitsfördernder Kindergarten immer einer, der eine gesunde Ernährung mit einbezieht, und der darauf achtet, dass kognitive und körperliche Aktivitäten gut ausgewogen sind. Es geht im Kindergarten um den „guten Rhythmus" – vergleichbar mit dem Bild des Ein- und Ausatmens. Kognitive und körperliche Aktivitäten sollten sich abwechseln.

Das Setting des Kindergartens sollte aber über die Grenzen des Kindergartens hinaus betrachtet werden. Das Wohlbefinden der Kinder, der Eltern oder primären Bezugspersonen sowie der Mitarbeiterinnen und Mitarbeiter im Kindergarten hängt stark von gesellschaftlichen Bedingungen ab. Ein Beispiel: Die erhöhte Flexibilität, die heute von fast allen Arbeitnehmerinnen und Arbeitnehmern gefordert wird, schlägt sich natürlich auch im Familienalltag nieder. Da wird das Bringen und Abholen der Kinder zum bzw. vom Kindergarten oft zu einem logistischen Problem. Der zunehmende Stress vieler doppelt und dreifach belasteter Mütter wird im Kindergartenalltag deutlich erkennbar. Immer öfter wird von ihnen berufliche Flexibilität verlangt, die nur schwer mit den sozialen Rollen als Mütter in Einklang zu bringen ist. Das hat natürlich direkten Einfluss auf das psychosoziale Gefüge der Familie und wir können berechtigterweise vermuten, dass dies auch gesundheitliche Auswirkungen hat. Hier könnten beispielsweise Kooperationen zwischen Betrieben und gesundheitsfördernden Kindergärten darauf gerichtet werden, wie diese geforderte größere Flexibilität im Kindergarten aufgefangen werden kann.

Kinder sind von Armut in ganz besonderer Weise betroffen. In den USA z.B. leben heute 21% aller Kinder und Jugendlicher in Armut. Allein die Zahl ist erschreckend. Aber zusätzlich müssen wir uns vergegenwärtigen, wie Kinder Armut erleben und wie sie in der Lage sind, mit dieser Alltagssituation umzugehen. Kinder verfügen nicht über rationale Erklärungsmöglichkeiten wie die meisten Erwachsenen. Auch Kinder von vier oder fünf Jahren erkennen das Firmenlogo einer bestimmten Sportfirma, und es scheint heute mehr denn je auf Statussymbole anzukommen. Armut ist auch bei Kindern aufs engste mit Krankheit verbunden. Meine nächste Frage an Sie lautet deshalb:

Könnten Sie sich vorstellen daran zu arbeiten, wie ein gesundheitsförderlicher Kindergarten wirtschaftliche Ungleichheiten unter den Kindern zu vermindern suchen kann?

Der Kindergartenzusammenhang hat sich in den letzten 20 Jahren massiv verändert. Ob der Gameboy vor der Kindergartentür bleibt oder nicht, ist natürlich eine Frage des guten pädagogischen Konzepts. Aber können sich alle Kinder dem Einfluss von „Pokemons" entziehen? Wann klingeln die ersten Kleinkinderhandys während der Spielzeit? Der Kindergarten ist ein wichtiges Setting, in dem Sozialfähigkeit gelernt wird, in dem sich Phantasie entwickeln kann und in dem die menschlichen Sinne geschult und verfeinert werden können. Die Art der Frühpädagogik hat Einfluss auf spätere Gesundheitsressourcen. Deshalb propagieren wir von der Weltgesundheitsorganisation einen Lebensverlaufsansatz. Die Frage an Sie ist:

Könnten Sie sich vorstellen daran mitzuarbeiten, die mittel- und langfristigen Veränderungen zu erforschen, die eine gesundheitsförderliche Pädagogik auf die *health literacy* von Menschen hat?

Natürlich sind Gesundheitsprogramme ein sinnvoller Teil eines jeden Settings. Gesunde Ernährung, angemessene körperliche Betätigung, eine möglichst gute Balance zwischen körperlicher und kognitiver Forderung und Förderung sind – wie bereits erwähnt – wichtige Bestandteile von Gesundheitserziehung. Natürlich gehört zu einem gesunden Kindergarten auch, dass die Betreuer möglichst frühzeitig Störungen erkennen und deren Manifestation vorbeugen. Ein umfassender Ansatz der Gesundheitsförderung sollte aber auch die Bedingungen für Gesundheit in den Blick nehmen – auch das Setting Kindergarten eignet sich dazu, Gesundheit insgesamt höher auf die politische Agenda zu setzen: Gesundheitsförderliche Kindergärten haben auch mit gesunder Sozialpolitik und einer Wirtschaftspolitik zu tun, die die Gesundheit der Menschen beachtet.

Wir sollten die Settings des Alltagslebens dazu nutzen, Gesundheit in einem umfassenden Sinne zu verstehen. Es fällt auf, dass wir auch in der Gesundheitsförderung insofern weniger die möglichen Gesundheitspotenziale eines Lebensbereichs ausnutzen, als dass in den Programmen doch oft krankheitsspezifisch vorgegangen wird. Wir sollten – und da stimme ich mit Frau Dr. Kickbusch, einer der international führenden Public-Health-Expertinnen, überein – anfangen, „Gesundheit zu denken" (*Thinking health*). Wenn ich an gesundheitsfördernde Kindergärten denke, denke ich deswegen auch an eine gesunde Sozialpolitik, an eine gesunde Kommunalpolitik, an eine gesunde Pädagogik. Ich würde mich freuen, wenn am Ende dieser Tagung einige Schlüsselelemente eines gesundheitsförderlichen Kindergartens identifiziert werden konnten. Aber ich möchte auch davor warnen, in den konzeptionellen Überlegungen zu starr zu sein. Sie geben hier mit dieser Tagung eine Initialzündung und sollten sich bewusst sein, dass Sie einen langen Weg vor sich haben. Erlauben Sie mir zum Abschluss eine kleine Analogie: Wie Sie wissen, lebe ich derzeit in Dänemark, und da wird viel gesegelt. Wenn ich, sagen wir, von Dänemark nach Norwegen segeln will, dann sehe ich Norwegen noch nicht vor mir liegen. Ich brauche also zur Orientierung Seezeichen, eine „Betonnung". Außerdem haben wir meist Winde aus unterschiedlichen Richtungen und von unterschiedlicher Stärke. Ich muss also, und das ist ja das Spannende dabei, vielfach die Segel umsetzen, also „kreuzen". Genauso ist das auch in der politischen Alltagsarbeit. Wir brauchen dringend grobe Vorgaben (also Seezeichen), innerhalb derer wir dann flexibel auf die jeweilige Situation eingehen können. Bei Gegenwind braucht man natürlich länger bis ans Ziel (manchmal lohnt sich dann auch das Warten im Hafen), bei Seitenwind macht man gute Fahrt, die allerdings auch einmal ziemlich ruppig sein kann. Ohne „Betonnung" allerdings kommen wir, wenn überhaupt, nur zufällig ans Ziel. So wie eine gute Navigation für professionelle Segler selbstverständlich ist, so sollte für uns Gesundheitsförderer und -politiker ein genaues Monitoring und eine Rechenschaftspflicht auch selbstverständlich sein, um Entwicklung zielführend und aktiv zu betreiben. In diesem Sinne kann auch der zu entwickelnde Ansatz gesundheitsförderlicher Kindergärten einen wichtigen Beitrag leisten.

ENTWICKLUNGSFÖRDERUNG
IM VORSCHULISCHEN ALTER

Zentrale Gesundheitsprobleme im Kindesalter und Entwicklung von Interventionsstrategien

Elisabeth Pott

Zur Einführung in das Thema „Gesundheitsförderung im Kindergarten" sollen zunächst grundlegende Befunde zu Gesundheitszustand und Gesundheitsproblemen im frühen Kindesalter dargelegt werden. Auf der Basis der Datenlage sollen im Anschluss prioritäre Themen- und Handlungsfelder der Gesundheitsförderung sowie Möglichkeiten des gemeinsamen Vorgehens – bezogen auf das Setting Kindergarten/Kindertagesstätte – aufgezeigt werden.

Zentrale Gesundheitsprobleme im Kindesalter

Im Rahmen ihrer Grundlagenarbeit hat die Bundeszentrale vorhandene Ergebnisse aus Früherkennungsuntersuchungen, Schuleingangsuntersuchungen und spezifischen Forschungsvorhaben in Hinblick auf häufig auftretende, folgenreiche und präventiv beeinflussbare Gesundheitsprobleme im Kindesalter in einem Experten-Workshop analysiert.[1] *Abbildung 1* gibt einen Überblick über die zentralen Ergebnisse.

Zentrale Gesundheitsprobleme im Kindesalter

- Defizite in der motorischen Entwicklung, Koordinationsstörungen
- Verzögerter Spracherwerb, Hörstörungen, Sehstörungen
- Adipositas und problematisches Ernährungsverhalten
- Konzentrationsstörungen, Verhaltensauffälligkeiten, Aggressivität
- Unfälle
- Vergleichsweise geringe Teilnahme an Früherkennungsuntersuchungen im Kindergartenalter
- Nicht ausreichende Impfbereitschaft

Abb. 1: Zentrale Gesundheitsprobleme im Kindesalter

— So werden im vorschulischen Alter häufig *Probleme in der motorischen Entwicklung und Koordinationsstörungen* festgestellt. Viele Kinder weisen – bedingt durch Bewegungs-

---

1 Vgl. BZgA (Hrsg.) (1998): *Gesundheit von Kindern – Epidemiologische Grundlagen.* (3. Aufl. 2000) Köln (Forschung und Praxis der Gesundheitsförderung, Bd. 3).

mangel – Defizite bei körperlichen Ausdauerleistungen, altersgerechter Körperkraft und Koordinationsfähigkeit auf, und in zunehmendem Maße werden Haltungsschwächen festgestellt.

- Ein weiteres Problem betrifft die Bereiche *Sprache/Spracherwerb*, *Hör- und Sehvermögen*. Auffälligkeiten und Störungen in diesem Bereich sind bei vielen Kindern im Kindergartenalter zu verzeichnen und stellen zudem ein nicht zu unterschätzendes Problem in Hinblick auf sich ableitende Entwicklungsstörungen dar.

- Über- bzw. Untergewicht gehören ebenfalls zu den häufig festgestellten Defiziten. Ausprägungen von Formen des *problematischen Ernährungsverhaltens* und der Fehlernährung nehmen mit steigendem Alter zu.

- Darüber hinaus stellt der Themenkomplex *Konzentrationsstörungen*, *Verhaltensauffälligkeiten*, *Aggressivität* – wenngleich schwer zu beurteilen und zu diagnostizieren – ein offensichtliches und zunehmendes Problem dar, das die adäquate Bewältigung von Entwicklungsaufgaben erschwert bzw. spätere problematische Verhaltensweisen begünstigt.

- In engem Zusammenhang mit Bewegungsmangel und Wahrnehmungs- sowie Entwicklungs- und Koordinationsdefiziten auf der einen Seite und Anforderungen durch das Lebensumfeld des Kindes auf der anderen Seite stehen die im Kindesalter auftretenden Unfälle. Neben *Unfällen im Straßenverkehr* bedarf insbesondere das Feld der *Unfälle im häuslichen und Freizeitbereich* der besonderen Beachtung.

- Insgesamt zeigt sich zudem die Inanspruchnahme der Leistungen des Gesundheitssystems als in einigen Bereichen nicht ausreichend. So ist – bei zwar relativ hoher Teilnahme an den ersten Früherkennungsuntersuchungen – eine *vergleichsweise geringere Teilnahme an den Früherkennungsuntersuchungen* im Kindergartenalter zu verzeichnen. Hinzu kommt eine *nicht ausreichende Impfbereitschaft* in Bezug auf die Wahrnehmung der erforderlichen Auffrischungsimpfungen, die zeitlich teils auch in das vorschulische Alter fallen.

Die genannten Gesundheitsprobleme und Auffälligkeiten betreffen – ebenso wie die unzureichende Nutzung von Angeboten des Gesundheitssystems – diejenigen Kinder in besonderem Maße, die in sozial schwierigen und benachteiligten Verhältnissen leben.

Gesundheitsförderung im Kindesalter – prioritäre Handlungsfelder

Aufgrund der Datenlage und der Möglichkeiten von Primärprävention wurden im Rahmen der Analysen die in *Abbildung 2* dargestellten Themen- und Handlungsfelder in Hinblick auf Gesundheitsförderung im frühen Kindesalter als prioritär identifiziert.

Die Chancen gesundheitsfördernder Maßnahmen im Kindesalter sind dann besonders groß, wenn sie früh einsetzen und – ganzheitlich – die gesunde Entwicklung des Kindes entsprechend berücksichtigt wird.

Prioritäre Themenfelder	• Ernährungsaufklärung
	• Bewegungsförderung
	• Stressbewältigung/psychosoziale Gesundheit
	• Suchtprävention
	• Sexualaufklärung
	• Unfallprävention
	• Gewaltprävention
	• Förderung der Wahrnehmung von Früherkennungsuntersuchungen
	• Förderung der Impfbereitschaft

Abb. 2: Prioritäre Themen- und Handlungsfelder der Gesundheitsförderung im frühen Kindesalter

Erfolgreiche Vorgehensweisen und Ansätze gibt es in verschiedenen thematischen Bereichen. Eine Auswahl zeigen die im Rahmen der Tagung präsentierten regionalen Beispiele und Modellprojekte (siehe auch Kurzdarstellungen der *Models of good practice* in *Kapitel 6.2*).

Gesundheitsförderung im Kindesalter – themenübergreifende Handlungsbedarfe

Themenübergreifende Handlungsbedarfe	Maßnahmen und Initiativen der Gesundheitsförderung im Kindesalter
	• erfolgen unter Berücksichtigung des sozialen Umfelds und Alltags der Kinder *(Orientierung an Lebenswelt und Lebenssituation)*,
	• knüpfen an spezifischen Entwicklungsphasen an,
	• beziehen – neben problemorientierten Ansätzen – Ansätze der Kompetenzförderung, bezogen auf Kinder, Eltern und Erzieherinnen/Erzieher ein,
	• legen Strategien zugrunde, die miteinander zusammenhängende Probleme bündeln und gleichzeitig angehen *(umfassend und ganzheitlich)*,
	• berücksichtigen Geschlechterdifferenzen und binden geschlechtsspezifische Ansätze mit ein *(Rollenorientierung)*,
	• streben interdisziplinäre Zusammenarbeit an *(kooperativ und arbeitsteilig, z.B. Eltern, Erzieherin, Kinderarzt, Sportverein)*,
	• richten ein besonderes Augenmerk auf sozial benachteiligte Familien sowie andere schwer erreichbare, aber hoch belastete Gruppen.

Abb. 3: Themenübergreifende Handlungsbedarfe der Gesundheitsförderung im Kindesalter

Durch eine frühzeitige und altersgerechte Prävention kann am ehesten eine Prägung gesundheitsrelevanter Verhaltensweisen und die Stabilisierung gesundheitsförderlicher Lebensweisen erreicht werden. Das Gelingen von Maßnahmen der Gesundheitsförderung im Kindesalter hängt dabei in besonderem Maße davon ab, dass geeignete Zugangswege zu der Zielgruppe entwickelt und genutzt werden. Einen besonderen Stellenwert haben hierbei die in *Abbildung 3* dargestellten Leitaspekte.

Der Kindergarten als „Ort der Gesundheitsförderung" – Entwicklung settingbezogener Intervention

In Tageseinrichtungen für Kinder findet ein nicht unwesentlicher Teil kindlicher Sozialisation statt. Erzieherinnen und Erzieher sind die Multiplikatoren, die die Kinder in dieser zentralen Alters- und Entwicklungsphase begleiten. Sehr deutlich wird in diesem Zusammenhang der Stellenwert von „Elternarbeit".

So kommt der Kindertagesstätte als schichtübergreifendem, pädagogisch orientierten Zugangsweg eine zentrale familienergänzende Bedeutung auf dem Gebiet der Gesundheitsförderung zu. Mit Blick auf die pädagogischen Ziele der Arbeit mit Kindern finden sich gute Anknüpfungspunkte und Voraussetzungen für den Einbau gesundheitserzieherischer Aspekte in den Kindergartenalltag. Die pädagogische Aufgabe, die Entwicklung des Kindes zu einer eigenverantwortlichen und gemeinschaftsfähigen Persönlichkeit zu fördern, lässt sich im Kindergartenalltag mit konkreten Elementen der Gesundheitsförderung verbinden, man denke z.B. an die Bereiche Hygiene und Ernährungsaufklärung.

Vor dem dargestellten Hintergrund ist der Lebensraum „Kindergarten/Kindertagesstätte" ein Setting mit großen Chancen der Gesundheitsförderung, vor allem wenn man bedenkt, dass der Versorgungsgrad an Kindergartenplätzen inzwischen sehr hoch ist. Man kann, auch wenn in einzelnen Regionen noch Engpässe bestehen, davon ausgehen, dass insgesamt der größte Teil der Kinder über den Kindergarten erreicht werden kann.

Die Frage der Möglichkeiten einer Intensivierung der Gesundheitsförderung im Kindergarten ist abhängig von einem Zusammenspiel verschiedener Aspekte und Komponenten. Wichtige Faktoren sind – neben den rechtlichen Grundlagen – die jeweiligen institutionellen und personellen Rahmenbedingungen, der soziale und kulturelle Hintergrund sowie die Aus- und Fortbildungssituation.

Bund und Länder, die Trägerverbände (Verbände der freien Wohlfahrtspflege, öffentliche Jugendhilfe/kommunale Träger), kommunale und kirchliche Einrichtungen, staatliche und nicht staatliche Fortbildungseinrichtungen, die Gesundheitsämter, Institutionen der Jugendarbeit sowie die Krankenkassen und der Sportbereich haben in den vergangenen Jahren bereits wesentlich zur Verbesserung der gesundheitlichen Aufklärung und Gesundheitsförderung im Bereich der Tagesstätten für Kinder beigetragen.

Gesundheitsförderung im Kindergarten – eine Gemeinschaftsaufgabe

Die Intensivierung und Etablierung von Gesundheitsförderung im Kindergarten kann als gemeinsame Aufgabe der beteiligten Akteure arbeitsteilig realisiert werden. Die BZgA sieht sich als Moderator in diesem Bereich mit dem Ziel, den Kindergarten als „Ort der Gesundheitsförderung" zu stärken. So unterstützt die Bundeszentrale in Zusammenarbeit mit ihren Kooperationspartnern die Arbeit der pädagogischen Fachkräfte auf dem Gebiet der Gesundheitsförderung durch verschiedene Maßnahmen (*Abbildung 4*).

- **Zusammenführung von wissenschaftlichen Grundlagen und Förderung des Transfers in die Praxis**
Die BZgA bemüht sich um die Zusammenführung von wissenschaftlichen Grundlagen und die Förderung des Transfers in die Praxis, z.B. durch Konsensuskonferenzen und Fachpublikationen – eine Zielsetzung, in deren Sinne auch die heutige Tagung angelegt ist. Verweisen möchte ich in diesem Zusammenhang auf die Fachheftreihe „Forschung und Praxis der Gesundheitsförderung"[2] und hier speziell auf Band 3, *Gesundheit von Kindern – Epidemiologische Grundlagen* (vgl. *Anm. 1* auf *S. 22*).

Gesundheitsförderung im Kindergarten – eine Gemeinschaftsaufgabe

Die Unterstützung durch die BZgA umfasst:

- die Zusammenführung von wissenschaftlichen Grundlagen und die Förderung des Transfers in die Praxis,
- die Bereitstellung von Standardmedien,
- die Entwicklung von konkreten Arbeitsmaterialien für Multiplikatoren,
- die Durchführung von aktionsbezogenen Maßnahmen in zentralen Themenfeldern,
- die Erarbeitung von Empfehlungen und Leitlinien,
- die Entwicklung von Qualitätskriterien,
- die Erstellung von Marktübersichten und Analysen zur Angebotssituation,
- die Unterstützung von Kooperation und Vernetzung.

Abb. 4: Unterstützung der pädagogischen Fachkräfte durch die BZgA

- **Rahmenkonzepte und Empfehlungen**
Zur Unterstützung der zielgruppenbezogenen und settingorientierten Arbeit vor Ort entwickelt die Bundeszentrale Rahmenkonzepte und Empfehlungen für die Praxis.[3]

---

2   Vgl. *Die Fachpublikationen der Bundeszentrale für gesundheitliche Aufklärung.* Übersichtsbroschüre. Köln: BZgA 2001, sowie im Internet unter www.bzga.de im Verzeichnis „Fachpublikationen".

3   Zum Beispiel die Rahmenkonzepte *Gesundheit für Kinder und Jugendliche* (Konzepte 1, Köln 1998, 2. Aufl. 2001) und *Schulische Gesundheitserziehung und Gesundheitsförderung* (Konzepte 2, Köln 2000) sowie das Rahmenkonzept *Gesundheitsförderung im Kindergarten* (Konzepte 3, Köln 2001).

- **Standardmedien**

Zu ausgewählten Themenbereichen (allgemeine gesundheitliche Aufklärung, Suchtprävention, Ernährungsaufklärung, Sexualaufklärung) hält die Bundeszentrale Standardmedien[4] zur Kindergesundheit bereit, die Multiplikatoren und Endadressaten in der Regel kostenfrei zur Verfügung gestellt werden.

- **Arbeitsmaterialien für Multiplikatoren**

Um die Arbeit auf dem Feld der Gesundheitsförderung weiter zu unterstützen, entwickelt die BZgA konkrete Arbeitsmaterialien für Multiplikatoren. Im Bereich der praxisnahen Arbeitshilfen sei die neue Reihe der BZgA „Gesundheitsförderung konkret" genannt. Der erste Band, *Bewegungsförderung im Kindergarten*[5], enthält eine Übersicht über geeignete Fachbücher und Medien zur Bewegungsförderung, die Erziehern und Erzieherinnen als Entscheidungshilfe und Arbeitsgrundlage dienen kann.

- **Aktionsbezogene Maßnahmen in zentralen Themenfeldern**

Über die Durchführung von aktionsbezogenen Maßnahmen in zentralen Themenfeldern (z.B. in den Bereichen der Suchtprävention, Ernährungsaufklärung, Sexualaufklärung) werden Synergieeffekte erzielt.

- **Marktübersichten**

Um die Transparenz zu verbessern und Grundlagen zur Einschätzung der Versorgungssituation zur Verfügung stellen zu können, erstellt die BZgA bundesweite Marktübersichten über Anbieter und Angebote der Gesundheitsförderung.[6]

- **Entwicklung von Kriterien zur Bewertung**

Verstärkte Bemühungen sollen auf dem Gebiet der Entwicklung von Kriterien zur Bewertung von Angeboten erfolgen – ein Bereich der Qualitätssicherung, der als Konsensprozess organisiert werden muss.

- **Unterstützung von Kooperation und Vernetzung**

Ein weiterer Schwerpunkt ist die Unterstützung von Kooperation und Vernetzung, um die Grundlagen eines arbeitsteiligen Vorgehens zu verbessern.

Einen jeweils aktuellen Überblick über die Aktivitäten der BZgA bietet die Homepage der BZgA im Internet unter der Adresse **www.bzga.de**

---

4 Vgl. Medienübersicht der BZgA „Gesundheit von Kindern und Jugendlichen".

5 Renate Zimmer, *Bewegungsförderung im Kindergarten. Kommentierte Medienübersicht.* Köln: BZgA (Hrsg.) 2000 (3. Aufl. 2001) (Gesundheitsförderung konkret, Bd. 1).

6 *BZgA Marktbeobachtung, Marktanalyse,* Köln: BZgA (Hrsg.) 1999.

Berichte aus den Arbeitsgruppen

1.2.1 Konzepte der Frühpädagogik

Leitung: Kornelia Schneider, Deutsches Jugendinstitut, München

Einführung

In einer Vorstellungsrunde sollten zunächst die Erwartungen der Teilnehmerinnen und Teilnehmer geklärt und festgestellt werden, inwieweit in der Diskussion über mögliche Ansätze zur Gesundheitsförderung in den verschiedenen Konzepten der Frühpädagogik auf Erfahrungen zurückgegriffen werden kann. Eine Teilnehmerin, die als Erzieherin eine Kindertagesstätte leitet, stammte aus der Praxis, während es sich bei den übrigen Teilnehmern um Schlüsselpersonen aus Verwaltung und Politik und in Praxisprojekten, Fortbildung, Beratung, Forschung und Lehre tätigen Multiplikatoren handelte.

Die Teilnehmer und Teilnehmerinnen der Arbeitsgruppe waren hauptsächlich an der Klärung folgender Fragen interessiert:
(1) Mit welchen Konzepten lässt sich Gesundheitsförderung am besten transportieren?
(2) Inwiefern können wir auf bestehende Ansätze zurückgreifen?
(3) Welche Ansätze zur Gesundheitsförderung stecken in den verschiedenen Konzepten der Frühpädagogik?

Die Gruppe einigte sich darauf, ausgehend vom Situationsansatz Möglichkeiten der Gesundheitsförderung zu diskutieren. In ihrem Impulsreferat gab die Leiterin der Arbeitsgruppe zunächst einen Überblick über grundlegende Prinzipien des Situationsansatzes und stellte dar, welche Konsequenzen sich daraus für die Gesundheitsförderung ergeben.

Prinzipien des Situationsansatzes und Konsequenzen für die Gesundheitsförderung – Diskussionsgrundlagen

Situationsansatz
Der Situationsansatz ist ein ganzheitlicher Ansatz, der von der momentanen und – soweit voraussehbar – zukünftigen Lebenssituation der Kinder ausgeht. Er beruht auf folgenden demokratisch motivierten Zielen:
- Autonomie, Kompetenz, Solidarität,
- Einbezug der Lebenssituation der Kinder,

- Zielfindung im gesellschaftlichen Diskurs,
- in soziale Bezüge eingebettetes Lernen.

Bedeutung für die Gesundheitsförderung

Im Hinblick auf die Gesundheitsförderung ergibt sich daraus eine Abkehr von Gesundheits- oder Umwelterziehung als isoliertes Handlungsprogramm für kindliche Aktivitäten und eine Einbindung von Gesundheit als umfassendes Thema in die Interaktions- und Beziehungsstrukturen der Lebenswelt Kindertagesstätte. Im Team, mit Eltern, mit dem Träger, mit anderen Personen und Institutionen im Gemeinwesen ist das Gesundheitsverständnis hinsichtlich folgender Fragestellungen zu diskutieren:
- Was bedeutet gesunde Entwicklung?
- Was müssen wir (als Erwachsene) dafür tun?

Unter Einbeziehung möglichst vieler Beteiligter ist in einer kontinuierlichen Situationsanalyse zu fragen: Wie gesund sind die Kinder in unserer Einrichtung? Was gefährdet, was fördert Gesundheit in den Familien, in der Umgebung, in der Kindertageseinrichtung?

Ausgangsthesen für die Diskussion

Gesundheitsförderung ist eine Sache von Einstellungen und Haltungen. Das bedeutet, weniger das jeweilige pädagogische Konzept ist ausschlaggebend für Gesundheitsförderung als vielmehr das Bewusstsein, die Vorstellung von Krankheit und Gesundheit, das Bild vom Kind bzw. von gesunder Entwicklung und – damit verbunden – die Vorstellung, was Erwachsene tun können oder müssen, damit Kinder sich gesund fühlen.

Der Situationsansatz eignet sich für Ziele der Gesundheitsförderung, weil er wie der salutogenetische Ansatz ganzheitlich auf Lebenskompetenz und Wohlbefinden setzt und seine Praxis auf Situationsanalysen aufbaut.[1] Es geht um eine Haltung Kindern gegenüber, die diese in ihrer Einmaligkeit, in ihrer subjektiven Befindlichkeit, mit ihrem persönlichen kulturellen Hintergrund, ihren Erfahrungen, Fähigkeiten, Interessen und Gefühlen als Personen ernst nimmt.
Das bedeutet:
- Respekt und Anerkennung von „Gleichwürdigkeit",
- Dialog und „persönliche Sprache".

Es geht um eine Haltung, die Gesundheit als Wohlbefinden und Aktionsmöglichkeit der Person ansieht und nicht als Erziehungsthema. Dies bedeutet im Einzelnen:
- Orientierung und Handlungsfähigkeit der Kinder als Fokus,
- Wahrnehmen von körperlichen Reaktionen von Kindern als Signale für ihre Bedürfnisse und ihr Befinden,
- Ernstnehmen von Gefühlen, Begleiten des Gefühlslebens,

---

1 Bereits Anfang der 90er Jahre gab es ein Handlungsforschungsprojekt der BZgA zur Förderung von Gesundheit in Kindertageseinrichtungen, das auf dem Situationsansatz beruhte.

- Neugier darauf, wer dieses Kind ist, das einem gegenübersteht: wie es ihm geht, was es bewegt, wie es denkt,
- Erforschen der Perspektive der Kinder durch Beobachten, Zuhören, Reden mit Kindern (z.B. Erkunden ihrer Gesundheits- und Krankheitsvorstellungen, Erkunden ihrer Erfahrungen und ihres Wissens über sich selbst).

Es kommt darauf an, Kindern als Menschen zu begegnen, sie als gleichwürdige Personen anzuerkennen. Der Erziehungsgedanke muss zurückgestellt werden, denn Gesundheit als Wohlbefinden und Lebenskompetenz ist nicht etwas, „zu dem man erziehen kann".

Diskussionsschwerpunkte in der Arbeitsgruppe

In der anschließenden Diskussion ging es um folgende Fragen:
- Was können wir tun, dass veränderte Haltungen langfristig im Alltag tragen? (Nachhaltigkeit und Kontinuität)
- Wie kann ich eine Balance herstellen zwischen begleiten, Halt geben und Freiraum lassen, speziell im Frühkindalter?
- Wie können wir damit umgehen, dass nicht alle Eltern ihre Kinder darin unterstützen, ein positives Selbstbild zu entwickeln?

Kooperation mit Eltern

Bei der Frage, wie Eltern anzusprechen und für Gesundheitsförderung zu gewinnen sind, wurde darauf aufmerksam gemacht, dass es sinnvoller ist, von Beteiligung der Eltern oder Zusammenarbeit mit Eltern zu sprechen als von Elternarbeit.

Im Kinder- und Jugendhilfegesetz (KJHG) wird die Kooperation mit Eltern gefordert. Hierfür stehen viele unterschiedliche Wege zur Verfügung, u.a. auch die Möglichkeit der Mitarbeit von Eltern, wie z.B. im luxemburgischen Projekt „Benjamin-Club" (siehe auch in *Kapitel 6.2*). Abgesehen davon, dass oft die Zeit fehlt, auf jedes Elternteil spezifisch einzugehen, liegt eine Hürde für ein Interesse der Eltern an Beteiligung aber z.B. auch darin, dass sich Kinderbetreuungseinrichtungen oftmals als perfekte Kinderbetreuung darstellen und die Eltern unsicher sind, wie sie damit umgehen sollen.

Das „Reggio-Konzept"

Nach dem „Reggio-Konzept" aus Norditalien bildet die Partizipation von Eltern einen Grundpfeiler für die Arbeit mit Kindern. Eltern sind im Leitungskomitee der Kindertageseinrichtung beteiligt (statt einer einzigen Leitungsperson gibt es in der Region Emilia Romagna für jede kommunale Kindertageseinrichtung eine Leitungsgruppe), und lange, bevor ein Kind in eine Einrichtung aufgenommen wird, finden Hausbesuche statt, bei denen die Gewohnheiten des Kindes und seiner Lebensumwelt erforscht werden. In der Einrichtung wird dann versucht, solche Gewohnheiten so weit wie möglich zu berücksichtigen und aufrechtzuerhalten. Zum einen bedeutet dies wesentlich weniger Stress für das Kind, zum anderen werden die Eltern mit ihrer Erziehungspraxis ernst genommen.

Wichtig ist, Eltern wirklich als kompetente Partner anzusehen, denn sie sind es schließlich, denen laut Gesetz die Erziehungsaufgabe zukommt und die sie an Erzieherinnen und Erzieher delegieren. Es muss versucht werden, eine wirklich gleichberechtigte Beziehung zu den Eltern aufzubauen. In diesem Zusammenhang wurde auf das in Norditalien praktizierte „Reggio-Konzept" verwiesen (siehe Kasten).

Leiten und Freiraum lassen

Ein weiterer Schwerpunkt der Diskussion war die Frage, inwieweit Kinder geleitet und wie weit ihnen Freiräume gelassen werden müssen. Die Gruppe war sich einig, dass Kinder Freiräume brauchen, um etwas ausprobieren und eigene Erfahrungen machen zu können. Auch Konflikte müssen zugelassen werden. Die Frage, wann eingegriffen werden muss, ist sicherlich nur individuell zu entscheiden und dabei auch immer personen- und situationsabhängig. Als wichtig erachtet wurde es, das eigene Verhalten zu reflektieren und sich mit anderen darüber auszutauschen, inwieweit ein Eingreifen mit der persönlichen „Schmerzgrenze" und den eigenen Erfahrungen zu tun hat.[2] Es gilt Räume zu schaffen, in denen über solche Probleme diskutiert werden kann. Man muss hinschauen, wie Kinder Konflikte regeln und was die Kinder können. Ein ganz wichtiger Gesichtspunkt für die Unterstützung von Kindern in Konflikten ist, die Gefühle der Kinder ernst zu nehmen und anzusprechen.

Zusammenfassung und Perspektiven

Im Hinblick auf die Gesundheitsförderung ergaben sich aus der Diskussion folgende Punkte als Konsequenzen für die praktische Arbeit vor Ort:

Ergebnisse in Bezug auf Erzieherinnen und Erzieher
- Es besteht ein großer Bedarf an Fortbildung und Beratung, speziell an kollegialen Formen, die auf den Erfahrungen von ErzieherInnen aufbauen.
- Erfahrungsaustausch ist notwendig und muss organisiert werden, u.a. zur Reflexion des eigenen Handelns, zum Austausch von Wertvorstellungen, zur Thematisierung von Ängsten und eigenen Erfahrungsgeschichten.
- Jede Kindertagesstätte muss ihr eigenes Konzept entwickeln.
- Eine Kooperation mit anderen (Dienst-)Stellen sollte angestrebt werden.
- Für die Kooperation mit den Eltern müssen Raum, Zeit und Geld vorhanden sein.
- ErzieherInnen brauchen die Möglichkeit, ihre Erfahrungen und Erkenntnisse aus Fortbildungen wie auch ihre Projekte zu dokumentieren, an die Öffentlichkeit zu tragen und an andere ErzieherInnen-Teams weiterzugeben.[3]

---

2   Vgl. hierzu das Projekt des Deutschen Jugendinstituts „Konfliktverhalten von Kindern in Kindertagesstätten" (1995–1999); Info unter www.dji.de.

3   Vgl. das Projekt des Büros für Suchtprävention der Hamburgischen Landesstelle gegen die Suchtgefahren e.V. „Starke Kindheit, starkes Leben" (Info unter www.suchthh.de/projekte/kind.htm). Siehe auch *Models of good practice* in *Kapitel 6.2*.

Ergebnisse in Bezug auf die Eltern

- Man muss versuchen, die Sprache und Interessen der Eltern zu verstehen, und diese nicht nur im Fall von Problemen ansprechen.
- Der Alltag der Eltern muss ernst genommen werden.
- Die Kindertagesstätte bietet sich als Ort an, um ein soziales Netz zu knüpfen oder zu erweitern – auch für Belange von Eltern.
- Es ist wichtig, Möglichkeiten für eine Beteiligung von Eltern anzubieten und dabei genügend Raum und Zeit für Entwicklungsprozesse zu lassen.

Ergebnisse in Bezug auf die Kinder

- Es geht darum, die Sprache der Kinder zu verstehen und auch die Sprache der Kinder zu sprechen.
- Eine ganzheitliche Betrachtung von Entwicklung ist wichtig.
- Als Prinzipien der Beteiligung von Kindern gelten:
    – Kindern Kompetenzen zugestehen und ihnen Orientierung geben.
    – Mit Kindern zusammen planen statt an Stelle der Kinder für sie planen.
    – Gemeinsam mit den Kindern etwas erarbeiten und von den Kindern lernen.

Es reicht nicht aus, Gesundheitsförderung erst im Kindergartenalter anzusetzen, sondern es sind auch Kinder unter drei Jahren zu berücksichtigen, insbesondere wenn es um Konzepte der Frühpädagogik geht. Auch Krippen und Krabbelstuben oder altersgemischte Einrichtungen mit Krippen- und Kindergartenkindern sind als Setting für Gesundheitsförderung einzubeziehen, wenn es darum geht, Gesundheitspotenziale aufzuspüren und zu stärken.

Der heutige Kenntnisstand zur Entwicklung von Kindern erfordert, Kinder als Person wahrzunehmen und sie darin zu stärken, ihr eigenes Leben in die Hand zu nehmen und gemeinsam mit anderen eine Lebensqualität zu schaffen, die zum Wohlbefinden aller beiträgt. Insofern ist „gute Pädagogik" zugleich salutogenetisch wirksame Pädagogik.

1.2.2 Mädchen und Jungen im Kindergarten

Leitung: Christian Büttner, Hessische Stiftung Friedens- und Konfliktforschung, Frankfurt am Main

Nach einer Vorstellungsrunde der Teilnehmerinnen und Teilnehmer des Workshops legte Prof. Dr. Büttner zunächst die Grundlinien seiner Überlegungen zum Workshop dar:

Entwicklungsaufgaben für Jungen und Mädchen – eine Einführung

Am Ende der geplanten Entwicklung eines Kindes – Pädagogik genannt – sollen Menschen stehen, die in der Lage sind, sich selbst zu reproduzieren, und das mit Lust. Es braucht also – biologisch gesehen – wieder einen Mann und eine Frau, die gemeinsam ein Kind zeugen, und zwar unabhängig davon, in welcher sozialen Form sie dies tun bzw. wie sie nach der Zeugung weiterleben.

Biologisches Geschlecht

Die biologische Geschlechtsidentität liegt – mit statistisch erfassbaren Abweichungen – in Grenzen fest und ist eindeutig zu identifizieren: Junge – Mädchen. Die Identitätsbildung folgt einem Entwicklungsprozess der Reifung bis zur Geschlechtsreife. Jungen und Mädchen kann man an den sekundären Geschlechtsmerkmalen eindeutig erkennen; die Erfahrungen mit Transsexualität und Bisexualität zeigen aber, dass es auch Mischformen (Grenzüberschreitungen) gibt, die darauf zurückzuführen sind, dass sich das Geschlecht aus einer Linie heraus, der weiblichen, entwickelt.

Soziales Geschlecht

Das soziale Geschlecht wird durch die Wünsche und Forderungen der Erwachsenen bestimmt, und zwar bereits vor der Konzeption: durch die bewussten und unbewussten Wünsche der Eltern und durch die mit dem biologischen Geschlecht verknüpften Erwartungen der Gesellschaft. Beide Erwartungslinien können widersprüchlich, ja sogar einander ausschließende Aspekte haben und bieten den Entwicklungskontext, in dem die Kinder aufwachsen.

Eltern wünschen sich Kinder bzw. haben bereits beim Gedanken an Kinder und Familie eine gewisse Vorstellung von dem, was sie sich als Jungen oder Mädchen wünschen (z.B. wild/brav); der Vater möchte gerne einen Sohn, die Mutter eine Tochter: Was ist, wenn sich die Wünsche nicht erfüllen? Was, wenn sie es tun? Darin können zugleich delegierte Aufgaben der Eltern (Nachfolger, ideales Selbst, Partnerersatz etc.) liegen.

Während in der Familie das soziale Geschlecht eines Kindes vor allem durch die Prozesse der Identifikation und der Assimilation bestimmt werden, treten in gesellschaftlich organisierten Beziehungen offene und verdeckte Lernprogramme hinzu. Diese können sich mit den familiären Vorstellungen über das soziale Geschlecht eines Kindes decken, sie können ihnen aber auch widersprechen.

Ausgrenzung und Anpassung

Als Jungen und Mädchen sind die Kinder u.U. einer verwirrenden Vielzahl von geschlechtlichen Normen und Werten ausgesetzt, die sie der Tendenz nach scheinbar dazu zwingen, sich für das eine und damit gegen das andere zu entscheiden. Dies führt zu Anpassung oder Ausgrenzung aus Gründen eines „falschen" geschlechtlichen Verhaltens:

— *Ausgrenzung*: Ein Junge oder ein Mädchen, die einfach nicht der Junge bzw. das Mädchen sein wollen oder können, wie die ErzieherInnen es sich vorstellen – sei es, dass die Vorstellungen im Gegensatz zu den familiären Vorstellungen der Kinder stehen, sei es, dass sie im Gegensatz zum biologischen Geschlecht der Kinder stehen.
— *Anpassung*: Der nette Junge, das brave Mädchen, über die es nichts Auffälliges zu berichten gibt, die also offenbar alle Erwartungen ihres Gegenübers erfüllen.

Zur Rolle der ErzieherInnen

Mädchen und Jungen begegnen in pädagogischen Einrichtungen Frauen und z.T. auch Männern, die jeweils eine der vielen Möglichkeiten des Mann- bzw. Frauseins repräsentieren, und zwar in allen geschlechtlichen Aspekten. So haben die Kinder im Hinblick auf ihre eigenen Wünsche, wie sie sein möchten, die Möglichkeit des Vergleichs mit ihren bisherigen Erfahrungen, der Anpassung oder Abgrenzung. In dieser Wahrnehmung der Kinder ist auch die Konsistenz oder Widersprüchlichkeit des Selbstbildes und des Verhaltens der ErzieherInnen enthalten, wie sie sich z. B. in den impliziten oder expliziten pädagogischen Aufforderungen verbergen: „Sei so (oder: nicht so) wie ich." Denn auch die ErzieherInnen selbst sind in ihrer geschlechtlichen Vielfalt als Einzelne oft nicht eindeutig. Die Biographie einer Erzieherin kann den Versuch enthalten, die sich widersprechenden Wünsche der eigenen Eltern zu erfüllen oder in Annahme der Erwartung des einen Elternteils die geschlechtlichen Vorstellungen des anderen abzulehnen. Hier sei nur die Frage formuliert: Was bedeutet die Erfahrung eines „schwachen" Vaters für die Vorstellungen, wie Jungen bzw. Mädchen sein sollten?

Das Team verständigt sich auf einen kollektiven Kompromiss, der nicht zuletzt von den impliziten bzw. expliziten Vorstellungen der Leitung bestimmt wird. Die Möglichkeiten, beiden Geschlechtern sowohl Identifikation als auch Abgrenzung anzubieten, hängen von dem „Angebot" an Vertretern beider Geschlechter ab. Ist ein Geschlecht überhaupt nicht vertreten (wie es ja in den meisten vorschulischen Einrichtungen der Fall ist), muss das andere Geschlecht substituiert werden – zumeist durch die komplementären Erwartungen des anderen Geschlechts bzw. durch die peripher verfügbaren Vertreter des anderen Geschlechts (z.B. Hausmeister, Vorgesetzter).

Leiterinnen können eher die traditionell mütterliche oder – in Abgrenzung dazu – die adoleszente Seite eines weiblichen Selbstbildes verwirklichen wollen. Im ersten Fall steht im Profil bzw. im Charakter der Einrichtung eher das Versorgende (die „Mutterbrust") im Vordergrund und die Sexualität der Kinder wird verleugnet; im zweiten Fall dominiert eher die gegengeschlechtliche sexuelle Attraktivität und die Verleugnung der prä-ödipalen Bedürftigkeit.

Wie sich Erzieherinnen gegenüber Jungen und Mädchen verhalten, ist in der Regel nicht unbedingt Gegenstand einer pädagogischen Verabredung, sondern Ergebnis unbewusster Wahrnehmungen und Arrangements. Häufig werden lediglich die Symptome bzw. „Randbereiche" der Probleme mit dem Geschlecht thematisiert und in pädagogische Aktionen umgesetzt. Damit gerät aber der Zusammenhang mit den Hintergründen des problematischen Verhaltens aus dem Blick und die pädagogischen Aktionen bleiben u.U. (durchaus notwendige) Kriseninterventionen, ohne grundsätzlich die Gleichstellung der Geschlechter voranzubringen.

Das raumgreifende und aggressive Verhalten der Jungen hat in sehr vielen Einrichtungen dazu geführt, spezielle Zeiten und Räume nur für Mädchen anzubieten. Gleichwohl zählen die Jungeneigenschaften zu denen, die offen oder verdeckt auch von den Jungen erwartet werden. In Einrichtungen mit männlichen Bezugspersonen werden die Geschlechter häufig auseinanderdividiert: Die Erzieher spielen draußen (weiträumig) mit den Jungen Fußball, während die Mädchen im Außengelände eher in begrenzten Zonen spielen oder drinnen bleiben. Bei Ausflügen streunen die Jungen im Wald umher, verjagen imaginäre Feinde und schaffen Material zum Hausbau herbei, während die Mädchen die Gestaltung der Innenräume vornehmen und sich für die Regelung der Innenverhältnisse zuständig fühlen.

Was hat dies für den Versuch zu bedeuten, die Gleichstellung der Geschlechter zu fördern? Zunächst der individuelle Entwicklungsprozess: Je widersprüchlicher ein Kind die Entwicklungsanforderungen bis zum Eintritt in eine pädagogische Einrichtung erlebt hat, desto „gestörter" bis hinein in psychosomatische Auswirkungen kann ein Kind wirken – ohne dass man dies als Resultat der Geschlechtsproblematik erkennt. Die Störungen des Entwicklungsprozesses können ebenso in Form des Missbrauchs von Mädchen – etwa durch ihre nahesten Verwandten – in Erscheinung treten wie auch in Form der Enthaltung bzw. restlosen Abwertung des Vaters oder der Mutter durch den Elternteil, der das Kind infolge einer Trennung mitnimmt. Während in dem einen Fall ein eher depressives Symptom einen solchen Verdacht nährt, wird im anderen Fall die aggressive Reaktion oft als eine Verweigerung der Anpassung an pädagogische Normen missverstanden.

Förderung der Gleichstellung heißt, bezogen auf einzelne Kinder also zunächst einmal, eine „Diagnose" zu stellen. Es bedeutet zweitens, zwischen dem jeweils anderen, „schuldigen" Geschlecht, das sich aus den individuellen biographischen Erlebnissen ergibt, und der Einstellung gegenüber dem anderen Geschlecht generell zu trennen – selbst dann, wenn sich bestimmte individuell erscheinende Erfahrungen häufen. Es heißt drittens, das „böse" Objekt der individuellen biographischen Erfahrung eines Kindes durch ein gutes

Objekt zu ersetzen, sei es durch eine reale Person, sei es durch eine kollektive Haltung, die beide Geschlechter in ihrer Unterschiedlichkeit und den jeweiligen Erscheinungsformen ihrer psychosexuellen Entwicklung wertschätzt.

Förderung der Gleichstellung und Schaffung eines „gesunden" Entwicklungsklimas heißt auch, Räume bereitzustellen, in denen sich die Kinder gemäß ihren eigenen Vorstellungen von Mädchen und Jungen bewegen können, und zwar ohne dass ErzieherInnen sofort intervenieren – selbst wenn ihnen das, was sie beobachten, erst einmal nicht gefällt.

Diskussionsschwerpunkte in der Arbeitsgruppe

Den Teilnehmerinnen und Teilnehmern wurde der Aspekt der Fremdheit des jeweils anderen Geschlechts deutlich. An zahlreichen Fallbeispielen wurde ersichtlich, dass Kinder nicht bei den Verhaltensweisen stehen bleiben, die sie zunächst zeigen. Entwicklung kann – wenn man Kindern zugesteht, sich frei zu entwickeln – jenseits pädagogischer Interventionen zu einem ausbalancierten Geschlechterverhältnis führen, in dem keines der Geschlechter erkennbar dominiert.

Ein großes Problem stellt die Substitution des männlichen Geschlechts in Kindertagesstätten dar. Ohne eine ausreichende Anzahl männlicher Kollegen kann es zu sublimer Abwertung des männlichen Geschlechts generell kommen, und zwar auch deshalb, weil es den Erzieherinnen – ohne dass sie dies bewusst so erleben – fremd ist (es wird z.B. als Vorstellung vom eigenen Geschlecht komplementär substituiert).

Die Auseinandersetzung mit der Geschlechtsthematik bei den Kindern kann u.U. die eigenen Identitätskonzepte durcheinander bringen. Sie bedeutet deshalb auch immer eine offene oder verdeckte Auseinandersetzung mit sich selbst, ohne dass diese normalerweise systematisch geführt würde. Sie scheint aber vor allem beide Geschlechter zu benötigen, weil Aspekte des jeweils anderen Geschlechts als ebenso fremd empfunden werden können wie beispielsweise eine andere Kultur (der „schwarze Kontinent" des anderen Geschlechts).

1.2.3 Entwicklungsförderung durch Bewegung – Möglichkeiten und Grenzen psychomotorischer Arbeit

Leitung: Renate Zimmer, Universität Osnabrück

Grundlage des Workshops bildete ein Impulsreferat von Frau Prof. Dr. Zimmer, in dem sie die elementare und besondere Bedeutung von Bewegung für den Entwicklungsprozess eines Kindes darlegte und den Begriff der Psychomotorik erläuterte:

Bewegung als Zugang zur Welt – Einführung und Arbeitsgrundlage

Das Kind nimmt die Welt weniger mit dem „Kopf", also mit seinen geistigen Fähigkeiten, über das Denken und Vorstellen, auf, sondern es nimmt sie vor allem über seine Sinne, seine Tätigkeit, mit seinem Körper wahr. Bewegung eröffnet dem Kind den Zugang zur Welt. Sie vermittelt zwischen Kind und Welt, ist das Medium, durch das es sich die Welt erschließt, auf sie zugeht, sie erkundet und begreift. In Bewegung passt sich das Kind den Erfordernissen der Umwelt an, es greift jedoch auch in sie ein, gestaltet sie, macht sie sich passend.

Je jünger Kinder sind, umso mehr benötigen sie Bewegung, um sich ihre materiale und soziale Umwelt anzueignen. Sie setzen sich durch Bewegung mit sich selbst und ihrer Umwelt auseinander, machen vielfältige Sinneserfahrungen, die ihnen Informationen über den eigenen Körper und ihre räumliche und dingliche Umwelt geben. Für eine gesunde Entwicklung des Kindes sind deshalb ausreichende Bewegungsmöglichkeiten notwendig. Viele Zivilisationserkrankungen von Kindern (aber auch von Erwachsenen) hängen eng mit Bewegungsmangel zusammen.

In keinem anderen Lebensalter spielt Bewegung eine so große Rolle wie in der Kindheit, und zu keiner Zeit war Bewegung aufgrund der Veränderungen in der kindlichen Lebenswelt so wichtig wie heute. Dies gilt sowohl für den Lebensalltag von Kindern in der Familie als auch in ihrem Wohnumfeld und erst recht für Einrichtungen, deren Ziel die Erziehung und Förderung von Kindern ist. Mit der Einsicht in die Notwendigkeit, kindliche Spiel- und Bewegungsbedürfnisse zu erfüllen, ist allerdings weder die Garantie für die Realisierung einer scheinbar selbstverständlichen Forderung gegeben, noch ist damit eine Aussage getroffen über die Art und Weise, wie ein solcher Anspruch verwirklicht werden sollte.

Der Kindergarten als die meist erste öffentliche Erziehungsinstitution im Leben eines Menschen trägt hier eine besondere Verantwortung, denn als familienergänzende Einrichtung kann er in hohem Maße auf die Lebensgewohnheiten der Kinder einwirken. Ebenso wie im Elternhaus werden hier grundlegende Einstellungen zum eigenen Körper geprägt und das Bewegungsverhalten der Kinder entscheidend beeinflusst. Wenn sich der Kindergarten als eine Institution versteht, die sich die ganzheitliche Förderung und Erziehung von Kindern zur Aufgabe macht, dann müssen Körper- und Bewegungserfahrungen zum integrierten Bestandteil des Kindergartenalltags werden. Bewegungs- und Sinneserfahrungen sollten Basis der frühkindlichen und vorschulischen Erziehung sein. Sie sollten den Rang eines „pädagogischen" Prinzips haben, das jederzeit im Alltagsleben des Kindergartens berücksichtigt wird. Der Körper, seine Funktionen und Bedürfnisse können nicht einfach ignoriert werden, denn bei ihrer Vernachlässigung würde der kindliche Entwicklungsprozess empfindlich gestört werden. Daher sind Bewegungserfahrungen auch nicht austauschbar mit Erfahrungen, die über andere wesentliche Bestandteile der Kindergartenarbeit, wie z.B. Musizieren, Werken und bildnerisches Gestalten, gewonnen werden können.

Spielen und Sichbewegen gehören zu den grundlegenden kindlichen Betätigungs- und Ausdrucksformen. Wie die Sprache kann Bewegung als ein elementares Ausdrucksmittel verstanden werden und stellt die Grundlage der kindlichen Handlungsfähigkeit dar. Der Aufbau des „Selbst", des Bildes, das ein Mensch von sich selbst hat, und das Vertrauen, das er zu sich selbst entwickelt, ist beim Kind im Wesentlichen von den Körpererfahrungen geprägt, die es in den ersten Lebensjahren macht.

Bedeutung der Bewegung für die kindliche Entwicklung

Bewegung kann in Abhängigkeit vom Lebensalter und den jeweiligen situativen Bedingungen ganz unterschiedliche Erfahrungen vermitteln und damit auch unterschiedliche Bedeutungen für die Entwicklung haben:

- **Sich bewegen ist Selbsterfahrung**

In und durch Bewegung gewinnt das Kind ein Bild über sich selbst. Es erhält Rückmeldungen über die eigenen Fähigkeiten, über seine Stärken und Schwächen. Es lernt seinen eigenen Körper kennen, setzt sich mit ihm und damit auch mit sich selbst auseinander. Es lernt, seine Leistungsfähigkeit einzuschätzen, die eigenen Grenzen zu erkennen, sie zu akzeptieren bzw. sie zu erweitern.

In Bewegungssituationen erlebt das Kind, was andere von ihm erwarten und wie es von seiner Umwelt gesehen wird. Diese Kenntnisse und Informationen münden in Einstellungen und Überzeugungen zur eigenen Person.

- **Sich bewegen ist Gemeinschaftserfahrung, ist Sozialerfahrung**

Durch Bewegung tritt das Kind zu anderen in Beziehung. Es werden Regeln für gemeinsames Spiel vereinbart, soziale Rollen übernommen. Das Kind setzt sich mit anderen über Spielidee und Spielregeln auseinander und verständigt sich mit ihnen. Grundlagen der Kommunikation werden erworben: nachgeben und sich durchsetzen, sich absprechen, sich einfühlen und Rücksicht nehmen. Bewegungshandlungen fordern auf zum sozialen Vergleich: Sich mit anderen messen, miteinander wettkämpfen, sich herausfordern. Hier werden die Grundlagen für den Umgang mit Erfolg und Misserfolg, mit Sieg und Niederlage gelegt.

• Sich bewegen ist Sinneserfahrung

Bewegungserfahrungen sind immer auch verbunden mit Sinneserfahrungen. Das Kind nimmt über die Sinnessysteme Informationen über seine Umwelt, aber auch aus seinem Körper auf, selektiert und koordiniert sie, ordnet sie ein und verarbeitet sie. Sinnesreize werden aber auch individuell gedeutet und entsprechend den bisherigen Erfahrungen oder Erwartungen interpretiert. Sinnliches Wahrnehmen ist also kein passiver Prozess, sondern ein aktiver Vorgang, bei dem das Kind auch gestaltend auf seine Umwelt einwirken kann.

Im sinnlichen Wahrnehmen ist sowohl ein Sichspüren (insbesondere durch die körpernahen Sinne, durch taktile, kinästhetische, vestibuläre[1] Erfahrungen) als auch ein Erspüren der Mit- und Umwelt gegeben.

• Sich bewegen ist Welterfahrung

Über Bewegung eignet sich das Kind seine räumliche und dingliche Umwelt an. Es setzt sich mit Objekten und Materialien auseinander und lernt deren Eigengesetzlichkeiten kennen. Es passt sich den Erfordernissen der materialen Umwelt an oder versucht, auf sie einzuwirken und sie sich passend zu machen. Dabei macht es Erfahrungen über räumliche und dingliche Gegebenheiten, kann sie zu Erkenntnissen verarbeiten und so die Welt für sich selbst rekonstruieren.

• Sich bewegen ist Ausdruckserfahrung

In Bewegung drückt das Kind Gefühle, Stimmungen, Empfindungen aus. Dies geschieht meist unbewusst in seiner Körperhaltung, in Gestik und Mimik; bewusst kann es durch den Ausdruck von Gefühlen in Bewegung auch zu deren Verarbeitung beitragen.

Bewegung kann auch als Element der Darstellung genutzt werden: Die Körpersprache, Gestik und Mimik, aber auch stilisierte und parodierte Bewegungen dienen als Mittel der Darstellung und der Mitteilung. Alltägliche Bewegungs- und Ausdrucksmuster können bewusst gemacht und z.B. im darstellenden Spiel als Mittel der Kommunikation verwendet werden.

• Sich bewegen ist Kreativitätserfahrung

Eigene Einfälle in Bewegung umsetzen, selber etwas schaffen, hervorbringen, verändern – dies führt zum Erleben von Kreativität. Die eigene Phantasie kann zur Lösung vorgefundener Probleme oder Bewegungsaufgaben eingesetzt werden; ebenso können mit dem eigenen Körper „Produkte" (z.B. ein Kunststück wie „auf den Händen stehen" erfinden) geschaffen werden, die für den, der sich bewegt, neu und einmalig sind.

---

1 *Vestibulär*: den Gleichgewichtssinn betreffend.

- **Sich bewegen ist emotionales Erleben**

Freude an der Bewegung, Lust am Toben, Rennen und Klettern, am Bewältigen einer schwierigen Aufgabe oder am Gelingen einer neuen Bewegungsform, am Zusammenspiel in einer Gruppe – in und durch Bewegung werden Gefühle hervorgerufen. Die intensive emotionale Beteiligung ist ein besonderes Merkmal von Bewegungshandlungen. Dabei können positive wie negative Emotionen geweckt werden, denn Bewegungssituationen können nicht nur Lust und Wohlbefinden, sondern auch Unlust, Angst und Unsicherheit erzeugen.

Die vorgenannten Erfahrungen können sicherlich noch um weitere ergänzt werden. In den jeweiligen Entwicklungsstufen und Lebensabschnitten des Menschen nehmen sie eine unterschiedliche Gewichtung ein. Im Kleinkindalter herrscht z.B. die explorativ-erkundende Bedeutung der Bewegung vor – Bewegung wird zur Selbst- und Welterfahrung genutzt. Im Jugendalter steht dagegen die soziale Dimension im Vordergrund.

Es handelt sich hier im Übrigen um unterschiedliche Sichtweisen ein und derselben Sache, die in der Realität oft zusammenfallen. Zum Teil ergänzen sich die Aspekte, können sich überlagern, und oft sind mit einer Bewegungshandlung auch mehrere Erfahrungsmöglichkeiten zugleich verbunden.

Eine elementare Bewegungserziehung berücksichtigt all diese Aspekte und gibt Gelegenheit zu möglichst vielfältigen Erfahrungen. Sie nutzt die pädagogischen Chancen, die das Medium Bewegung bietet, und versteht sich somit als „Erziehung durch Bewegung". Hier steht weder die Verbesserung der motorischen Leistungsfähigkeit im Vordergrund, noch ist die Hinführung zu bestimmten Sportarten oder der Erwerb spezifischer Fertigkeiten das Ziel. Vielmehr werden Bewegungshandlungen in ihrer Rückwirkung auf persönlichkeitsbildende Prozesse betrachtet. Die Kernfrage elementarer Bewegungserziehung lautet also nicht: „Wie kann ich die motorische Handlung, den Bewegungsablauf verbessern?", sondern: „Wie wirkt die motorische Handlung auf das Kind zurück, auf sein Selbstbild, seine Motivation, seine Beziehung zu sich und der Umwelt?"

Psychomotorik – ganzheitlich orientierte Entwicklungsförderung durch Bewegung

Einem solchen Anliegen fühlt sich auch die Psychomotorik verpflichtet. Sie orientiert sich an der Grundannahme, dass Persönlichkeitsentwicklung immer ein ganzheitlicher Prozess ist: Psychische und physische Bereiche sind so miteinander verschränkt, dass jede Einwirkung auf einen Bereich der Persönlichkeit gleichzeitig auch Auswirkungen auf einen anderen hat. Körper- und Bewegungserfahrungen sind daher immer auch Selbsterfahrungen. Bewegungshandlungen beeinflussen nicht nur die körperlich-motorischen Fähigkeiten von Kindern, sondern sie wirken sich gleichzeitig auch auf deren Einstellung zum eigenen Körper, auf das Bild von den eigenen Fähigkeiten, auf die Wahrnehmung der eigenen Person aus.

Leibliche und seelische, gefühlsmäßige und geistige Vorgänge sind bei Kindern noch besonders eng miteinander verbunden, die Ganzheitlichkeit im Handeln und Erleben ist bei ihnen besonders stark ausgeprägt. Sinneseindrücke nehmen sie mit dem ganzen Körper wahr: Sie drücken ihre Gefühle in Bewegung aus, sie reagieren auf äußere Spannungen mit körperlichem Unwohlsein, und ebenso können freudige Bewegungserlebnisse zu einer körperlich wie psychisch empfundenen Gelöstheit führen.

Kindern sieht man ihre „Ganzheitlichkeit" an: Sie freuen sich „bis in die Füße", sie spüren ihre Traurigkeit „im Bauch"; sie erleben sich als Gefühls-Körper-Einheit. So bieten Bewegungsäußerungen eines Kindes auch Zugang zu seiner Innenwelt. Das Bewegungsverhalten gibt uns Aufschluss über seine psychische Befindlichkeit, über Prozesse, die es u.U. sprachlich nicht ausdrücken kann oder will, die aber zum Verständnis der beim Kind nach außen sichtbaren Probleme von wesentlicher Bedeutung sind. Der Kontakt zum Kind wird außerdem durch Bewegungsspiele und Bewegungsaufgaben erleichtert. Es reagiert auf Bewegungsangebote unmittelbarer und spontaner, lässt sich leichter zu Aktivität anregen und zum Mitmachen herausfordern.

Kindliche Entwicklung ist also zugleich auch immer psychomotorische Entwicklung. Psychomotorische Erfahrungen sind Erfahrungen, die das Kind mit seinem Leib und seiner Seele, seiner ganzen Person macht. Streng genommen gibt es gar keine Bewegung ohne Beteiligung psychischer oder gefühlsmäßiger Prozesse. Elementare Bewegungserziehung muss daher auch psychomotorische Erziehung sein.

Inhalte und Ziele der Psychomotorik

Die Psychomotorik ist in klinisch-heilpädagogischen Institutionen entstanden. Inzwischen haben sich ihre Anwendungsgebiete und ihre Inhalte erweitert. Aufgrund der positiven Auswirkungen bewegungsorientierter Fördermaßnahmen, die in der praktischen Arbeit mit Kindern beobachtet werden konnten, werden sie nicht mehr nur rehabilitativ, sondern auch zur Prävention eingesetzt. Unter dem Anspruch einer ganzheitlichen Vorgehensweise steht hierbei die Förderung der gesamten Persönlichkeitsentwicklung eines Kindes durch das Medium Bewegung im Vordergrund.

Ziel psychomotorischer Erziehung ist es, die Eigentätigkeit des Kindes zu fördern, es zum selbständigen Handeln anzuregen, durch Erfahrungen in der Gruppe zu einer Erweiterung seiner Handlungskompetenz und Kommunikationsfähigkeit beizutragen.

Heute kommt die Psychomotorik in unterschiedlichen Handlungsfeldern zum Einsatz: In der Frühförderung und im Kindergarten kann sie z.B. als Grundlage jeglicher Entwicklungsförderung gelten, in der Grundschule und Sonderschule hat sie nicht nur den Sportunterricht verändert, sondern wird zunehmend auch fachübergreifend als Arbeitsprinzip verstanden. Die Psychomotorik stellt eine spezifische Sicht menschlicher Entwicklung und deren Förderung dar, in der Bewegung als ein wesentliches Medium der Unterstützung und Anbahnung von Entwicklungsprozessen betrachtet wird.

Der Begriff „psychomotorisch" kennzeichnet die funktionelle Einheit psychischer und motorischer Vorgänge, die enge Verknüpfung des Körperlich-Motorischen mit dem Geistig-Seelischen. Diesen Zusammenhang kann man nun einfach als gegeben hinnehmen, man kann jedoch die Wechselwirkungen auch pädagogisch bzw. therapeutisch nutzen.

Ausgleich motorischer Schwächen und Störungen

Die psychomotorische Erziehung verfolgt also einerseits das Ziel, über Bewegungserlebnisse zur Stabilisierung der Persönlichkeit beizutragen – also das Vertrauen in die eigenen Fähigkeiten zu stärken –, andererseits soll jedoch auch ein Ausgleich motorischer Schwächen und Störungen ermöglicht werden. Sie beinhaltet spezielle Fördermöglichkeiten vor allem in den Bereichen der Wahrnehmung, des Körpererlebens und der Körpererfahrung und des sozialen Lernens, die gerade für bewegungsauffällige Kinder integrierend und fördernd wirken können und ihnen den Zugang zur Bewegung – wieder – erschließen helfen.

Bekannt wurde die Psychomotorik auch durch spezifische, die Wahrnehmung und das Gleichgewicht ansprechende Geräte, wie z.B. Pedalos, Balancierkreisel und Rollbretter, die zunächst zur Förderung entwicklungs- und bewegungsauffälliger Kinder bestimmt waren, dann aber zunehmend auch in die Sport- und Bewegungserziehung Eingang fanden.

Aber nicht allein die Verwendung eines Schwungtuches oder das Spiel mit einem Zeitlupenball machen ein Bewegungsangebot schon zur psychomotorischen Erziehung. Zwar haben diese Materialien die Vielfalt der kindlichen Bewegungserlebnisse erheblich bereichert, viel wichtiger als der Einsatz bestimmter Geräte ist jedoch die Art und Weise, wie Kinder sie entdecken und mit ihnen umgehen können, in welchem Sinnzusammenhang die Bewegungsangebote für sie stehen, und wie sie sich selbst im Umgang mit ihnen erleben.

Diskussionsschwerpunkte und weiterführende Fragen

Nach der Erläuterung und Klärung des Begriffes „Psychomotorik" konzentrierte sich das anschließende Gespräch insbesondere auf die Möglichkeiten der Umsetzung von Psychomotorik in der Praxis. Als wichtige Fragestellung stellte sich hierbei heraus: Wie organisiert und geregelt muss Psychomotorik stattfinden?

Weitere Fragen bezogen sich auf äußere Rahmenbedingungen wie
— Raumgröße und Ausstattung,
— Art der Materialien und
— Anzahl der Kinder bei der Durchführung.

Als zusätzliche Diskussionsgrundlage dienten zwei Filmausschnitte, die veranschaulichen sollten, was aus Sicht des Kindes wichtig und bedeutungsvoll ist. In der Diskussion der Filmszenen wurden insbesondere Fragen des selbständigen Lernens (unter welchen Voraussetzungen?) und der Aufsichtspflicht der Erwachsenen behandelt:

- Soll ich als Erwachsener den Bewegungsdrang eines Kindes uneingeschränkt zulassen?
- Was kann bzw. soll ich einem Kind zutrauen? Setze ich Grenzen? Wenn ja, wo?
- Wie viel Freiraum braucht ein Kind? Welche Erfahrungen soll es machen?
- Wann würde ich als verantwortlicher Erzieher meine Aufsichtspflicht verletzen?

> Der Film *Immer in Bewegung – Die Bedeutung der Bewegung für die Entwicklung des Kindes*[2] zeigt ein sehr bewegungsfreudiges Kind, das viele Möglichkeiten der Bewegung aus sich selbst heraus ausprobiert und dabei auch eigene Grenzen austestet (z.B. Balancieren auf einer Mauer, Treppenspringen etc.). Das Kind ist sozusagen auf Entdeckungsreise und erschließt sich seine Umwelt kreativ und neugierig durch Bewegung und Ausprobieren.

Seitens der Referentin wurde darauf hingewiesen, dass es von grundsätzlicher Wichtigkeit für die Entwicklung eines Kindes – auch im Sinne einer Lebensqualifizierung – sei, dass Erwachsene den natürlichen Bewegungsdrang eines Kindes zulassen. Der gezeigte Film solle Beispiel sein für ein Kind, das diesen natürlichen Drang zur Bewegung in sich trägt und ungehindert ausleben kann. Es gibt jedoch Kinder, die diesen natürlichen Drang, sich zu bewegen, verloren haben. Gerade diese Kinder wolle die Psychomotorik zu Bewegung und Aktivität anregen.

Ein weiterer Filmausschnitt zeigte ein Fallbeispiel aus der psychomotorischen Förderung eines Kindes, das jeden Kontakt und auch die Sprache verweigerte. Die Videoausschnitte machten deutlich, wie die Methoden und Vorgehensweisen der Psychomotorik in der Praxis konkret aussehen können. Die einzelnen Schritte und Interventionen wurden herausgestellt und zusätzlich kommentiert. Die über einen Zeitraum von einem halben Jahr aufgenommenen Szenen zeigten die Entwicklung des Kindes und veranschaulichten, wie es über bewegungsorientierte Rollenspiele langsam Kontakt zu der Betreuerin und vereinzelt auch zu anderen Kindern aufnahm. Schließlich benutzte es auch die verbale Sprache und nahm aktiv am Spielgeschehen teil.

Abschließend wurde als wichtiger Aspekt noch hervorgehoben, dass im Verlauf von psychomotorischen Stunden auch kleinere Erfolgserlebnisse als Entwicklungsschritt richtig eingeschätzt werden müssen und entsprechende Aufmerksamkeit verdienen und dies auch den Eltern und Ärzten – auf der Grundlage des individuellen Entwicklungsstandes des Kindes – klar gemacht werden sollte.

---

2 Von Renate Zimmer, hrsg. von Deutsche Sportjugend, Frankfurt am Main (VHS, 31 Minuten).

GESUNDHEITSFÖRDERUNG IM KINDERGARTENALLTAG

Der Kindergarten als Setting der Gesundheitsförderung

Renate Zimmer

An keine Bildungsinstitution werden heute so hohe und so unterschiedliche Erwartungen gestellt wie an den Kindergarten: Ein Ort des Ausgleichs sozialer Benachteiligungen soll er sein, der allseitigen Förderung der Persönlichkeitsentwicklung der Kinder, der Integration sinnlicher Erfahrungen und der Ergänzung elterlicher Erziehung. Hat man sich gerade mit der Reggio-Pädagogik[1] anfreunden können, regelmäßige Waldtage eingeführt und das Spielzeug für eine gewisse Zeit verbannt, die Psychomotorik integriert und auf offene Gruppen umgestellt – da schneit jetzt auch noch die Gesundheitsförderung ins Haus – als hätte man sonst nichts zu tun.

Tatsächlich ist in keiner anderen pädagogischen Institution die Offenheit und die Bereitschaft, sich auf die individuellen, sich rasant verändernden Lebenssituationen der Kinder einzustellen, so groß wie im Kindergarten. Gegenüber der Schule besteht hier auch ein eindeutig größerer Handlungsspielraum: Freiheit von Notendruck, von Anwesenheitspflicht, Auslesefunktion und Konkurrenz, von Richtlinien und administrativen Vorgaben und fachlicher Einseitigkeit – dies erleichtert die pädagogische Arbeit in hohem Maße und lässt Raum für Überlegungen, was Kinder denn heute wirklich brauchen, um sich zu kompetenten und stabilen Persönlichkeiten entwickeln zu können. Hinzu kommt die Bereitschaft der meisten Erzieherinnen und Erzieher, sich intensiv mit pädagogischen Leitvorstellungen auseinander zu setzen und ein pädagogisches Konzept zu entwickeln.

Ich werde mich in meinen folgenden Überlegungen der Frage widmen, in welchem Maße Gesundheitsförderung hierbei eine Rolle spielen kann. Was ist eigentlich unter Gesundheitsförderung im Kindergarten zu verstehen: Kariesprophylaxe, Vollwertkost oder Rückenschule und Haltungsturnen?

Veränderung der Lebens- und Erfahrungswelt von Kindern

Trotz unseres gut funktionierenden Vorsorgesystems und ausreichender medizinischer Versorgung aller Bevölkerungsschichten kann bereits in der frühen Kindheit und im vorschulischen Alter keinesfalls von einer problemlosen, unauffälligen Entwicklung ausgegangen werden. Die Einschränkung der Spiel- und Bewegungsmöglichkeiten infolge einer

---

1 Vgl. hierzu auch Kasten auf Seite 30 (*Abschnitt 1.2.1*).

immer stärker expandierenden Technisierung und Motorisierung, der Verlust an unmittelbaren körperlich-sinnlichen Erfahrungen hat ohne Zweifel entscheidenden Anteil an den bei Kindern in den letzten Jahren gehäuft auftretenden Entwicklungs- und Verhaltensauffälligkeiten.

Gerade im vorschulischen Alter vollziehen sich grundlegende Entwicklungsprozesse, die die Basis der späteren Haltung und Leistungsfähigkeit bilden. Der heranwachsende Organismus ist jedoch auch besonders anfällig gegen Störfaktoren, die durch Zivilisationseinflüsse – wie z.B. Bewegungsmangel oder falsche Ernährung – bedingt sind.

Die Reduzierung der körperlich-sinnlichen Erfahrungen und die mangelnden Verarbeitungsmöglichkeiten der auf das Kind einströmenden Reize führen zusammen mit der oft gleichzeitig einsetzenden Einschränkung seiner Bewegungsmöglichkeiten nicht selten zu weitergehenden Beeinträchtigungen der kindlichen Entwicklung. In zunehmendem Ausmaß kommt es zu Störungen in der Wahrnehmungsverarbeitung und zu Verhaltensauffälligkeiten. Kommunikative Störungen, Ängste, Aggressivität, mangelnde Konzentrationsfähigkeit und Hyperaktivität sind Symptome, die immer häufiger auftreten und die auch auf die sich verändernden Lebensbedingungen von Kindern zurückzuführen sind.

Eine solche Veränderung der Lebens- und Erfahrungswelt hat Folgen sowohl für die psycho-soziale als auch für die körperlich-motorische Entwicklung von Kindern. Dies ist die eine Seite, die für die Gestaltung der pädagogischen Arbeit im Kindergarten Konsequenzen nach sich ziehen muss. Es gibt jedoch auch noch eine andere Seite, die unter dem Aspekt der Gesundheitsförderung zu bedenken ist: Es gibt eine Menge Kinder, die unter den gleichen Lebensverhältnissen, mit den gleichen Einschränkungen und ähnlichem ökologischen und sozialen Umfeld keinen Schaden davontragen. Ist es nun eine Frage der Disposition, der erblichen Veranlagung, dass einige Kinder stärker betroffen sind als andere, oder gibt es Merkmale, die sozusagen als Schutzfaktoren wirken können, die die Kinder stark machen bzw. ihnen Möglichkeiten zur Bewältigung schädigender Einflüsse geben?

Salutogenese – Wie entsteht Gesundheit?

In den Gesundheitswissenschaften hat sich in den letzten Jahren ein Wandel hinsichtlich des Denkens und Forschens über Gesundheit eingestellt. Die traditionelle Perspektive der Risikofaktoren, die unsere Gesundheit beeinträchtigen, trat zurück hinter die Perspektive der Schutzfaktoren, die uns vor den tagtäglichen Belastungen bewahren bzw. uns befähigen, mit ihnen umzugehen. An die Stelle der Pathogenese mit der Kernfrage „Was lässt die Menschen krank werden?" rückte die Salutogenese in den Vordergrund mit der viel entscheidenderen Frage „Was lässt den Menschen trotz außerordentlicher Belastungen gesund bleiben?"

Angestoßen wurde dieses Umdenken durch den amerikanisch-israelischen Medizinsoziologen Aaron Antonovsky[2] (1993), der in den 70er Jahren begann, nach Faktoren zu suchen, die dazu beitragen, dass manche Menschen weniger krank werden als andere.

Die Fähigkeiten zum Ausbalancieren von Belastungen sind davon abhängig, ob wir über ausreichende Widerstandsressourcen verfügen. Dazu gehören u.a. Strategien zur Stressbewältigung (z.B. Entspannungstechniken), ein intaktes Immunsystem und das Vorhandensein sozialer Unterstützung; dazu gehören insbesondere aber auch die personalen Ressourcen des Menschen, also Persönlichkeitseigenschaften, Kompetenzen und eine positive Beziehung zu sich selbst.

In diesem Sinne kann es nicht darum gehen, jede negative Erfahrung zu vermeiden und Risiken ganz zu umgehen. Auch der Umgang mit Risiken bietet ein Entwicklungspotenzial, da hierdurch Bewältigungsstrategien aufgebaut werden können, auf die später immer wieder zurückgegriffen werden kann.

Risiko- und Schutzfaktoren in der kindlichen Entwicklung

Die bekannteste und meistzitierte Längsschnittstudie, die sich mit der Wirkung von Risiko- und Schutzfaktoren befasst, ist die „Kauai-Studie" von Emmy E. Werner (Werner/Smith 1992). In diese Untersuchung wurden alle 1955 geborenen Kinder der zu Hawaii gehörenden Insel Kauai einbezogen und über 30 Jahre lang in ihrer Entwicklung begleitet. Ein Drittel der Kinder wurde als Risikokinder bezeichnet: Sie waren schon früh mindestens vier Risikofaktoren ausgesetzt, wozu die Autorin u.a. Armut, permanente Konflikte der Eltern, Alkoholprobleme oder psychische Krankheit bei einem oder beiden Elternteilen, Geburtskomplikationen oder schwere Erkrankungen des Kindes im ersten Lebensjahr zählte. Eine solche Häufung von Risikofaktoren ließe nach Meinung der Forscher mit großer Sicherheit Entwicklungs- und Verhaltensstörungen erwarten. Tatsächlich zeigten zwei Drittel dieser „Risikokinder" im Alter von zehn Jahren ausgeprägte Lern- und Verhaltensprobleme, und im Jugendalter kam es zu psychischen Krisen, Delinquenz oder Drogensucht. Ein Drittel der Risikogruppe wuchs allerdings problemfrei zu kompetenten, selbstbewussten jungen Erwachsenen heran. Weder in der Kindheit noch im Jugendalter zeigten sie auffällige Störungen; sie kamen in der Schule und in ihren sozialen Beziehungen gut zurecht und hatten anspruchsvolle, aber auch realistische Zukunftspläne.

Dieser Gruppe von 72 Kindern — als *resilient children* (unverwüstliche Kinder) bezeichnet — galt das weitere Hauptinteresse der Studie. Wodurch unterschieden sich ihre Lebensumstände und ihre Persönlichkeitsmerkmale von denen derjenigen, die einen weniger

---

2 Siehe hierzu auch die Expertise von Jürgen Bengel, Regine Strittmatter und Hildegard Willmann, *Was erhält Menschen gesund? Antonovskys Modell der Salutogenese – Diskussionsstand und Stellenwert*, Köln, BZgA (Hrsg.), 1998 (6., erw. Auflage 2001) (Forschung und Praxis der Gesundheitsförderung Bd. 6).

positiven Entwicklungsverlauf hatten? Es konnte eine Reihe von „Schutzfaktoren" identifiziert werden:

- Die erste Gruppe von Schutzfaktoren betraf das soziale Umfeld: Die widerstandsfähigen, stressresistenten Kinder verfügten über eine intensive Bindung und vertrauensvolle Beziehung zu mindestens einem Erwachsenen; sofern die Eltern versagten, kümmerten sich Großeltern, Verwandte, Erzieher oder auch ältere Geschwister um sie; später verfügten sie über einen großen Freundeskreis.

- Die zweite Gruppe von Schutzfaktoren lag in den Persönlichkeitsmerkmalen der Kinder. Sie zeigten schon als Kleinkinder ein hohes Aktivitätsniveau und hatten die Tendenz, Dinge selbst zu tun, Probleme selbst zu lösen. Von den Untersuchern wurden sie als besonders aufgeweckt, fröhlich und selbstbewusst beschrieben. In der mittleren Kindheit fielen die Kinder durch ein hohes Maß an Selbständigkeit und der Fähigkeit auf, sich bei Bedarf gezielt nach Hilfe umzusehen. Den wichtigsten und grundlegendsten Persönlichkeitszug dieser Kinder sieht Werner in einem tief verwurzelten Gefühl, etwas zu taugen und zu können: „Ein Gefühl von Kompetenz und eine Überzeugung, durch das eigene Tun etwas bewirken zu können, scheint das allgemeine Kennzeichen dieser Kinder zu sein" (Werner 1990, zit. nach Göppel 1997). Diese Trends setzen sich im Jugendalter fort. Die Auswertung von Fragebogen ergab, dass die betroffenen Jugendlichen ein positiveres Selbstkonzept, eine größere Leistungsmotivation und zudem das Vertrauen besaßen, dem Schicksal nicht einfach hilflos ausgeliefert zu sein, sondern Einfluss auf die eigenen Geschicke nehmen zu können. Sie schafften es, selbst unter chaotischen Verhältnissen eine gewisse Struktur in ihr Leben zu bringen.

Das Fazit einer solchen Studie kann nun nicht heißen, man könne Kinder im Vertrauen auf deren Widerstandskräfte ruhig sich selbst überlassen. Bei den so genannten Schutzfaktoren handelte es sich auch größtenteils nicht um angeborene Persönlichkeitsdispositionen, sondern um Eigenschaften und Verhaltensmerkmale, die in der frühen Kindheit erworben werden: Neben der emotionalen Bindung zu einer oder mehreren Personen gehören nämlich der Aufbau eines positiven Selbstwertgefühls, Selbständigkeit und aktiver Umgang mit Problemen zu den Zielen, die durch die Erziehung unterstützt und gestärkt werden können und die aus meiner Sicht durchaus kompatibel sind mit einer Erziehung zur Selbständigkeit, wie sie im Kindergarten angestrebt werden sollte.

Die Forschungsergebnisse über Risiko- und Schutzfaktoren in der kindlichen Entwicklung machen deutlich, dass Entwicklung nicht nur als Ergebnis des Wechselspiels zwischen Anlage und Umwelt gesehen werden kann, sondern als ein Prozess, in dem die produktive Verarbeitung der Realität, die Eigenständigkeit und die Eigentätigkeit des Kindes eine wichtige Rolle spielen. Zwar müssen die konkreten Umweltbedingungen, unter denen Entwicklung stattfindet, nach wie vor beachtet werden, neuerdings rücken jedoch immer mehr die Wirkungen, die vom Kind auf seine Umwelt ausgehen, ins Blickfeld.

Zwei Schlüsselbegriffe kennzeichnen das neue Verständnis von Entwicklung (und Gesundheit): Aktivität und Widerstandskraft. Sie entwickeln sich in der frühen Kindheit und sind abhängig von den Rahmenbedingungen, die Kinder in ihrem familiären Umfeld, vor allem aber auch in der ersten öffentlichen Erziehungsinstitution, die sie besuchen, vorfinden.

Stärkung personaler Ressourcen

Es gibt unterschiedliche Gruppen von Gesundheitsressourcen:
— körperliche Gesundheitsressourcen, wie z.B. Fitness, intaktes Immunsystem, Leistungsfähigkeit des Herz-Kreislauf-Systems,
— personale Gesundheitsressourcen, wie z.B. ein positives Selbstkonzept und Selbstvertrauen,
— soziale Gesundheitsressourcen, wie z.B. Akzeptanz und Unterstützung in der sozialen Bezugsgruppe.

Im Folgenden werde ich mich insbesondere mit den personalen Ressourcen beschäftigen, weil sie meines Erachtens für die frühkindliche Entwicklung eine ganz besondere Rolle spielen und deswegen auch im Kindergarten besonders berücksichtigt werden müssen. Zu den personalen Ressourcen gehören insbesondere Einstellungen des Menschen zu sich selbst, so z.B. die Überzeugung, selbst etwas bewirken, verändern zu können und nicht dem eigenen Schicksal hilflos ausgeliefert zu sein.

Hurrelmann (1994) beschreibt als wichtige personale Ressourcen: Ich-Stärke, Kompetenzbewusstsein, ein positives Selbstkonzept und psychische Stabilität. Sie bilden eine gute Voraussetzung für eine erfolgreiche Auseinandersetzung mit Belastungsfaktoren. Nun stellt sich die Frage, wie diese „Schutzfaktoren" im Laufe der Entwicklung aufgebaut werden können und wie man ihre Entstehung bei Kindern unterstützen kann.

Selbstbild
Ob ein Kind Vertrauen in die eigenen Fähigkeiten hat, oder ob es diese nur gering einschätzt, ob es aktiv auf andere zugeht oder sich eher abwartend verhält, ob es bei Schwierigkeiten schnell aufgibt oder sich durch sie geradezu herausgefordert fühlt – all dies hängt von dem Bild ab, welches das Kind von sich selber hat. In diesem Selbstbild spiegeln sich die Erfahrungen wider, die es in der Auseinandersetzung mit seiner sozialen und materialen Umwelt gewonnen hat, ebenso aber auch die Erwartungen, die von der Umwelt an das Kind herangetragen werden. So entwickelt jeder Mensch im Laufe seiner Biographie ein System von Annahmen über seine Person; er gibt sich sozusagen eine Antwort auf die Frage „Wer bin ich?".

Selbstkonzept
Einen wichtigen Stellenwert nehmen in diesem Zusammenhang die über den Körper und die Bewegung gemachten Erfahrungen eines Kindes ein: Durch Bewegungshandlungen

lernen Kinder sich selber kennen, sie erhalten Rückmeldung über das, was sie können, erfahren Erfolg und Misserfolg und erkennen, dass sie ihn selber bewirkt haben. Sie erleben aber auch, was andere ihnen zutrauen, wie sie von ihrer sozialen Umwelt eingeschätzt werden. Diese Erfahrungen, Kenntnisse und Informationen münden ein in Einstellungen und Überzeugungen zur eigenen Person, die sich mit dem Begriff Selbstkonzept fassen lassen.

Das Selbstkonzept setzt sich aus verschiedenen Teilen zusammen, bei denen zwischen einer kognitiven und einer bewertenden, affektiven Komponente unterschieden werden kann:

– Das *Selbstbild* beinhaltet das Wissen über sich selbst, z.B. das eigene Aussehen, die Fähigkeiten, die Stärken etc.
– Demgegenüber steht das Selbstwertgefühl bzw. die *Selbstwertschätzung*, die die Bewertung der eigenen Person umfasst (die Zufriedenheit mit dem eigenen Aussehen, den Fähigkeiten etc.).

Das Selbstbild bezieht sich also eher auf die neutral beschreibbaren Merkmale der eigenen Persönlichkeit (wie groß, wie schwer bin ich, ich bin in Sport gut, in Musik schwach), während das Selbstwertgefühl die Zufriedenheit mit den wahrgenommenen Merkmalen angibt.

In das Selbstkonzept gehen also sowohl eigene Interpretationen als auch Rückmeldungen durch die Umgebung ein. Es basiert somit auf zwei „Säulen", dem eher kognitiv orientierten Selbstbild und dem stärker emotional orientierten Selbstwertgefühl (Zimmer 2000).

Die Bedeutung des Selbstkonzepts für die Entwicklung

Das Selbstkonzept wirkt sich in hohem Maße auf das menschliche Verhalten aus: Das Kind nimmt sich selbst in ganz bestimmter Weise wahr, ordnet sich bestimmte Eigenschaften zu, bewertet die eigene Person, d.h. es zeigt ein mehr oder weniger hohes Maß an Selbstwertschätzung oder Selbstachtung und beeinflusst damit auch die individuelle Handlungsfähigkeit. Ein positives Selbstkonzept äußert sich z.B. in der Überzeugung, neuartige und schwierige Anforderungen bewältigen zu können, Probleme zu meistern und die Situation „im Griff" zu haben:

– Wird eine schwierige Situation als unüberwindliches Problem oder als besondere Herausforderung erlebt?
– Wie werden die eigenen Möglichkeiten, Probleme zu bewältigen, und die eigenen Kompetenzen eingeschätzt?

Bei Kindern sind es insbesondere körperliche und motorische Fähigkeiten, die für den Prozess der Selbstwahrnehmung und Selbstbewertung von Bedeutung sind. Sie sind subjektiv für sie von Bedeutung, da sie mit ihrer Hilfe die eigene Kompetenz einschätzen; sie haben jedoch auch eine objektive Bedeutung, da sie die Verhaltenserwartungen von Seiten der sozialen Umwelt beeinflussen.

Von besonderer Bedeutung ist dabei allerdings, dass alle Informationen, die eine Person über sich selbst erhält, subjektiv bewertet, interpretiert und verarbeitet werden. Je nachdem, wie man sich nun selber wahrnimmt, können objektiv gleiche Leistungen ganz unterschiedlich eingeordnet werden. Das „Konzept" von den eigenen Fähigkeiten, Begabungen und dem eigenen Können muss nämlich nicht ein genaues Abbild der tatsächlichen Leistungen sein, sondern es entsteht vielmehr aus der Bewertung der eigenen Handlungen und Leistungen. Entscheidend für die Selbstbewertung ist dabei auch das Bild, das sich in der eigenen Vorstellung andere von einem machen. So sieht ein Kind sich selbst oft im Spiegel seiner Spielkameraden. Obwohl es objektiv vielleicht gar nicht ungeschickt, unbeholfen ist, schätzt es sich selber doch so ein, wenn es von den Eltern, der Erzieherin, den Lehrern oder anderen Kindern so beurteilt wird.

Die Einschätzung der eigenen Fähigkeiten kann also zu einer „sich selbst erfüllenden Prophezeiung" werden. Besonders betroffen sind hiervon Kinder, die Bewegungsbeeinträchtigungen oder körperliche Auffälligkeiten haben. Motorische Geschicklichkeit, körperliche Leistung und motorische Fähigkeiten haben bei Kindern einen hohen Stellenwert. Die Erfahrung körperlicher Unterlegenheit, Ängstlichkeit und Unsicherheit wirken sich daher schnell auf die Selbstwahrnehmung und damit auch auf das Selbstkonzept des Kindes aus und beeinflussen gleichzeitig den sozialen Status und die Position in der Gruppe.

Häufige Misserfolgserlebnisse bergen die Gefahr, dass – z.T. unbewusst – ein negatives Selbstkonzept aufgebaut wird. Das Kind wird sich im Lauf der Zeit noch weniger zutrauen, als es in Wirklichkeit kann. Wird es dann auch noch von den Erwachsenen oder anderen Kindern als „Tolpatsch" eingestuft, werden Leistungen und Fertigkeiten von ihm erst gar nicht erwartet, fühlt es sich auch selbst als Versager bestätigt. Einige dieser Kinder reagieren mit Resignation und Rückzug, andere wiederum versuchen, das Gefühl der eigenen Minderwertigkeit zu kompensieren, indem sie aggressiv werden und ihre motorische Unterlegenheit durch körperliche Angriffe auf andere zu verdecken suchen.

Selbstkonzept als generalisierte Selbstwahrnehmung

Situative Ereignisse, die sich wiederholen und für das Kind eine besondere Bedeutung haben, tragen die Gefahr der Generalisierung in sich. Die besondere Gefahr besteht jedoch darin, dass über Fähigkeitsbereiche hinweg generalisiert wird. Aus einer situativen Fähigkeitswahrnehmung kann sich so ein globales Selbstkonzept entwickeln.

Dies macht deutlich, wie sehr Kinder – aber auch Erwachsene – in ihrem gesamten Verhalten von ihrem Selbstkonzept beeinflusst werden. Ihre Zufriedenheit, ihre Anstrengungsbereitschaft, die Art und Weise mit Problemen umzugehen oder sich mit neuen Situationen auseinander zu setzen ist davon abhängig, wie sie sich selbst wahrnehmen, einschätzen und bewerten. So erleben Kinder mit einem eher negativen Selbstkonzept unbekannte Situationen und neue Anforderungen häufiger als bedrohlich, fühlen sich ihnen nicht gewachsen und geben leichter auf; auf Kritik und Misserfolg reagieren sie unangemessen empfindlich, und sie besitzen eine nur geringe Frustrationstoleranz. Kinder mit positivem Selbstkonzept gehen dagegen mit geringerer Ängstlichkeit und größerer Energie an neue Aufgaben heran und sind auch bei Misserfolgen nicht so leicht zu entmutigen.

Besonders schwerwiegend ist, dass das Selbstkonzept meist sehr stabil und änderungs-resistent ist. Die meisten Menschen tendieren dazu, eine gewisse Grundeinstellung sich selbst gegenüber beizubehalten und spätere Erfahrungen so zu steuern, dass eine Übereinstimmung zwischen dem Selbstkonzept, dem eigenen Verhalten und den Erwartungen von Seiten anderer besteht – sie versuchen also, „mit sich selbst identisch zu bleiben". Zudem sind Einstellungen, die bereits in der frühen Kindheit erworben wurden, am schwierigsten zu ändern (Epstein 1984).

Bei niedrigem Selbstkonzept ist die Erfolgserwartung des Kindes in der Regel niedriger als bei hohem Selbstkonzept, was wiederum – fatal für die gesamte Entwicklung des Kindes – Konsequenzen für die Erwartungshaltung seitens der sozialen Umwelt hat: Wer sich selbst nichts zutraut, dem trauen auch andere nicht viel zu (Zimmer 1999).

Selbstwirksamkeit und Kontrollüberzeugung

Die Selbstwirksamkeit gehört zu den wichtigsten Bestandteilen des Selbstkonzepts. Sie beinhaltet die subjektive Überzeugung, selbst etwas bewirken und verändern zu können. Dazu gehört die Annahme, selbst Kontrolle über die jeweilige Situation zu haben, sich kompetent zu fühlen und durch die eigenen Handlungen Einfluss auf die materiale oder soziale Umwelt nehmen zu können.

Im Spiel erleben Kinder z.B., dass sie Ursache bestimmter Effekte sind. Im Umgang mit Spielgeräten und bei der Bewältigung von Aufgaben rufen sie eine Wirkung hervor und führen diese auf sich zurück. Das Handlungsergebnis verbinden sie mit der eigenen Anstrengung und dem eigenen Können – so entsteht ein erstes Konzept eigener Fähigkeiten. Selbstwirksamkeitsüberzeugungen stellen die Grundlage des Selbstkonzepts dar. Wer glaubt, die Ergebnisse seines Tuns nur wenig im Griff zu haben, wird auch nur wenig Stolz auf das Erreichte haben können (Erfolge werden weniger der eigenen Anstrengung und den eigenen Fähigkeiten, sondern eher Glück oder Zufall zugeschrieben).

Selbstwirksamkeitsüberzeugungen können für den Erfolg entscheidender sein als die objektiven Leistungsvoraussetzungen. Wer darauf vertraut, eine Aufgabe selbständig bewältigen zu können, wird sich eher ein gewisses Schwierigkeitsniveau zutrauen. Daraus ergibt sich auch ein stark motivierender Effekt: Situationen, die kontrollierbar erscheinen, werden erneut aufgesucht, die eigene Kompetenzerwartung steigert das eigene Selbstwertgefühl. Ist dagegen die Erwartung eigener Handlungskompetenz nur gering ausgeprägt, ist mit Handlungsblockierung, Vermeidungsverhalten und negativen Selbsteinschätzungen zu rechnen.

Ebenso werden Kinder, die glauben, keine Kontrolle ausüben zu können, weniger oft Erfolg erleben und folglich in ihren negativen Erwartungen bestätigt werden. Im Gegensatz dazu werden diejenigen, die davon überzeugt sind, eine Situation unter Kontrolle zu haben, öfter Erfolg haben und ihre Überzeugungen aufs Neue bestätigen. Dies impliziert einen sich selbst erhaltenden Kreislauf (Seligmann 1979).

Konsequenzen für die pädagogische Arbeit im Kindergarten

Maßnahmen zur Förderung der Gesundheit von Kindern müssen o.g. Aspekte berücksichtigen, wenn sie bei der Bewältigung von Entwicklungsaufgaben unterstützend wirken und zum Gelingen des Entwicklungsprozesses von Kindern beitragen wollen. Die Maßnahmen müssen dabei keine Randstellung im Rahmen des pädagogischen Konzepts einnehmen, vielmehr decken sie sich durchaus mit den Aufgaben von Bildung und Erziehung im Elementarbereich. Sie sind auch nicht notwendigerweise an bestimmte Inhalte gebunden; am ehesten können sie jedoch dort eingelöst werden, wo Kinder selbständig handeln, wo sie Erfahrungen der eigenen Wirksamkeit machen, für den Erfolg oder Misserfolg einer Handlung selbst verantwortlich sind und den Sinn ihrer Handlungen auch weitgehend selbst bestimmen können. Spiel- und insbesondere Bewegungssituationen bieten hierfür viele Gelegenheiten, da Kinder hier meist aus eigenem Antrieb aktiv werden, Geräte und Materialien oder die Gruppe sie zum Handeln herausfordern.

Gesundheitsförderung gewinnt unter diesen Aspekten eine neue Dimension im Rahmen der pädagogischen Arbeit im Kindergarten und kann durchaus für sich in Anspruch nehmen, sowohl entwicklungsfördernd und damit zukunftsrelevant für Kinder zu sein, als auch zur Erfüllung aktueller Bedürfnisse beizutragen.

Zwar kommt dem Kindergarten in bildungspolitischer Hinsicht immer noch nicht die Bedeutung zu, die er als erste und elementare Stufe des Bildungssystems eigentlich haben müsste, in gesundheitspolitischer Hinsicht wird er aber umso wirksamer werden können. Dabei muss allerdings bedacht werden, dass der Erfolg der pädagogischen Arbeit auch von ihren Rahmenbedingungen abhängt. Dies betrifft sowohl die Gruppenstärke als auch die personelle Besetzung. Hier besteht zur Zeit die Gefahr, dass sich unter dem Druck finanzieller Engpässe die Bedingungen eher verschlechtern als verbessern. Wenn Kinder schon in ihrem Lebensalltag immer größeren Belastungen ausgesetzt werden, dann sollten wenigstens für familienergänzende Erziehungs- und Betreuungseinrichtungen optimale Voraussetzungen geschaffen werden.

Die Risiken für Kinder werden in der modernen Gesellschaft kaum einzudämmen sein. Im Zentrum des pädagogischen Interesses müssen daher zunehmend die Potenziale und Möglichkeiten stehen, die die kindliche Entwicklung schützen und stärken. Dies ist ein positiver pädagogischer Denkansatz, der aber auch einschließt, dass Erwachsene sich um die Verbesserung der Lebensbedingungen von Kindern kümmern und sich – wo immer dies in ihrem Verantwortungsbereich liegt – für Kinder stark machen.

Literatur

Antonovsky, A. (1993): „Gesundheitsforschung versus Krankheitsforschung." In: Franke, A. / Broda, M. (Hrsg.): *Psychosomatische Gesundheit. Versuch einer Abkehr vom Pathogenese-Konzept*. Tübingen: dgvt.

Brodtmann, D. (1997): „Kinder – Bewegung – Gesundheit. Was sind die wirklichen Risikofaktoren?" In: Zimmer, R. (Hrsg.): *Bewegte Kindheit*. Schorndorf: Hofmann.

Epstein, S. (1984): „Entwurf einer integrativen Persönlichkeitstheorie." In: Filipp, S. (Hrsg.): *Selbstkonzept-Forschung*. Stuttgart: Klett-Cotta.

Göppel, R. (1997): *Ursprünge der seelischen Gesundheit*. Würzburg: Edition Bentheim.

Hurrelmann, K. (1994): *Sozialisation und Gesundheit. Somatische, psychische und soziale Risikofaktoren im Lebenslauf*. (3. Aufl.) Weinheim, München: Juventa.

Seligmann, M. (1979): *Erlernte Hilflosigkeit*. München: Urban & Schwarzenberg.

Werner, E. E. / Smith, R. S. (1992): *Overcoming the odds: High-risk children from birth to adulthood*. Ithaca, NY: Cornell University Press.

Zimmer, R. (1996): *Motorik und Persönlichkeitsentwicklung bei Kindern*. Schorndorf: Hofmann.

Zimmer, R. (1999): *Handbuch der Bewegungserziehung*. Freiburg: Herder.

Zimmer, R. (2000): *Handbuch der Psychomotorik*. Freiburg: Herder.

Berichte aus den Arbeitsgruppen

2.2.1 Leben und Arbeiten im Kindergarten – Bedarfe von Erzieherinnen und Erziehern

Leitung: Sabine Hoffmann-Steuernagel, Landesvereinigung für Gesundheitsförderung Schleswig-Holstein e.V., Kiel

Franz Gigout, Landesarbeitsgemeinschaft für Gesundheitsförderung Saarland e.V., Saarbrücken

Arbeits- und Diskussionsgrundlage für den Workshop bildeten die Ergebnisse von zwei Befragungen an Kindertageseinrichtungen, die die Landesvereinigung für Gesundheitsförderung Schleswig-Holstein bzw. die Landesarbeitsgemeinschaft für Gesundheitsförderung Saarland durchgeführt hatten und die der Arbeitsgruppe zunächst vorgestellt wurden:

- „Leben und Arbeiten im Kindergartenalltag" – Eine Befragung zu Gesundheit und Wohlbefinden am Arbeitsplatz bei Mitarbeiterinnen und Mitarbeitern der städtischen Kindertageseinrichtungen in Kiel.[1]
- „Arbeit und Gesundheit von Mitarbeiterinnen in Kindertageseinrichtungen" – Regionalfallstudie in saarländischen Kindertageseinrichtungen.[2]

„Leben und Arbeiten im Kindergartenalltag"

Sabine Hoffmann-Steuernagel

1999 führte die Landesvereinigung für Gesundheitsförderung Schleswig-Holstein e.V. zusammen mit der Fachberatung des Jugendamtes eine schriftliche Befragung der Mitarbeiterinnen und Mitarbeiter städtischer Kindertageseinrichtungen durch.

Zielsetzung

Ziel dieser Befragung war es,

- Schwerpunkte der gesundheitlichen Belastung im Beruf herauszufinden,
- das Gesundheitsbewusstsein der Mitarbeiterinnen zu stärken,
- das Wohlbefinden der Mitarbeiterinnen im Kindergartenalltag zu erhöhen und langfristig Fehlzeiten zu senken,
- gezielte präventive Angebote entwickeln zu können und
- Rahmenbedingungen auch unter Einbeziehung gesundheitlicher Aspekte zu gestalten.

---

1 Einzelexemplare kostenlos erhältlich bei der Landesvereinigung für Gesundheitsförderung e.V. in Schleswig-Holstein, Flämische Str. 6–10, 24103 Kiel.

2 Erhältlich bei LAGS, Feldmannstr. 110, 66115 Saarbrücken.

Zielgruppe und Rücklauf

Die Befragung richtete sich an die pädagogischen Mitarbeiterinnen und Mitarbeiter in Kindertageseinrichtungen des Kieler Jugendamtes, das in insgesamt 37 Einrichtungen etwa 50% der in Kiel vorhandenen Kindergartenplätze anbietet. Es wurden insgesamt 366 Fragebogen versandt, von denen 124 beantwortet und zurückgeschickt wurden (Rücklaufquote ca. 34%). Da die zurückgesandten Fragebogen von Mitarbeiterinnen und Mitarbeitern aus allen Kieler Stadtteilen stammten, kann die Erhebung auch für andere Kindergartenträger in Kiel als aussagekräftig betrachtet werden.

Geantwortet haben 83 Erzieherinnen (67%), 28 sozialpädagogische Assistentinnen (23%) und 10 Einrichtungsleitungen (8%). Drei Personen (2%) machten keine Angaben zu ihrer Funktion.

Ergebnisse der Befragung

• Der Einfluss des Arbeitsplatzes auf Gesundheit und Wohlbefinden

Die Frage, ob die jeweilige Arbeitssituation nach eigener Einschätzung die Gesundheit belaste, beantworteten acht mit „Ja, sehr" (6%), 83 mit „Ja, teilweise" (68%), 20 mit „Wenig, kaum" (16%) und 13 mit „Nein" (10%) (siehe *Abbildung 1*).

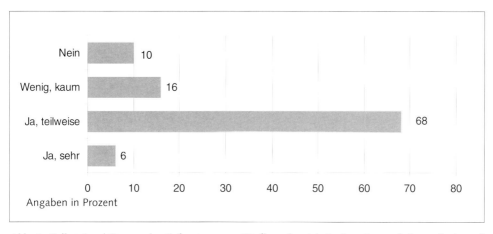

Abb. 1: Selbsteinschätzung der Befragten zum Einfluss der Arbeitssituation auf Gesundheit und Wohlbefinden

Die Selbsteinschätzungen der Befragten zeigen, dass sich der Arbeitsplatz auf ihre Gesundheit auswirkt, jedoch nicht alleine ausschlaggebend ist. Mit berücksichtigt werden müssen individuelle Faktoren sowie die Art und Weise der persönlichen Lebensführung.

Die meisten der Befragten leiden unter Rückenbeschwerden (55%), gefolgt von Kopfschmerzen (24%), Stress/Konzentrationsstörungen (17%) sowie unter häufigen Infektionen, insbesondere Erkältungen. Dies deckt sich mit Befragungsergebnissen aus dem Saarland (s.u.). Hier scheint ein Zusammenhang mit den typischen Arbeitsbedingungen im Kindergartenalltag zu bestehen.

- **Einflussfaktoren auf das Wohlbefinden**

In verschiedenen Bereichen wurden Ursachen für gesundheitliche Beeinträchtigungen gesehen und Verbesserungswünsche geäußert. Die häufigsten Nennungen bezogen sich auf die Raumgestaltung/Raumatmosphäre (79), die Zeit- und Personalsituation (64), die Berufs- und Lebensplanung (49) sowie auf den engen Kontakt mit Kindern (37) (siehe *Abbildung 2*).

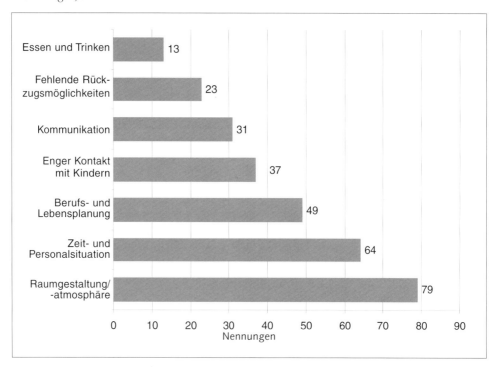

Abb. 2: Bereiche, in denen Ursachen für gesundheitliche Beeinträchtigungen gesehen werden

Negative Auswirkungen auf Gesundheit und Wohlbefinden im Bereich Raumgestaltung und Raumatmosphäre wurden im Einzelnen auf das Mobiliar, auf Lärm, Raumgröße, Raumklima, Beleuchtung und Farbgestaltung zurückgeführt.

Gründe für gesundheitliche Beeinträchtigungen im Bereich Zeit- und Personalsituation sind nach Aussage der Befragten Personalknappheit, kein ordentlicher Pausenraum, hohe Arbeitsdichte gekoppelt mit Zeitmangel und dadurch das Gefühl der Überforderung, hohe Fluktuation, zu wenig Zeit für Austausch sowie das Bangen um den Arbeitsplatz durch befristete Arbeitsverträge.

Hinsichtlich der Berufs- und Lebensplanung wurden als wichtigste Problemfelder ein unsicherer Arbeitsplatz, Perspektiven im Alter und mangelnde Aufstiegschancen angegeben. Die Sichtweisen der Befragten (Perspektiven im Alter, schlechte Bezahlung, unsicherer Arbeitsplatz und mangelnde Aufstiegschancen) verändern sich in Abhängigkeit von dem Alter. Bei der Frage nach Fortbildungswünschen konnte zwischen Informationsmaterial, Erzieherinnentreffen und Fortbildung unterschieden werden. Am häufigsten wurden die Themen Rückenschule, Stressbewältigung, Entspannung, Rhetorik und Atemtechnik/ Stimmeinsatz genannt.

Konsequenzen aus der Kieler Befragung

- Für pädagogische Mitarbeiterinnen können zielgerichtete und bedarfsorientierte Fortbildungs- und Informationsangebote in Bezug auf Prävention und Gesundheitsförderung angeboten werden.
- Zukünftig wird zur Entwicklung präventiver Maßnahmen eine stärkere Zusammenarbeit mit dem Personalrat und dem arbeitsmedizinischen Dienst des Trägers angestrebt.
- Gesundheitliche Aspekte werden bei der Beratungstätigkeit der Fachberatung stärker berücksichtigt.
- Es werden verstärkt Möglichkeiten zum Erfahrungsaustausch zu gesundheitlichen Themen für pädagogische Mitarbeiterinnen angeboten.
- Die Ergebnisse der Fragebogenaktion werden landesweit über das Servicebüro Kindergarten der Landesvereinigung für Gesundheitsförderung Schleswig-Holstein e.V. allen Kindergärten, Kinderstuben und Kindertageseinrichtungen zugute kommen.

„Arbeit und Gesundheit von Mitarbeiterinnen in Kindertageseinrichtungen"

Franz Gigout

Die schriftliche Erhebung im Saarland fand im Sommer 1997 statt. Ausgangspunkt war ein dreijähriges Projekt der Landesarbeitsgemeinschaft für Gesundheitsförderung Saarland e.V. (LAGS), des Instituts für Sozialwirtschaft und Sozialforschung (iso) und anderer Kooperationspartner zur Arbeit und Gesundheit in kleinen und mittleren Unternehmen. Gefördert wurde die Initiative vom Bundesforschungsministerium in der DLR-Projektträgerschaft „Arbeit und Technik".

Fragestellungen

An der Befragung, die anhand eines standardisierten Fragebogens durchgeführt wurde, beteiligten sich 106 Beschäftigte aus 14 Kindertageseinrichtungen. Erhoben wurden dabei keine objektiven Daten, sondern subjektive Einschätzungen und Empfindungen zum eigenen gegenwärtigen Gesundheitszustand. Neben allgemeinen Gesundheitsbeschwerden wurden intensiv Beschwerden am Stütz- und Bewegungsapparat nachgefragt. Beurteilt wurden aber auch die Rahmenbedingungen für die Arbeit in Kindertageseinrichtungen sowie spezifische Merkmale dieser Tätigkeit mit den Fragen: „Was stört Sie besonders an Ihrer Arbeit?" und „Was gefällt Ihnen besonders an Ihrer Arbeit?"

Die Daten konnten anschließend mit den Ergebnissen einer Repräsentativerhebung bei saarländischen Erwerbstätigen verglichen werden und machten somit Belastungsschwerpunkte der Arbeit in Kindertageseinrichtungen besonders deutlich.

Ergebnisse der Befragung

• Gesundheitsbeschwerden

Mitarbeiterinnen in Kindertageseinrichtungen klagen gehäuft über Beschwerden am Rücken (41,3%) und im Schulter-Nacken-Bereich (39,4%). Sie leiden an Kopfschmerzen (35,3%), schneller Ermüdbarkeit (25,7%) und Nervosität (22,9%) und sind außerdem in hohem Maß von Erkältungskrankheiten betroffen. *Abbildung 3* verdeutlicht, dass diese Beschwerden teilweise deutlich häufiger genannt werden als bei der Vergleichsgruppe weiblicher Erwerbstätiger in der Region. Hier bestehen offensichtlich Zusammenhänge zwischen den Gesundheitsbeschwerden und den speziellen Arbeitsbedingungen in Kindertageseinrichtungen.

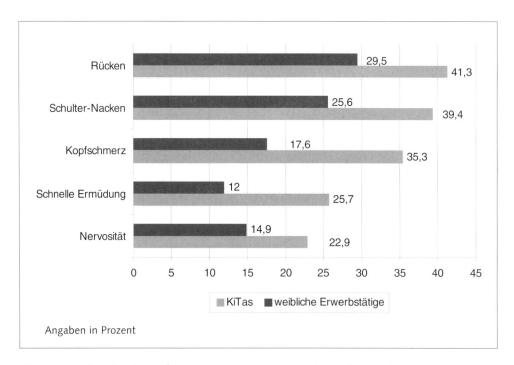

Abb. 3: Gesundheitsbeschwerden von Mitarbeiterinnen in saarländischen Kindertageseinrichtungen im Vergleich mit anderen weiblichen Erwerbstätigen im Saarland

• Allgemeiner Gesundheitszustand

Abbildung 4 verdeutlicht die ungünstigere Einschätzung des eigenen allgemeinen Gesundheitszustands durch Erzieherinnen. Von Kopfschmerz bis zur Atemnot liegen sie in ihrer Einschätzung über dem Durchschnitt der weiblichen Erwerbstätigen.

Im Verhältnis zur Vergleichsgruppe deutlich ungünstiger beurteilen die Erzieherinnen ihre nervliche Belastung und den Stress. Gegenüber der Gruppe saarländischer Angestellter und Beamtinnen werden darüber hinaus vor allem körperliche Anstrengungen und Umgebungsbelastungen als ungünstig beurteilt. Letztere resultieren in erster Linie aus dem recht hohen Lärmpegel und den ungünstigen klimatischen Bedingungen in den Einrichtungen.

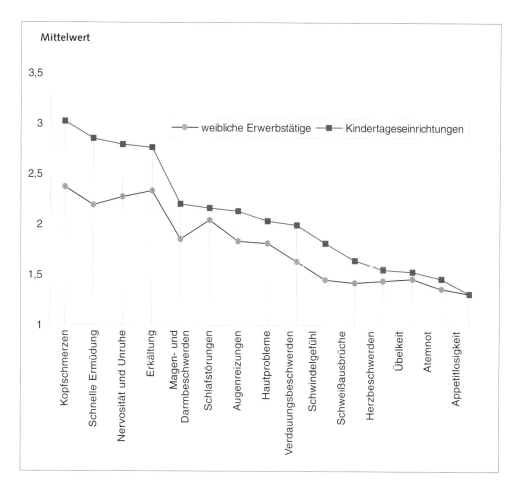

Abb. 4: Allgemeine Gesundheitsbeschwerden von Mitarbeiterinnen in Kindertageseinrichtungen in den letzten 12 Monaten im Vergleich mit anderen weiblichen Erwerbstätigen (Selbsteinschätzung auf einer Skala von 1 = nie bis 5 = stark/oft)

- **Störende Merkmale der Arbeitssituation**

Drei Viertel der Befragten geben mangelnde Wertschätzung ihrer Arbeit und fast zwei Drittel (60%) mangelndes Ansehen des Berufs in der Öffentlichkeit als sehr störend an. Dies spiegelt sich auch in der Einschätzung des Verdienstes wider: 64% halten sich für unterbezahlt (siehe *Abbildung 5*).

Eine individuelle Förderung und Unterstützung der Kinder ist in den Augen von zwei Dritteln der Befragten nicht in dem von ihnen gewünschten Maße möglich. Als wichtigster Faktor, der in diesem Zusammenhang einer Verwirklichung eigener Ansprüche entgegensteht, gilt die Gruppengröße (45%). Hinzu kommen eine schlechte Ausstattung mit Geld und Sachmitteln (38%), nicht ausreichende Vorbereitungszeiten (37%) und mangelnde Möglichkeiten zur Fortbildung (30%). Bemängelt wird außerdem die fehlende Möglichkeit, in schwierigen Fällen Experten – wie z.B. Logopäden oder Psychologen – zur Unterstützung mit heranziehen zu können (30%).

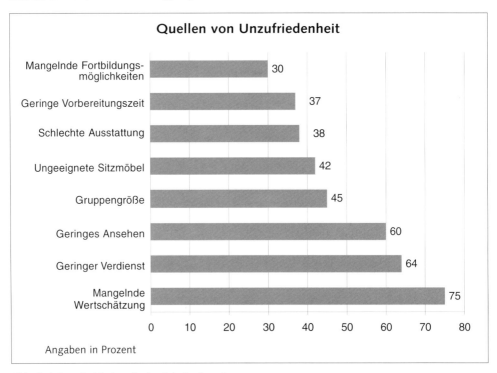

Abb. 5: Störende Merkmale der Arbeitssituation

- **Positive Merkmale der Arbeit**

Neben den genannten Belastungen werden in der Arbeit aber auch positive Ressourcen gesehen (siehe *Abbildung 6*). Drei Viertel der Befragten geben Abwechslungsreichtum und die Möglichkeit zur selbständigen Arbeit als wichtigsten Grund für ihre Arbeitszufriedenheit an. Zwei Drittel schätzen den Kontakt mit vielen unterschiedlichen Menschen.

Einen weiteren Ressourcenkomplex könnte man als „Verantwortung, verbunden mit Spaß und Emotionen" bezeichnen. Die Hälfte der Befragten schätzt an ihrer Tätigkeit, dass man nicht nur ernst bleiben muss, sondern auch mal gemeinsam mit den Kindern ausgelassen sein kann, für sie Verantwortung trägt und die Möglichkeit hat, mit ihnen Gefühle wie Zuneigung und Nähe auszuleben.

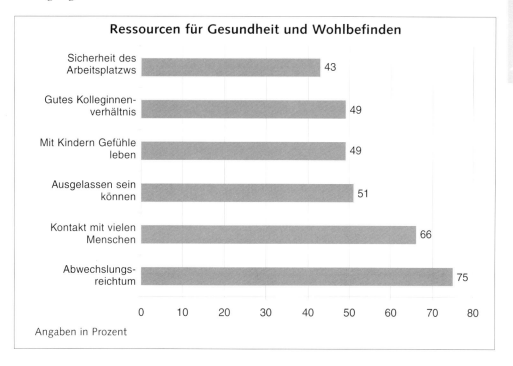

Abb. 6: Positive Merkmale des Arbeitsplatzes als Quelle für Arbeitszufriedenheit

Konsequenzen aus den Befragungsergebnissen

Die Befragungsergebnisse wurden im Arbeitskreis Kindertagesstätten der LAGS vorgestellt und waren dort Inhalt mehrerer Sitzungen. Intensiv beschäftigte man sich mit den Problemfeldern Kopfschmerz, Nervosität und Rückenbeschwerden. Als Ansatzpunkte für konkrete Maßnahmen wurden genannt:
• Wahrnehmung und Umgang mit dem eigenen Körper und seinen „Signalen",
• Erkenntnis, die eigene Kindertageseinrichtung im Sinne einer Arbeitsstätte zu betrachten.

Als konkrete Maßnahmen wurden u.a. mögliche bauliche Veränderungen zur Lärmreduktion, separat regulierbare Heizungen für unterschiedliche Räume oder ergonomische Sitzmöbel für Mitarbeiterinnen genannt. Insbesondere aber wurde in diesem Zusammenhang der Wunsch nach mehr Mitsprachemöglichkeiten bei anstehenden Veränderungen in den Einrichtungen geäußert.

Diskussionsschwerpunkte in der Arbeitsgruppe

In der anschließenden Diskussion wurde deutlich, dass solchen Erhebungen eine große Bedeutung zukommt. Eine Arbeitsgruppenteilnehmerin konnte aus einer eigenen Untersuchung, die sich gerade in der Auswertung befindet, ergänzende Hinweise zur Häufigkeit von Burn-out-Syndromen und Depressionen bei Erzieherinnen geben.

Auf der Basis der vorgestellten Befragungsergebnisse und anhand der Fragestellung: „Ich halte folgende Veränderungen für notwendig, damit sich Gesundheit und Wohlbefinden von Erzieherinnen positiv verändern", wurden die im Folgenden dargestellten Verbesserungsvorschläge erarbeitet.

Eigeninitiative ist gefordert

Die Teilnehmerinnen und Teilnehmer der Arbeitsgruppe sahen es als wichtig an, dass jede Mitarbeiterin und jeder Mitarbeiter in Sachen Gesundheit auch selbst aktiv und sich der eigenen Verantwortung dafür bewusst wird. Die Erzieherin sollte sich nicht nur als Bindeglied zum Kind, sondern als Person sehen, ihre eigene Professionalität entdecken, Stressbewältigungsstrategien entwickeln, auch mal „Nein" sagen können und dürfen sowie Mut zum zeitweisen Rückzug aus dem Geschehen haben. Sie sollte die Bedeutung von Sport und Bewegung verdeutlichen und ihre eigene Handlungskompetenz in diesem Bereich entwickeln, Eltern in die Arbeit einbeziehen und Zeit finden, um mit ihnen auch zu diskutieren, und eine gute Atmosphäre schaffen.

Die Kindergartenleitung oder das Team muss aktiv werden

Jeder Kindergarten bzw. jedes Team kann gemeinsam viel für ein gesundheitsförderliches Leben und Arbeiten im Kindergartenalltag tun. Folgende Anregungen wurden gesammelt:

- Projekttage mit Kindern und Eltern durchführen,
- sich Anleitung durch Fachkräfte in den Kindergarten holen,
- Projekttage für die Mitarbeiterinnen zu gesundheitsbezogenen Themen durchführen,
- Räume verändern,
- bei Planungen Mitsprache einfordern,
- in den wöchentlichen Arbeitsablauf Zeiten für Meinungsaustausch einbauen,
- die Kommunikation und Streitkultur im Team pflegen,
- zu so genannten Team- oder Fortbildungstagen den Kindergarten schließen,
- Hilfe durch den Träger in Anspruch nehmen,
- Sozialsponsoring von Architektenberatung bis zur Raumgestaltung (in Selbsthilfe) organisieren,
- gute Zusammenarbeit in der Leitung,
- Informationsecken zum Erfahrungsaustausch für Erzieherinnen schaffen,
- Probleme gemeinsam lösen,
- Zeit für Vorbereitung schaffen,
- Elternaufklärung über die Bedeutung der Arbeit im Kindergarten,
- Sportzirkel während der Arbeit im Kindergarten organisieren (Betriebssport).

Der Träger muss Rahmenbedingungen schaffen

Die Gestaltung von Rahmenbedingungen liegt zum größten Teil in der Hand der Kindergartenträger. Zu deren Aufgabe sollte es gehören, Rückzugsmöglichkeiten zu schaffen, insbesondere bei Neubauten auf die Raumaufteilung zu achten, die Inneneinrichtung zu verbessern sowie Ruhe- und Erholungsräume einzurichten. Sie sollten Fortbildungen und Informationen zu gesundheitsbezogenen Themen im weiteren Sinne ermöglichen, eine Ausbildung in Konflikttraining, Präsentation und Selbstdarstellung sowie Fortbildung für Führungskräfte im Kindergarten anbieten. Den Erzieherinnen und Erziehern sollte vermittelt werden, dass sie nicht immer perfekt sein müssen.

Die Politik ist gefragt

Auf der politischen Ebene besteht ebenfalls großer Handlungsbedarf, um Gesundheit und Wohlbefinden im Kindergarten zu verbessern. Es wurden folgende Ideen gesammelt:
* Kritische Überprüfung und Ergänzung der Ausbildungsinhalte,
* Gesundheit der Erzieherinnen und Erzieher als formuliertes Ausbildungs- und Projektziel,
* Strategien gegen Rückenschmerzen in die Ausbildung einfließen lassen,
* Körperbewusstsein in der Ausbildung entwickeln,
* Arbeitsbündnis mit Polizei und Jugendhilfe (Freizeit) anstreben,
* die Lobby für Erzieherinnen und Erzieher vergrößern,
* die Forschung zur Leistung und Effizienz von Erzieherinnen und Erziehern verstärken und publizieren,
* Service vor Ort durch Ärzte des öffentlichen Gesundheitsdienstes und Beratungsstellen.

Mögliche erste Schritte – Zusammenfassung und Perspektiven

In der Kürze der Zeit wurde eine Vielzahl von Ideen und Vorschlägen zusammengetragen, die keineswegs vollständig ist. Darauf aufbauend wurde abschließend ein Katalog erster konkreter Schritte und durchführbarer Maßnahmen formuliert.

Was Erzieherinnen tun können

Neben der Entwicklung von Alltagsstrategien und Eigeninitiative („Selbst ist die Frau!") im persönlichen Bereich wurde vorgeschlagen, die Angebote im Stadtteil zu nutzen, z.B. Sportvereine im Hinblick auf eine Kooperation anzusprechen. Erleichterungen verspricht auch das Schaffen von klaren Strukturen, z.B. durch zeitlich eindeutig definierte Elternsprechstunden und präzise Pausenregelungen, die zusätzlich Möglichkeit zur aktiven Betätigung (z.B. Bewegung) bieten sollten.

Was das Team tun kann

Transparenz und Klarheit sind hier die wesentlichen Stichworte. Dazu gehören die gemeinsame Entwicklung und Veröffentlichung des Konzepts, um die eigene Arbeit auch für den Träger, die Eltern und die Kolleginnen und Kollegen transparent zu machen, ebenso wie eine klar strukturierte Pausengestaltung. Innerhalb des Teams sollte die Kommunikations-fähigkeit entwickelt und von den Fachkompetenzen im Team Gebrauch gemacht werden (Stichwort Ressourcennutzung). Die Durchführung von Projekttagen und eine verstärkte Suche nach Unterstützung von außen in Form von Sponsoring (auch durch die Eltern) waren weitere Verbesserungsvorschläge in Bezug auf das Team.

Was der Träger tun kann

Träger müssen bereit sein, stärker in ihre Mitarbeiterinnen und Mitarbeiter zu investieren. Gefragt sind vor allem Fortbildungsangebote zur Managementqualifikation und Koopera-tionen mit anderen öffentlichen Diensten und ihren Einrichtungen.

Was die Politik tun kann

Die Politik trägt Verantwortung für den Bereich der pädagogischen Ausbildung. Hier sind die Lehrpläne so zu überarbeiten, dass die Aspekte der Ganzheitlichkeit und alle Facetten der Gesundheit berücksichtigt werden. Dies müsste sich auch auf Auswahl und Fortbildung der jeweiligen Dozentinnen und Dozenten auswirken. Zu suchen ist das Bündnis mit anderen öffentlichen Diensten und Einrichtungen, um Ressourcen sinnvoll zu nutzen (z.B. gemeinsame Diplomarbeiten mit den Erziehungswissenschaften). Die Politik ist ebenso gefordert, Forschungsmittel bereitzustellen und Modellprojekte stärker als bisher zu fördern. In diese Verantwortung sind die gesetzlichen Krankenkassen einzubeziehen.

Fazit

Im Setting Kindergarten – so das Fazit – muss die betriebliche Gesundheitsförderung einen wichtigen Stellenwert erhalten. Davon profitieren letztlich nicht nur die Mitarbeiterinnen, Mitarbeiter und Arbeitgeber, sondern auch die Kinder und deren Eltern. Denn zufriedene Mitarbeiter sind seltener krank und leisten bessere Arbeit. Gesundheitsbewusste Vorbilder vermitteln diese Haltung an Kinder weiter und leisten damit ein wichtigen Beitrag zur Gesundheitserziehung.

2.2.2 Gesundheitsförderung/Gesundheitserziehung in den Fortbildungsangeboten für Erzieherinnen und Erzieher

Leitung: Peter Sabo, Gesellschaft für angewandte Jugend- und Gesundheitsforschung e.V. (GJG), Schwabenheim a.d. Selz

Christa Wanzeck-Sielert, Landesinstitut für Praxis und Theorie der Schule (IPTS), Kronshagen b. Kiel

Einführung

Im Rahmen des Workshops sollte die Situation der Fortbildung zur Gesundheitsförderung/Gesundheitserziehung für ErzieherInnen dargestellt und die Rolle der Sexualpädagogik in der Aus- und Fortbildung von ErzieherInnen beispielhaft verdeutlicht werden. Im Anschluss daran sollten die Möglichkeiten der Gesundheitsförderung/Gesundheitserziehung in der Fortbildung mit den Erfahrungen und Vorstellungen der Teilnehmerinnen und Teilnehmer verglichen und diskutiert werden.

Grundlage bildete eine von der Gesellschaft für angewandte Jugend- und Gesundheitsforschung (GJG) e.V. durchgeführte Untersuchung über die Situation der Fortbildung im Bereich Gesundheitsförderung/Gesundheitserziehung für ErzieherInnen in Kindertagesstätten (für Kinder im Alter von 3–6 Jahren) sowie ein vom Landesinstitut für Praxis und Theorie der Schule (IPTS) durchgeführtes Modellprojekt im Bereich Sexualpädagogik.

Zur Situation der Fortbildung zur Gesundheitsförderung/ Gesundheitserziehung für ErzieherInnen in Deutschland
Peter Sabo

Ziel der Untersuchung war es, Informationen über Umfang, Inhalte und Form von Fortbildungsangeboten sowie über deren Anbieter und Themen – insbesondere wenn es um Inhalte der Gesundheitsförderung und Gesundheitserziehung geht – zu erhalten. Darüber hinaus sollten die Bedarfe von FachberaterInnen und ErzieherInnen an Fortbildungsangeboten mit Themen der Gesundheitsförderung/Gesundheitserziehung eingeschätzt und eine Empfehlung für die Förderung der Gesundheitsförderung/Gesundheitserziehung in der Fortbildung ausgesprochen werden.

Die Recherche zur Fortbildungssituation erfasste die Fortbildungsprogramme 1997/1998 von 116 Anbietern in den nördlichen Bundesländern Schleswig-Holstein, Hamburg, Mecklenburg-Vorpommern und die Fortbildungsprogramme 1998/1999 von 21 Anbietern in den Bundesländern Hessen, Rheinland-Pfalz und im Saarland.

Angebote und Anbieter

Für die ErzieherInnen von Kindern im Alter von 3–6 Jahren in Kindergärten besteht ein umfangreiches und vielfältiges Fortbildungsangebot der verschiedensten Anbieter. Bei den Anbietern handelt es sich in der Hauptsache um öffentliche und freie Träger von Kindergärten, die Fortbildungen über ihre jeweiligen (über-)regionalen Einrichtungen anbieten:

— Die öffentlichen Träger von Kindertageseinrichtungen (Städte und Kreise) bieten Fortbildung für die ErzieherInnen in Kindergärten durch die jeweiligen Jugendämter und ihre FachberaterInnen an. Die Anzahl und Themen der Veranstaltungen variieren und sind abhängig von der Zahl der Einrichtungen, der personellen Besetzung und den Bedürfnissen der ErzieherInnen.
— Die regionale/lokale Fortbildung erfolgt z.T. durch die jeweils zuständigen FachberaterInnen und orientiert sich an den aktuellen organisatorischen und pädagogischen Bedürfnissen der ErzieherInnen des Zuständigkeitsbereichs.
— In den einzelnen Bundesländern sind von staatlicher Seite die jeweiligen Landesjugendämter bzw. deren Einrichtungen für sozialpädagogische Fortbildung zuständig (z.B. in Rheinland-Pfalz das Sozialpädagogische Fortbildungszentrum in Mainz; in Hessen das Hessische Fortbildungswerk für soziale Fachkräfte in Wiesbaden). Diese Einrichtungen bieten trägerübergreifend eigene Fortbildungsprogramme für ErzieherInnen an.
— Mehrere Landesvereinigungen (Landeszentralen) für Gesundheitsförderung bieten im Rahmen ihrer themenbezogenen Arbeit bzw. in Projekten Fortbildungen für ErzieherInnen an. Dies geschieht jedoch nicht in der regelmäßigen und landesweiten Form wie bei den Trägern und Landesjugendämtern und ist nur auf Gesundheitsförderung/ -erziehung ausgerichtet. Andere Verbände, wie z.B. Landessportbünde, haben in ihren Bildungsprogrammen ebenfalls Angebote für ErzieherInnen.
— Einzelne Krankenkassen, Volkshochschulen und andere Bildungseinrichtungen, wie z.B. Familienbildungsstätten, bieten ebenfalls Fortbildungen für ErzieherInnen an.
— Unter den Interessengruppen (Naturschutz usw.), Vereinigungen und Einzelpersonen gibt es Anbieter, die sich auf (früh-)pädagogische und andere aktuelle Themen (Einzelintegration) spezialisiert haben und z.T. marktorientiert und nicht immer qualifiziert arbeiten.

Qualifizierte Anbieter werden auch von den eigentlichen Fortbildungseinrichtungen der Träger und Länder als externe Kräfte eingesetzt, und mehrere Anbieter kooperieren bei verschiedenen Veranstaltungen mit anderen Partnern, wie z.B. den Landeszentralen für Gesundheitsförderung, den Landesstellen gegen die Suchtgefahren, mit Landessportverbänden, Gesundheitsämtern, Rettungsdiensten, Jugendämtern, Fachschulen, Volkshochschulen, anderen Wohlfahrtsverbänden und privaten Anbietern.

Organisation und Formen der Fortbildung

ErzieherInnen haben Anspruch und Möglichkeiten zur Fortbildung aufgrund der Ländergesetze zum Bildungsurlaub und durch die Regelungen der Trägerverbände.

Es werden (über-)regionale eintägige Veranstaltungen, mehrtägige Veranstaltungen mit und ohne Unterkunft (Übernachtung zu Hause), mehrteilige Kurse – auch als Einführungs-/Aufbaukurse –, Tagungen und Informationsveranstaltungen angeboten. Fast immer werden Kosten fällig, die üblicherweise vom Träger übernommen werden.

Regionale/lokale Fortbildung durch die FachberaterInnen richtet sich an ErzieherInnen (manchmal auch an alle ErzieherInnen einer Einrichtung) und an die LeiterInnen von Kindergärten. Für die LeiterInnen gibt es zusätzlich Studientage, LeiterInnen-Treffen/ -Konferenzen und Dienstbesprechungen.

Themen der Fortbildungsangebote

Aus den ausgewerteten Fortbildungsprogrammen (s.o.) wurden die Angebote mit gesundheitsorientierten Titeln mit Titel, Themenzuordnung, Form und Dauer sowie die allgemeinen Themen mit Titel und Thema tabellarisch dokumentiert.

- ### Anteil von gesundheitsorientierten Angeboten in den Fortbildungsprogrammen

Nach der Auswertung der Fortbildungsprogramme 1997–1999 von insgesamt 128 Anbietern ist der Anteil der Veranstaltungen mit gesundheitsorientierten Titeln und – soweit in den Ausschreibungen feststellbar – gesundheitsrelevanten Inhalten am gesamten Fortbildungsangebot relativ hoch. Von Anbieter zu Anbieter, von Bundesland zu Bundesland und von Jahr zu Jahr unterschiedlich beträgt er ca. 35–70% des Gesamtangebots. Im Jahr 1998 gab es in den sechs erfassten Bundesländern 459 gesundheitsorientierte Fortbildungsangebote.

Von den Anbietern selbst wird die Fortbildungssituation für Gesundheitsförderung/Gesundheitserziehung sehr unterschiedlich gesehen. Etwas über die Hälfte derjenigen, die sich hierzu äußerten, sah das Angebot als „ausreichend" an; etwas weniger beurteilten das Angebot als „zu wenig".

- ### Themenfelder der Fortbildungsangebote

Die dokumentierten Fortbildungsangebote zur Gesundheitsförderung/Gesundheitserziehung wurden den in der Marktübersicht der BZgA verwendeten Themenfeldern zugeordnet.

In einer zusammengefassten Auswertung der Fortbildungsangebote aller sechs Bundesländer (*Tabelle 1*) ist die Bewegungsförderung mit einem Anteil von über 28% das weitaus häufigste Angebot. Es folgen Veranstaltungen zur psychosozialen Gesundheit mit knapp 11%. Diesem Themenfeld wurden Fortbildungsveranstaltungen zugeordnet mit Titeln wie „Konfliktbearbeitung", „Arbeit mit traumatisierten Kindern", „Problemkinder – Kinder mit Problemen", „Unruhige – ruhige Kinder", „Gespräche mit Kindern – Kinder besser verstehen", „Hyperaktive Kinder", „Umgang mit verhaltensauffälligen Kindern", „Nachdenken über Sterben und Tod mit Kindern".

Nr.	Themen	Anzahl Angebote 1998
1	Bewegungsförderung	133
2	Psychosoziale Gesundheit	59
3	Umwelt/Natur	38
4	Stressbewältigung	34
5	Sinneswahrnehmung	31
6	Suchtprävention primär	28
7	Gewalt/Aggression	25
8	Allgemeine Entwicklungsförderung	20
9	Behinderung geistig/körperlich	20
10	Gesundheitsförderung	14
11	Sexueller Missbrauch	11
12	Sprachentwicklung	11
13	Erste Hilfe	7
14	Ernährung	6
15	Medienerziehung	6
16	Sexualerziehung	6
17	Unfallverhütung	6
18	Verkehrssicherheit	2
19	Vorsorge/Früherkennung	2
20	Allergien	–
21	Impfen/Infektionskrankheiten	–
22	Zahngesundheit	–
	Summe	**459**

Tab. 1: Themenfelder der Fortbildungsangebote in Schleswig-Holstein, Hamburg, Mecklenburg-Vorpommern, Hessen, Rheinland-Pfalz, Saarland 1998 nach Häufigkeit sortiert

Die Themen Umwelt/Natur, Stressbewältigung, Sinneswahrnehmung, Suchtprävention und Gewalt/Aggression folgen in der Häufigkeit mit Anteilen von je 8–5%. Angebote zu den Themen Allergien, Impfen/Infektionskrankheiten und Zahngesundheit fehlen.

Nach diesem Überblick scheinen außer Bewegungsförderung die klassischen Themen der Gesundheitserziehung wie Ernährung, Vorsorge/Früherkennung, Unfallverhütung, Zahngesundheit, Impfen/Infektionskrankheiten z.Zt. nicht das Interesse der Anbieter bzw. der Nutzer von Fortbildung zu finden.

Mangels entsprechender Untersuchungen können die Gründe hierfür aufgrund von aktuellen Entwicklungen und Wahrnehmungen aus diesem Setting nur vermutet werden. Die unterrepräsentierten Themen sind in der Vergangenheit häufiger behandelt worden

(Ernährung, Zahngesundheit) und/oder wurden von außen an die Kindergärten herangetragen (Vorsorge, Zahngesundheit, Unfallverhütung, Impfen/Infektionskrankheiten). Die jetzt vorrangig angebotenen Themen betreffen mehr die Alltagsprobleme und Bedürfnisse von ErzieherInnen und Kindern (Stressbewältigung, psychosoziale Gesundheit, Sinneswahrnehmungen, Sprachentwicklung) und entsprechen mehr den pädagogischen Intentionen der ErzieherInnen wie auch den aktuell von außen an die Kindergärten herangetragenen gesellschaftlichen Problemen (Suchtprävention, Gewalt/Aggression, sexueller Missbrauch).

Bei einer getrennten Auswertung der Angebote in den nördlichen Bundesländern einerseits und denen in Hessen, Rheinland-Pfalz und im Saarland andererseits verschieben sich die Häufigkeiten einiger Themenfelder. Nach wie vor bestreitet in beiden Auswertungen die Bewegungsförderung die meisten Angebote und bei den nördlichen Bundesländern bleibt es — mit geringfügigem Anstieg des Themas psychosoziale Gesundheit — bei den zehn häufigsten Themenfeldern. Für Hessen, Rheinland-Pfalz und das Saarland zeigt sich jedoch, dass zum Themenfeld Umwelt/Natur wesentlich seltener, zu den Themen Behinderungen und Sprachentwicklung dafür verhältnismäßig mehr Fortbildungen angeboten werden.

An ausgewählten Angeboten der Fortbildungsprogramme zweier überregionaler Anbieter aus dem Jahre 1998 soll das Spektrum der Fortbildungsangebote verdeutlicht werden. Die Aufstellungen sind unterteilt in Angebote mit gesundheitsorientierten Themen und solche mit pädagogischen und funktionellen Themen (*Tabellen 2* bis *5* auf den folgenden Seiten).

An den aufgeführten Beispielen zeigen sich auch aktuelle Entwicklungen. In dem einen Fall ist die Einzelintegration von behinderten Kindern in die Einrichtung ein besonderes Thema im Gesundheitsbereich. In dem anderen Fall ist die Wahrnehmungsförderung/Sinnesschulung ein aktuelles Thema. In den Angeboten der kirchlichen Träger nehmen religionspädagogische Themen einen entsprechenden Platz ein.

Fortbildungsangebote 1998 der Einrichtung X

Titel	Thema/Form	Dauer
Behinderter Alltag?	Integration und Situationsansatz	3 Tage
Rahmenbedingungen Einzel-integration	Informationstagung für Träger und Teams	1 Tag
Integration: Menschenbilder	Auswirkungen auf Handlungskonzept	3 Tage
Elternfragen zu Einzelintegration	Information und Beratung	1 Tag
Sei perfekt!	Anleitung zur Unvollkommenheit	Wochenende
Kinder, die mir auffallen	Zweiteilige Fortbildung für Teilzeitkräfte	3 Tage
Schwierige Situationen mit Kindern	Beobachten und begreifen Kursus	6 halbe + 1 ganzer Tag
Meditative Übungen mit Kindern	Selbst zur Ruhe kommen	3 Tage
Tod als Thema von Kindern		3 Tage
Unauffällige und auffällige Kinder	Fortbildung in zwei Abschnitten	2 x 5 Tage
Zank und Streit in der Kindergruppe		5 Tage
Gewissen	Wissen Kinder, was sie tun?	5 Tage
Hören ... und was das Ohr erreicht	Musiktherapeutische Anregungen für die pädagogische Praxis	5 Tage
Wie spricht das Kind denn bloß?	Sprachentwicklung und Sprechförderung	3 Tage
Wahrnehmungspädagogik	Fortbildung in drei Abschnitten	3 x 5 Tage
Psychomotorik – Ganzheitliche Bewegungserziehung im Kindergarten	Fortbildung in drei Abschnitten	3 x 5 Tage
Zappelphilipp und Trantüte	Bewegung und psychosoziale Zusammenhänge	3 Tage
Rhythmen in Bewegung	Vielfältiges Ausprobieren von rhythmischen Bewegungsformen	3 Tage
Körperbewusster leben und arbeiten	Bewusstsein durch Bewegung – die Feldenkrais-Methode. Fortbildung in mehreren Teilen	2 Wochen-enden + 4 Einzeltage

Tab. 2: Angebote zur Gesundheitsförderung/Gesundheitserziehung in Einrichtung X

Titel	Thema/Form	Dauer
Gitarrenkurs für Erzieherinnen	Grundkurs	10 Abende
Gitarrenkurs für Erzieherinnen	Aufbaukurs	10 Abende
Schreibwerkstatt TPS	Öffentlichkeitsarbeit	5 Tage
Singen – und was man sonst mit Liedern machen kann	Zugänge zum religionspädagogischen Arbeiten	3 Tage
Werkstatt: Großplastiken	Großräumiges Experimentieren, Bauen und Werken	3 Tage
Werkstatt: Ton, Ytong, Papier	Arbeitsweisen für Kindergarten und Hort	5 Tage
Werkstatt: Bildhauern	Zweiteilige Fortbildung	2 Wochenenden
Malen und Farbexperimente mit Kindern	Wiederentdecken eigener Kompetenzen	5 Tage
Gespräche mit Eltern in schwierigen Situationen		5 Tage
Szenisches Verstehen – szenisches Handeln	Verstehen von „Inszenierungen"; Bedeutung von Übertragung; methodisches Erproben von symbolischem Handeln; Nutzung von Puppen als Kommunikationsmittel	3 Tage
Unter und über drei im Kindergarten	Informationen zur kindlichen Entwicklung; Analyse von Grundthemen; Reflexionen zum erzieherischen Selbstverständnis; Praktische Hilfen	3 Tage
Kinder – Komik – Kabarett	Theaterwerkstatt Öffentlichkeitsarbeit – in Kooperation mit dem Institut für Medienpädagogik und Kommunikation, LFD Hessen	3 Tage
Arbeiten mit Gruppen	Moderatoren-Fortbildung in mehreren Abschnitten	2 x 5, 2 x 1 Tag
Kinderkonferenz – Kinder am Alltag beteiligen	Zweiteilige Fortbildung	2 x 2 Tage
Rituale	Zugänge zur religionspädagogischen Arbeit	3 Tage
Islam und pädagogische Alltagskultur	Kindergarten und Hort	3 Tage
Sponsoring	Information und Beratung	1 Tag
Stellvertretende Leitung	Eine Stelle vertreten ... oder auf der Stelle treten?	5 Tage
Was kann aus unserem Kindergarten noch alles werden?	Zukunftswerkstatt	3 Tage

Tab. 3: Allgemeine Fortbildungsangebote der Einrichtung X

Titel	Thema/Form	Dauer
BerufspraktikantInnen anleiten – oder „Lernort Praxis"	Fortbildung in zwei Abschnitten	2 x 5 Tage
Leitung und Kooperation	Informationsveranstaltung	1 Tag
Qualitätsmanagement und Konzeption	Kurs für Leitungskräfte	5 Tage
Fachfrau Erzieherin: PR und Werbung	Fortbildung in zwei Abschnitten	2 x 5 Tage
LeiterIn werden	Fortbildung in zwei Abschnitten	2 x 5 Tage
Kommunikative Kompetenzen: Beratung in der beruflichen Arbeit	Fortbildung in zwei Abschnitten	2 x 5 Tage
Qualität beschreiben und Kriterien entwickeln		3 Tage
Zeitmanagement	Umgang mit Grenzen und Stress. Kurs für Leitungskräfte	5 Tage

Tab. 3: Allgemeine Fortbildungsangebote der Einrichtung X (Forts.)

Fortbildungsangebote 1998 der Einrichtung Y

Titel	Thema/Form	Dauer
Sprachentwicklung und Sprachförderung im Kindesalter		2 x 1 Tag
Wahrnehmung und Wahrnehmungsstörungen		2 Tage
Mit allen Sinnen draußen und drinnen		3 Tage
Aufbruch zur Gelassenheit		3 Tage
Entspannung mit Kindern		2 Tage
Kommunikation und Dialog	Konstruktiv Gespräche führen und Konflikte lösen	3 Tage
Bewegter Kindergarten oder – Mit dem Bierdeckel durch den Dschungel		3 Tage

Tab. 4: Angebote zur Gesundheitsförderung/Gesundheitserziehung in Einrichtung Y

Titel	Thema/Form	Dauer
Geh deinen Weg	Religionspädagogik	3 x 1 Tag
Ich habe einen Freund, das ist ein Baum	Religionspädagogik	3 x 1 Tag
Gestaltung von Wortgottesdiensten und Andachten im Kindergarten	Religionspädagogik	3 Tage
Ich trage einen großen Namen	Religionspädagogik	3 Tage
Profil des katholischen Kindergartens	Christlicher Glaube und pädagogische Qualifizierung	2 Tage
Bibel und Märchen	Botschaften für unser Leben. Religionspädagogik	3 Tage
Religionspädagogischer Lehrgang 1998/99	Vorankündigung	
Outputorientierte Steuerung in der Jugendhilfe	Eine Verwaltungsreform und ihre Folgen in der pädagogischen Arbeit in Tageseinrichtungen für Kinder	1 Tag
„Machen Sie von sich reden!"	Grundlagen des Sozio-Marketings	2 Tage
Workshop: Qualitätsmanagement		3 Tage
Eine Beschwerde ist ein Geschenk	Beschwerdemanagement als Schlüssel zur Weiterentwicklung	2 Tage
Handeln, Verhandeln, Reden halten		4 Tage
Willkommen im Serviceparadies Kindergarten	Qualitätsmanagement	2 Tage
Ich will Leiter/in werden		3 Tage
Berufseinführungskurs für neue Leiter/innen	Vorankündigung für Frühjahr 1999	
Qualifizierungskurs für Leiter/innen von katholischen Tageseinrichtungen für Kinder	1 Informationstag, 4 Kursabschnitte	1 Tag, 4 x 5 Tage
Teamentwicklung als Leitungsaufgabe – eine Sisyphusarbeit?	Workshop	3 Tage
Die Zeit nutzen	Zeit- und Selbstmanagementmöglichkeiten mit besonderer Berücksichtigung der aktuellen Teilzeitkräfte-Regelung	2 Tage
Gruppensupervision für Leiter/innen		15 x 2 Std.
Gruppensupervision für Gruppenleiter/innen		15 x 2 Std.

Tab. 5: Allgemeine Fortbildungsangebote der Einrichtung Y

Titel	Thema/Form	Dauer
Medienkindheit	Fernsehen, Computer und Tamagotchi	3 Tage
Hochbegabte Kinder im Kindergarten		1 Tag
Elternarbeit aus anderer Sicht		3 Tage
Auf dem Weg zu einer pädagogischen Konzeption in Tageseinrichtungen für Kinder		3 Tage
Mit Kindern die Welt entdecken und deuten	Ganzheitliche Erziehung. Aufbaukurs	3 Tage
Wenn Erzogene erziehen	Einfluss der eigenen Erziehung auf die Arbeit	3 Tage
Situationsorientiertes Arbeiten im Kindergarten	Kursangebot für pädagogisch nicht vorgebildete Ergänzungskräfte	3 Tage
Hier wird ja nur gespielt	Spielpädagogische Aspekte	2 Tage
Vom Umgang mit Jungen in Kindertagesstätten		2 Tage
Der Klang der Bilder	Malerische und musikalische Experimente	3 Tage
Den Blick weiten – von der Kindergarteninsel zum Lebensraum Gemeinde.	Das Konzept der lebensraumorientierten Sozialarbeit. Fachtagung 1998	1 Tag
100 Sprachen – 100 Welten entdecken	Impulse der Reggio-Pädagogik für den Kindergarten. Vortrag	1 Tag

Tab. 5: Allgemeine Fortbildungsangebote der Einrichtung Y (Forts.)

Vorstellungen und Bedarfe für Fortbildung bei Fortbildungsanbietern, FachreferentInnen und FachberaterInnen

Die schriftlichen Umfragen und mündlichen Befragungen in den erfassten Bundesländern ergaben eine Vielfalt an Vorschlägen und Vorstellungen zu möglichen Bedarfen an Themen der Gesundheitsförderung/Gesundheitserziehung und hinsichtlich der Frage, wie Gesundheitsförderung in Kindertagesstätten weiterentwickelt werden könnte.

Von den Themenfeldern wurden am häufigsten vorgeschlagen: allgemeine Entwicklungsförderung, Bewegungsförderung, Ernährung, Umwelt/Natur und Suchtprävention. Vereinzelt genannt wurden Themen wie Erste Hilfe, sexueller Missbrauch, Verkehrssicherheit und Zahngesundheit

Weitere Themenvorschläge, die auch spezifische Problemlagen signalisieren, waren:
— Führungs- und Aufsichtspflicht,
— Umgang mit Gesundheitszeugnissen,
— Gesprächsführung mit Mitarbeitern und Eltern,
— Diagnostik durch Beobachtung.

Innerhalb der großen Palette von Vorschlägen zur Förderung von Gesundheitsförderung/Gesundheitserziehung gab es sowohl bei den schriftlichen Befragungen als auch bei den weitergehenden Gesprächen zahlreiche Einzelvorschläge, aber auch einige, die mehrfach genannt wurden. Sie betrafen die Form der Fortbildung wie auch deren Intention und Inhalte.

Zur Form von Fortbildungen wurde vorgeschlagen, dass diese längerfristig angelegt und regelmäßig durchgeführt und für das Team einer Einrichtung wie auch für Ärzte, Therapeuten und Eltern angeboten werden sollten. Darüber hinaus sollte ein Dachverband für Anbieter eingerichtet werden.

Zusätzlich zu den Fortbildungsangeboten wurde vorgeschlagen,
— Beratungen vor Ort in den Kindergärten anzubieten,
— Arbeitskreise einzurichten und zu begleiten,
— Teamsitzungen mit Fachreferenten einzurichten,
— Bearbeitung von Teamkrisen zu ermöglichen,
— Elternabende mit Fachreferenten anzubieten.

In Bezug auf die Intentionen und Inhalte der Fortbildungen wurde häufig betont, dass es weniger darauf ankäme, einzelne Themen anzubieten und zu behandeln; vielmehr sollte Fortbildung vermitteln, dass
— Gesundheitsförderung eine Querschnittsaufgabe ist,
— durch Gesundheitsförderung ein ganzheitlicher Ansatz verfolgt wird (gegenüber „Gesundheitserziehung"),
— zur Gesundheitsförderung Selbstreflexion und Bewusstsein der eigenen Vorbildfunktion gehören und
— Gesundheitsförderung eine entsprechende eigene Haltung und Einstellung erfordert.

Weiterhin solle Fortbildung Fachkompetenz vermitteln, Hilfen zur Konzeptionsentwicklung geben und Möglichkeiten bieten, Erfahrungen zu sammeln. Sie solle vorhandene Umsetzungs- und Projektbeispiele praxisnah anbieten und die Auseinandersetzung mit den gesellschaftlichen Veränderungen ermöglichen.

Sexualpädagogik zwischen Persönlichkeitslernen und Arbeitsfeldorientierung – Ein Modellprojekt in Fach- und Berufsfachschulen für Sozialpädagogik

Christa Wanzeck-Sielert

Das Projekt

Das Modellprojekt „Sexualpädagogik in den Fachschulen und Berufsfachschulen für Sozialpädagogik" startete am 1. September 1996 und endete am 30. September 1999. Die Ergebnisse der dreijährigen Arbeit wurden im Rahmen einer Fachtagung mit dem Thema „Sexualpädagogik zwischen Persönlichkeitslernen und Arbeitsfeldorientierung" in Kiel der Fachöffentlichkeit vorgestellt.

Das Projekt wurde von der Bundeszentrale für gesundheitliche Aufklärung finanziert, vom Bildungsministerium Schleswig-Holstein gefördert und vom Landesinstitut für Praxis und Theorie der Schule (IPTS) durchgeführt. Die wissenschaftliche Begleitung und Evaluation des Projekts wurde vom Institut für Pädagogik der Universität Kiel wahrgenommen.

Die Projektgruppe setzte sich aus einer Diplompädagogin als Leiterin, zwei weiteren Diplompädagogen als wissenschaftliche Mitarbeiter und vier Lehrkräften aus den Fach- und Berufsfachschulen für Sozialpädagogik zusammen.

Die Voruntersuchung

Dem Modellprojekt ging eine Situationsanalyse voraus, die 1995 von einer Forschungsgruppe der Universität Kiel im Auftrag der BZgA an den Fachschulen für Sozialpädagogik in Schleswig-Holstein durchgeführt wurde.

Diese Voruntersuchung umfasste eine Analyse der Arbeitsfelder, in denen Erzieherinnen und Erzieher heute tätig sind – Elementarbereich, offene Kinder- und Jugendarbeit, Heimerziehung und Menschen mit einer geistigen Behinderung – sowie die Befragung von Lehrerinnen und Lehrern, Schülerinnen und Schülern.

In den untersuchten Arbeitsfeldern kann Sexualität grundsätzlich als Thema und Aufgabe pädagogischer Prozesse bezeichnet werden. Dabei wird Sexualität jeweils in vielfältiger und unterschiedlicher Weise zum Gegenstand der pädagogischen Arbeit. Dennoch erfolgt Sexualerziehung oftmals als Re-Aktion auf ein als Problem eingeschätztes Verhalten und besitzt somit „Feuerwehrfunktion".

In der Ausbildung von Erzieherinnen und Erziehern an Fachschulen für Sozialpädagogik in Schleswig-Holstein ist Sexualität ein Thema und wird von Lehrerinnen und Lehrern, Schülerinnen und Schülern als bedeutsam und wichtig bewertet.

Die Lehrkräfte nannten bei dieser Untersuchung vielfältige Handlungskompetenzen, die die Erzieherinnen und Erzieher in ihrer späteren Berufspraxis benötigen, wobei die Reflexion der eigenen Sexualität und der eigenen sexuellen Normen und Werte als wichtige Voraussetzung benannt wird. In den Praktika werden die Auszubildenden häufig mit dem Thema Sexualität konfrontiert. Dabei entstehen bei einem großen Teil der Schülerinnen und Schüler persönliche und didaktische Fragen zum pädagogischen Umgang mit der Thematik.

Ein erheblicher Teil der Lehrerinnen und Lehrer gab an, im Bereich Sexualpädagogik persönlich und vor allem fachdidaktisch unsicher zu sein und formulierte großen Fortbildungsbedarf.

Die befragten Schülerinnen und Schüler nannten die bestehenden sexualpädagogischen Angebote an den Fachschulen als nicht ausreichend. Die Mehrzahl fühlt sich am Ende der Ausbildung unsicher und wünscht eine intensivere Auseinandersetzung mit dem Thema Sexualität und Sexualpädagogik. Fragestellungen, die in den Praktika entstanden sind, werden unzureichend im Unterricht aufgegriffen.

Das Modellprojekt
Das Modellprojekt griff die wichtigsten Ergebnisse der Voruntersuchung auf und versuchte diese in die Arbeit zu integrieren. Vier Ziele standen dabei im Mittelpunkt:
(1) Erarbeitung eines sexualpädagogischen Curriculums mit Materialempfehlung für den Einsatz in Fach- und Berufsfachschulen für Sozialpädagogik.
(2) Erprobung des Curriculums durch Lehrkräfte in Schleswig-Holstein.
(3) Entwicklung und Erprobung eines Fortbildungskonzepts für die Lehrkräfte an Fach- und Berufsfachschulen.
(4) Transfer der Ergebnisse des Modellprojekts in die Fach- und Berufsfachschulen für Sozialpädagogik in Schleswig-Holstein und anderen Bundesländern.

Einige Praxisbeispiele aus dem Arbeitsfeld „Kindergarten und Hort" sollen die Arbeitsfeldorientierung und das Persönlichkeitslernen verdeutlichen:

- In letzter Zeit lassen zwei sechsjährige Jungen ein vierjähriges Mädchen nie allein zur Toilette gehen; sie folgen ihm grundsätzlich, schauen beim Pinkeln zu und machen dabei abwertende Bemerkungen. Schluchzend wendet sich das Mädchen an eine Erzieherin.

- Beim Morgenkreis geraten zwei Kinder in Streit und beschimpfen sich gegenseitig mit „Du schwule Sau" und „Nutte".

- Ein sechsjähriger Junge kommt aufgeregt auf eine Erzieherin zu und erzählt, dass in der Puppenecke zwei Kinder miteinander „ficken". Fast alle Kinder stehen vor der Puppenecke und schauen zu.

- Eine Erzieherin wird von einer Mutter angesprochen: „Mein Kind hat erzählt, dass Sie nach dem Regenspaziergang gestern nackt mit den Kindern geduscht und sich gegenseitig eingeseift haben. Was haben Sie sich dabei gedacht?"

Die inhaltliche Arbeit orientierte sich an der Theorie und Praxis der emanzipatorischen Sexualpädagogik, in der Selbstbestimmung und Achtung vor dem Leben die zentralen Grundwerte sind. Beide ethischen Positionen haben eine lange Tradition und dienen in der sexualpädagogischen Arbeit als Orientierungspunkte.

Aufgabe des Projekts war es, nicht nur für Schleswig-Holstein, sondern für alle Bundesländer Unterrichtsmaterialien zu entwickeln. Somit musste das Konzept offen und vielfältig sein, sowie differenzierte methodische Zugänge bieten. Aus diesem Grund wurde ein Baukastenprinzip gewählt, in dem vielfältige und unterschiedliche Themen-, Methoden- und Materialsammlungen zu finden sind.

Zum Fortbildungskonzept

Parallel zur Entwicklung von didaktischen Bausteinen bildete die Konzeptionierung eines Fortbildungsangebots für Lehrerinnen und Lehrer an Fach- und Berufsfachschulen für Sozialpädagogik eine weitere Aufgabe des Modellprojekts. Ziel war es, Lehrkräfte unterschiedlicher Fächer bzw. Lernbereiche stärker sexualpädagogisch zu qualifizieren, wobei die Verzahnung mit den Unterrichtsmaterialien nicht aus den Augen verloren wurde. Bei der Konzeptionierung sind insbesondere die Qualitätskriterien der BZgA eingeflossen: Wissenschaftlichkeit und Theoriebezug, Selbstreflexion, Interdisziplinarität, Verpflichtungsgrad bzw. Freiwilligkeit, Vermittlung didaktischer Handlungs- und Reflexionskompetenzen und Praxisorientierung.

Diese Anforderungskriterien veranlasste die Projektgruppe zu folgenden sexualpädagogischen Fortbildungskonzepten:
— Grundlagenfortbildung,
— Arbeitsfeldfortbildungen,
— themenzentrierte Fortbildungen,
— Einführung in die Unterrichtsmaterialien.

Persönlichkeitslernen als Thema sexualpädagogischer Fortbildungen von Lehrkräften

Die Grundlagenfortbildung stellt das Persönlichkeitslernen ins Zentrum. Dies wird durch die Themenschwerpunkte deutlich:
1. Veranstaltung: „Sexualpädagogische Theorie"
2. Veranstaltung: „Biographie, Normen, Werte und Sexualität"
3. Veranstaltung: „Körper, Sprache und Sexualität"
4. Veranstaltung: „Sexualpädagogische Praxisreflexion"

Für gelingende sexualpädagogische Arbeit ist Selbstreflexion eine wichtige Voraussetzung. Sowohl die oben aufgeführten sexualpädagogischen Praxisbeispiele aus dem Alltag eines Kindergartens als auch die Themen der Grundlagenfortbildung unterstreichen die Notwendigkeit des Persönlichkeitslernens. Es geht um die Erhöhung der Handlungs- und Reflexionskompetenz. Für Erzieherinnen und Erzieher ist Persönlichkeitslernen Voraussetzung für sexualpädagogisches Handeln. Außerdem wird eine sexualfreundliche Erziehungshaltung unterstützt, bei der die Entwicklungsthemen der Heranwachsenden im Mittelpunkt stehen.

Persönlichkeitslernen im sexualpädagogischen Kontext ist die angeleitete Auseinandersetzung mit der eigenen Biographie, mit gesellschaftlichen Normen und Werten, mit sexuellen Verhaltensweisen und Einstellungen. Eine theoretische Begründung fehlte bisher. Durch das BLK-Projekt „Sexualpädagogik in der Hochschulausbildung", das von 1994 bis 1997 am Institut für Pädagogik der Universität Kiel durchgeführt wurde, war dies möglich. Studentinnen und Studenten wurden nach einer persönlich-professionellen Auseinandersetzung mit dem Thema Sexualität befragt.

Persönlichkeitslernen hat mit Identität zu tun. Die sexuelle Identität ist innerhalb der Gesamtidentität aus verschiedenen Gründen von besonderer Bedeutung. Sie
– ist eng mit Körperlichkeit verknüpft,
– ist häufig mit vielfältigen Emotionen verbunden,
– wird stark beeinflusst durch Rückmeldungen emotional wichtiger Personen; wirkt durch medial aufbereitete Vorbilder,
– ist mit negativen und positiven biographischen Erinnerungen verbunden.

Somit wird deutlich, dass Sexualität noch mehr als andere Themen Erzieherinnen und Erzieher bewegt und Sexualpädagogik – also die angeleitete Auseinandersetzung mit dem Thema Sexualität – auch ohne bewusstes Persönlichkeitslernen identitätsrelevant ist. Ein noch so theoretischer Vortrag zu einer sexualpädagogischen Thematik wirkt und ist subjektiv bedeutsam.

Bei blinden Flecken bleibt die Gefahr der unreflektierten Weitergabe von eigenen Vorstellungen über Sexualität und Sexualmoral nicht aus, deshalb ist eine persönliche Standortbestimmung unabdingbar.

Aus dem Geschilderten wird deutlich, dass planvoll gestaltetes Persönlichkeitslernen im sexualpädagogischen Kontext Pädagoginnen und Pädagogen voraussetzt, die selbst über die persönlichen, fachlichen und methodischen Kompetenzen verfügen. Im Kieler Modellversuch „Sexualpädagogik in der Hochschulausbildung" betonten Studierende in Interviews ebenfalls die Bedeutung personaler Kompetenzen bei den Lehrenden:
• „Wenn mich jemand auffordert, in mich zu gehen und ich habe das Gefühl, er sollte das auch mal tun, dann kann ich das nicht mehr so ernst nehmen."
• „Schlecht ist, wenn man nicht mal weiß, dass man da Probleme hat."

Weiterhin formulierten die Studierenden Wünsche an gute Sexualpädagoginnen und -pädagogen, die sie gleichzeitig auch als Zielformulierung für sich selbst nannten:
– einen Standpunkt haben,
– eine Linie haben, etwas Klares, woran man sich reiben kann,

— sich selber sicher sein in dem, was man sagt,
— sich selbst einbringen,
— sich mit Themen auseinander setzen und selber bereit sein, noch daran zu arbeiten, sich kritisch mit sich selbst auseinander zu setzen,
— die eigene Meinung auch mal ändern.

Diese Äußerungen verweisen auf das Bedürfnis der Studierenden, am Modell der Lehrkraft zu lernen. Deutlich wurde in den Aussagen auch, dass Lehrkräfte nicht als Vorbild für eine bestimmte Haltung dienen, sondern als Vorbild für eine erfolgreiche Auseinandersetzung mit sich selbst.

Die praktische Umsetzung des Persönlichkeitslernens in Aus- und Fortbildung ist die Arbeit am Selbstkonzept (kognitive Ebene), am Selbstwertgefühl (emotionale Ebene) und an der Kontrollüberzeugung (aktionale, handelnde Ebene). Ein möglichst positives, jedoch nicht überhöhtes Selbstwertgefühl zeigt sich vor allem in Selbstakzeptierung.

Zusammenfassend sollte professionelles Denken und Handeln im sexualpädagogischen Kontext Folgendes beinhalten:
— relativ unverzerrte Wahrnehmung der eigenen Person und anderer,
— Authentizität und Empathiefähigkeit in Bezug auf Sexualität,
— Fähigkeit zur entspannten und angstfreien Kommunikation über Sexualität unter Einbezug persönlicher Betroffenheit,
— wertschätzender Umgang mit Menschen, die andere Einstellungen und Werte in Bezug auf Sexualität haben als ich selbst,
— Gelassenheit in Konflikten,
— Sicherheit in der Wahrung der Balance zwischen Nähe und Distanz,
— Eignung als Modell für angemessenen Umgang mit sich selbst, mit anderen, mit eigener Sexualität, mit dem Thema Sexualität.

Zusammenfassung und Thesen der Arbeitsgruppendiskussion

Auf der Grundlage der beiden Referate entwickelte sich eine Diskussion, in der die Teilnehmerinnen und Teilnehmer ihre eigenen Erfahrungen mit der Fortbildungssituation einbrachten. In Bezug auf eine Weiterentwicklung der Gesundheitsförderung in der Fortbildung für Erzieherinnen und Erzieher ergaben sich daraus folgende Vorschläge und Vorstellungen:
— Gesundheitsförderung braucht einen strukturellen Rahmen sowie kompetente, multiprofessionelle Fortbildungskräfte.
— Gesundheitsförderung braucht Sachwissen, Sprachkompetenz und für die Erzieherinnen und Erzieher Persönlichkeitslernen durch Fortbildung.
— Fortbildungskräfte müssen, wenn notwendig, selbst zu einer ganzheitlichen Sicht der Gesundheitsförderung fortgebildet werden. Die Kompetenz der Fortbildungskräfte beeinflusst entscheidend die Akzeptanz der Gesundheitsförderung.

- Fortbildung sollte langfristig angelegt und teamorientiert sein, um eine Atmosphäre des Vertrauens zu schaffen, in welcher Persönlichkeitslernen erst möglich wird.
- Fortbildungsangebote sollten auch regionalisiert werden.
- Fortbildungsangebote sollten öfter mit einer Praxisbegleitung verbunden werden.

Insgesamt wurde festgehalten, dass die Gesundheitsförderung – neben der Fort- und Weiterbildung, der Supervision etc. – als ein bedeutendes Qualitätsmerkmal von Kindergärten herausgestellt und bewusst gemacht werden muss.

2.2.3 Kindergartenalltag und Implementation von Gesundheitsförderung

Leitung: Margarete Mix, Gesundheitsmanagerin, Kindergartenleiterin, Hamburg

Ausgangspunkt des Workshops war die Frage, was Kindergartenalltag eigentlich heißt und welche Bedingungen und Voraussetzungen sich hieraus für Gesundheitsförderung ergeben. Diskussions- und Arbeitsgrundlage bildete ein Bericht der Leiterin des Workshops über ihre Alltagserfahrungen im Kindergarten.

Alltagserfahrungen im Kindergarten

Wenn bei unserem Thema vom Kindergartenalltag die Rede ist, so hört sich das nicht gerade spannend und aufregend an. Und doch ist es so, denn täglich haben wir im Kindergarten mit einer Vielfalt von Kindern zu tun, die uns eine Menge abfordern, die aber auch eine Fülle von Freude, Tatendrang, Individualität und Problemen mitbringen. Damit wird der Alltag aufgemischt und je nach der Lebenswelt der Kinder in jeder Einrichtung anders aussehen.

Ausgangslage
In der Alltagskultur gibt es kaum einen Unterschied zwischen den objektiven Lebensbedingungen von Kindern und Erwachsenen. Kinder stehen ohne Schutz den wirtschaftlichen, gesellschaftlichen, ökologischen und politischen Prozessen gegenüber. Viele Kinder sind früh vor Anforderungen gestellt, die sich in ihrer Belastungsqualität kaum von der der Erwachsenen unterscheiden. Sie setzen sich mit ihren belastenden Lebenssituationen auseinander und reagieren auf die Überforderung mit psychischen Auffälligkeiten, emotionalen Verhaltensstörungen oder psychosomatischen Erkrankungen.

Die wichtigste Hintergrundrolle spielt dabei der engere Lebensbereich Familie. Die Familie als Keimzelle erfahrener Sozialisation hat den größten Einfluss auf die Lebensweise und Wertorientierung des Kindes, die seine körperliche und psychische Gesundheit fördert und bis ins Erwachsenenalter prägt. Eltern wirken als Verhaltensmodelle und sind in ihrer Vorbildfunktion oft überfordert.

Mit ihrem familienergänzenden Auftrag ist die Kindertagesstätte gefordert, das individuelle Anliegen und Bedürfnis des Kindes zu berücksichtigen, aber auch die Familie, das Umfeld und Einflussfaktoren mit einzubeziehen. Erst eine Interaktion zwischen den Bezugsebenen Kind – Familie – Umfeld ermöglicht eine ganzheitliche Gesundheitsförderung.

Umfeld und Einflussfaktoren

Die schematische Darstellung in *Abbildung 1* verdeutlicht die inneren und äußeren Bedingungen einer Gesundheitsförderung im Kindergarten.

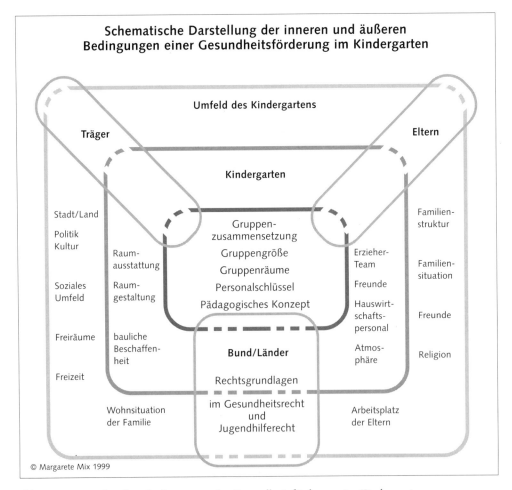

Abb. 1: Innere und äußere Bedingungen der Gesundheitsförderung im Kindergarten

Der *innere Block* steht für den Kern des Kindergartens, der von den äußeren Rahmenbedingungen und schließlich vom weiteren Umfeld des Kindergartens umgeben ist. Die Rechte der *Eltern*, des *Trägers* und des *Staates* mit dem Gesundheits-, Kinder- und Jugendhilferecht greifen in den Kern des Kindergartens und können die Qualität der Gesundheitsförderung erheblich beeinflussen.

In den Ausführungsbestimmungen des Kindergartengesetzes sind feste Rahmenbedingungen wie Raum- und Gruppengröße, Personalschlüssel und Umfang der Angebote/Öffnungszeiten vorgegeben. Die Raumausstattung und das pädagogische Konzept bestimmen Träger und Erzieherinnen.

Für die heutige Kindergartenpädagogik und ihre konzeptionelle Fundierung ist die Lebenssituation der Kinder maßgebend. Sie macht sie zum Ausgangspunkt, Gegenstand und Ziel der pädagogischen Arbeit und ist um die Lebenskompetenz der Kinder bestrebt. Diese konzeptionelle Ausrichtung ist mit dem Prinzip „situationsorientiertes Lernen" umschrieben und hat sich in den 90er Jahren des vergangenen Jahrhunderts stark weiterentwickelt. Situationsorientiertes Lernen geschieht durch Erfahren und Begreifen von Sinneszusammenhängen, durch Eigentätigkeit und Selbstorganisation der Kinder, durch Unterstützung der individuellen, dem Zeitbedürfnis des Kindes angepassten Entwicklungsprozesse und durch Förderung der Gruppenprozesse. Diese Sichtweise des Kindes in seiner Gesamtpersönlichkeit deckt sich mit den Forderungen einer ganzheitlichen Gesundheitsförderung ebenso wie die Zusammenarbeit mit Eltern und Kooperationspartnern aus dem Gemein- und Gesundheitswesen.

Der Gestaltungsspielraum des *erweiterten Kindergartenkreises* ist geprägt von den baulichen Gegebenheiten, der Ausstattung und Pflege der Räume und der Gestaltung des Freigeländes. Für das Kind ist von großer Bedeutung, ob es hier Raum hat für Erfahrungen und Mitgestaltung. Gesundheitsförderung betrifft auch die realen Arbeitsbedingungen und das Betriebsklima. Der Umgang der Erzieherin mit sich und den Kolleginnen und die gegenseitige Wertschätzung schaffen Atmosphäre und stellen eine Basis für die Gesundheitsfürsorge dar. Die Erzieherin braucht neben ihrer gesundheitsbezogenen Ausbildung Fortbildungsangebote, die sie in ihrem Vorhaben unterstützen und zum Weiterentwickeln motivieren.

Jeder Träger sollte für eine innovative betriebliche Gesundheitspolitik offen sein. Sieht er die Erzieherinnen als Motor für gesundheitsfördernde und präventive Prozesse, so wird er ihre fachliche Kompetenz achten, ihnen Entscheidungsräume zugestehen und Fortbildungsmöglichkeiten anbieten. Der Dialog zwischen Träger und Erzieherinnen ist ebenso notwendig wie der zwischen Träger und Eltern.

Die Einflussfaktoren im *Umfeld des Kindergartens* und ihre Auswirkungen wurden schon zu Beginn benannt. Berücksichtigen müssen wir dabei vor allem die Lebenswelt eines Kindes, das in der Stadt oder auf dem Land aufwächst.

Die Auswirkungen der Einflussfaktoren und Belastungen für das Kind geben der Erzieherin oft das Gefühl der Ohnmacht und Handlungsunfähigkeit, weil sie wenig direkten Einfluss auf sie hat. Sie kann sie nur indirekt beeinflussen, indem sie den Kindern dort Raum und Zeit bietet, wo familienergänzende Erfahrungen möglich sind und verloren gegangene Erlebnisbereiche zurückholbar sind.

Kooperationsmöglichkeiten

Für gute Rahmenbedingungen und konzeptionelle Grundlagen der Kindergartenarbeit ist es wichtig, die Kooperationsbereiche im Gesundheitswesen zu kennen und zu ihnen Kontakte zu pflegen (siehe *Abbildung 2*).

Abb. 2: Kooperationsbereiche im Gesundheitswesen

Ein weites Netz von Kooperationspartnern ist hilfreich beim Umsetzen pädagogischer Ziele (siehe *Abbildung 3)*.

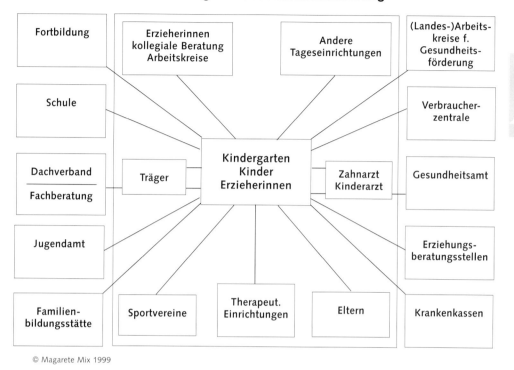

Kooperationspartner des Kindergartens zur Stützung der Gesundheitsförderung

Fortbildung

Erzieherinnen kollegiale Beratung Arbeitskreise

Andere Tageseinrichtungen

(Landes-)Arbeitskreise f. Gesundheitsförderung

Schule

Verbraucherzentrale

Dachverband

Fachberatung

Träger

Kindergarten Kinder Erzieherinnen

Zahnarzt Kinderarzt

Gesundheitsamt

Jugendamt

Erziehungsberatungsstellen

Familienbildungsstätte

Sportvereine

Therapeut. Einrichtungen

Eltern

Krankenkassen

© Magarete Mix 1999

Abb. 3: Kooperationspartner des Kindergartens zur Unterstützung der Gesundheitsförderung

Eine breit angelegte Gesundheitsförderung im Kindergarten muss nicht durch großartige Aktionen gelingen, sondern realisiert sich vielmehr in aktuellen Situationen, Anlässen, Abläufen und „Kleinigkeiten" des Kindergartenalltags, in denen Ziele und Inhalte einer Gesundheitsförderung „versteckt" sind. Stellt sich dabei körperliches, seelisches und soziales Wohlbefinden ein, dann sind Grundlagen geschaffen, Gesundheit als Bestandteil des täglichen Lebens zu erfahren (Ottawa-Charta).

Praxisbeispiele

Hier nun eine Auswahl von Praxisbeispielen zur Gesundheitsförderung aus den letzten fünf Jahren. Mögen sie auch wie Highlights wirken, so integrierten sie sich doch problemlos in den Kindergartenalltag:

- Erste-Hilfe-Kurse mit Kindern zum Ersthelfer („vom Gaffer zum Retter"), die seit fünf Jahren regelmäßig mit allen Kindern erfolgreich durchgeführt werden. Parallel dazu besteht für die Eltern abends das Angebot eines Erste-Hilfe-Kurses.

- Brandschutzübungen mit der Feuerwehr im Kindergarten.
- Entwerfen und Herstellen von Rollos für eine Firma als Beispiel für eine Kooperation von Unternehmen und Kindergarten.
- „Kinder stark machen" – Suchtprävention im Kindergarten als 3-Jahres-Projekt in Hamburg mit sieben Kindertagesstätten.
- Arbeitsergebnis eines Elternabends, an dem Eltern zum Thema „Was brauchen Kinder" sieben Vorschläge für Eltern und Erzieher auf Schautafeln selbst erarbeiteten.
- Schichtübergreifende Studie über die Gesundheit von Kindern und gesundheitliche Auswirkungen sozialer Benachteiligung.

Die Arbeitsergebnisse dieser Aktionen wurden in der Tagespresse sowie in Form von Beiträgen in Fachzeitschriften, Elternberichten, Radiointerviews und einer Dokumentation festgehalten.

Diskussionsschwerpunkte der Arbeitsgruppe und Ergebnisse

In der anschließenden Arbeitsphase des Workshops standen folgende Fragestellungen im Mittelpunkt:
1. Welches sind die Idealziele für die Verwirklichung der Gesundheitsförderung im Kindergarten?
2. Welche Hürden bestehen für die Umsetzung dieser Ziele?
3. Welches sind die möglichen Partner?
4. Was können die Partner tun?
5. Was fällt den Partnern schwer?
6. Welche Lösungsvorschläge können gemacht werden?

Die Ergebnisse zu den einzelnen Fragekomplexen werden nachfolgend zusammengefasst.

1. Idealziele für die Verwirklichung der Gesundheitsförderung im Kindergarten

Idealziele in Bezug auf das Kind
- Gesunde Kinder
- Ein auf das ganze Kind gerichteter Blick
- Motivation für das Kind zum gesunden Essen
- Viel Bewegungsraum
- Berücksichtigung der gesamten Lebensweise des Kindes
- Früh angelegte Gesundheitsförderung
- Unterstützung des individuellen Entwicklungsprozesses
- Erfahren und Begreifen der Sinneszusammenhänge
- Raum für Erfahrung und Gestaltung
- Eigentätigkeit und Selbstorganisation

Idealziele in Bezug auf Erzieherinnen und Erzieher	• Gesunde ErzieherInnen
	• Stärkung von persönlichen Ressourcen
	• Integration der Eltern
	• Möglichkeiten, in der Kindertagesstätte zu sich selbst zu kommen
	• Sicherer Arbeitsplatz für Personal (Kindertagesstätte-Novellierung/Personalschlüssel)
	• Integration in die Weiterbildung/Ausbildung
	• Anerkennung ihrer Fachkompetenz
	• Erzieherpartnerschaft mit Eltern
	• Erfahrungsaustausch unter ErzieherInnen
Idealziele in Bezug auf die Rahmenbedingungen	• Alle Beteiligten im Setting Kindertagesstätte mit einbeziehen
	• Vernetzung der Kindergärten
	• Setting-Bezug
	• Gesundheitsförderliche Lebens- und Arbeitsbedingungen für Kinder und ErzieherInnen
Idealziele in Bezug auf die Konzeption	• Primäre Suchtprävention
	• Gefühle wahrnehmen (Erzieher, Eltern, Kinder)
	• Kindertagesstätte zum Wohlfühlen
	• Zeit haben für Aktionen und Ruhe
	• Situations- und bedarfsorientiertes Lernen
	• Altersgemischte Gruppen
	• Öffnung zum Umfeld
	• Einbezug der Eltern
	• Interaktion zwischen Kind – Familie – Umwelt

2. Hürden bei der Umsetzung dieser Ziele

Hürden bei den Rahmenbedingungen	• Zeitnot
	• Finanzknappheit
	• Blockierung durch den Träger
	• Räumliche Verhältnisse
	• Aufgabenfülle von außen
	• Kulturelle Bedingungen
	• Ausbildung
	• Personalschlüssel
	• Begrenztheit von Möglichkeiten

Hürden in konzeptioneller Hinsicht	• Alte Verhaltensmuster
	• Eingeschränkter Gesundheitsbegriff
	• Tranzparenzschaffung nach außen
	• Wissensstand um Gesundheitsförderung
	• Sprache (Ausländer)

Spezifische Hürden in Bezug auf Gesundheitsförderung	• Angst vor Neuem
	• Kein Verständnis
	• Zu wenig Phantasie
	• Innere Blockade
	• Anderes ist wichtiger
	• Eigene Haltung
	• Zu wenig Aufklärung
	• Abwertung des Themas
	• Qualifikationsdefizite
	• Ausbildungs-/Fortbildungsdefizite

Mit Partnern	• Zu wenig Beteiligung der Eltern
	• Mangelndes Wissen um administrative Abläufe/Hilfe
	• Fehlende Transparenz
	• Unterschiedliche Zielsetzung

Zusammenfassend wurde zu diesem Diskussionspunkt festgestellt, dass von den aus der Praxis stammenden Teilnehmern und Teilnehmerinnen überwiegend von der eigenen Erfahrung geprägte persönliche, emotionale Argumente eingebracht wurden. Bei dem von der Planungs- oder Entscheidungsebene kommenden Teilnehmerkreis überwogen dagegen sachliche Argumente.

3. Mögliche Partner

Als Partner bei der Verwirklichung und Umsetzung von Gesundheitsförderung im Kindergarten bieten sich andere Tageseinrichtungen, die Behörde – vertreten durch Schule, Jugend- und Gesundheitsamt –, Landesarbeitskreise und Erziehungsberatungsstellen an. Weitere mögliche Partner sind Verbände und Vereine, beispielsweise Sportvereine, Ärzte, Krankenkassen, Dachverbände und Verbraucherzentrale und schließlich Personen aus der Fortbildung, vertreten durch therapeutische Einrichtungen und Familienbildungsstätten.

4. Was Partner tun können

In Bezug auf die Rahmenbedingungen	• Freiräume schaffen
	• Ihre Dienste anbieten
	• Ihr Know-how anbieten

Zur finanziellen Unterstützung	• Spenden
	• Sponsoring
	• Beteiligung an der Finanzierung

Hinsichtlich der Fort- und Weiterbildung	• Selbst als Multiplikatoren agieren
	• ErzieherInnen zu Multiplikatoren befähigen
	• Material zur Verfügung stellen
	• Beteiligung an der Qualitätssicherung
	• Supervision und Fachberatung

In Bezug auf die Konzeption	• Unterstützung bei der Öffentlichkeitsarbeit
	• Medienangebote
	• Begleitung von Projektangeboten

5. Was den Partnern schwer fällt

Große Probleme bereitet vielen Partnern die Fachsprache. Hier können unterschiedliche Definitionen und Begrifflichkeiten leicht zu Missverständnissen führen. Viele tun sich deshalb schwer damit, Verständnis für Gesundheitsförderung aufzubringen und Projekte zu finanzieren.

Als weitaus problematischer für die Partnerbeziehungen werden allerdings Aspekte gesehen wie fehlende Wertschätzung, Mangel an Kooperationsbereitschaft, Konkurrenzängste, Vernetzungsprobleme, Kooperation aus Zeitmangel und Verkennung der Fachkompetenz

6. Lösungsvorschläge zur Implementierung der Gesundheitsförderung

Im Hinblick auf die Rahmenbedingungen	• Bedarfserhebung bei Kindern und ErzieherInnen
	• Ausrichtung des pädagogischen Konzepts an der sozialen Struktur
	• Interaktion zwischen Kind – Familie – Umwelt
	• Umgang mit Zeit verbessern
	• Bedarfsgerechte Öffnungszeiten
	• Verbesserte Ausbildung
	• Schaffung von ausreichendem Bewegungsraum
	• Bedarfsgerechte Raumausstattung
	• Verbesserung des Personalschlüssels
	• Ausreichende Arbeitszeit für steigenden Anspruch
	• Verstärktes Einbeziehen des Trägers in die Verantwortung
	• Herstellung eines guten Betriebsklimas
	• Kindergarten, Eltern, Träger und Behörde sollten gemeinsame Ziele haben

In Bezug auf Konzept und pädagogische Grundlagen	• Stadtteilorientierung • Bedarfsorientiertes Arbeiten • Gutes Konzept haben • Positiver Gesundheitsbegriff • Kindorientiertheit • Freiräume nutzen • Mut zur Umsetzung • Motivation • Anreize schaffen • Spaß/Freude • Bewegung zulassen • Ausgewogener Tagesablauf • Vertiefung der Bereiche: Ernährung, Psychohygiene, Bewegung, Sexualität, Zahngesundheit, Medien, Krankheit/Behinderung, Umwelt, soziale Beziehungen und Gesundheitsfürsorge
Im Hinblick auf konkrete Umsetzung von Zielen	• Kleinräumiges Arbeiten • Positive Verhaltensänderung • Haltungsänderung • Überzeugungsarbeit • In kleinen Schritten vorgehen • Mit kleinen Schritten zufrieden sein (Stressvorbeugung) • Überprüfung und Verbesserung eigener Strukturen • Phantasie entwickeln und Flexibilität/Offenheit zeigen
In Bezug auf Kooperation mit Partnern	• Fortbildungen • Bündnispartner suchen • Bereitschaft, Partner in die Kindertagesstätte zu lassen • Gute Kooperation mit den Trägern • Eltern als Partner sehen • Gegenseitige Wertschätzung • Gemeinsame Zielabsprache • Einbinden in kommunale Veranstaltungen

2.2.4 Prävention von Kinderunfällen

Leitung: Inke Schmidt, Bundesarbeitsgemeinschaft Kindersicherheit, Bundesvereinigung für Gesundheit e.V. Bonn

Diskussions- und Arbeitsgrundlage des Workshops bildeten ein kurzer Überblick über die statistische Erfassung von Unfällen im Kindergarten aus dem Jahre 1998 sowie die Vorstellung zweier Praxisbeispiele zur Unfallprävention:
- „Das bewegte Kinderzimmer" des Deutschen Turner-Bundes (DTB) und
- eine Fortbildung für Erzieherinnen und Erzieher, die im Rahmen der Bundesarbeitsgemeinschaft Kindersicherheit durch den DTB, den Deutschen Verkehrssicherheitsrat und den Bundesverband der Unfallkassen entwickelt und evaluiert wird.

Unfallgefahren und ihre Ursachen

Die größten Unfallgefahren bzw. häufigsten Unfälle im Kindergarten lassen sich nach Ansicht der Experten des Workshops auf drei Gründe zurückführen:
(1) fehlende (Entwicklungs-)Erfahrungen der Kinder,
(2) organisatorische Mängel im KiTa-Alltag und
(3) bauliche und technische Mängel in der Gestaltung und Ausstattung des Kindergartens.
Mögliche Ursachen hierfür sind in *Tabelle 1* zusammengefasst.

Fehlende (Entwicklungs-) Erfahrungen der Kinder	• Verändertes Spielverhalten • Mangel an Bewegungserfahrungen • Motorische Defizite • Mangelnde Fähigkeit, Risiken einzuschätzen
Organisatorische Mängel	• Unaufmerksamkeit der Erzieherin/des Erziehers • Zeitmangel • Verbote • Große Gruppen
Bauliche und technische Mängel	• Platzmangel • Unsichere Spielplätze • Fehlende Freiflächen

Tab. 1: Ursachen für Unfälle im Kindergarten

Daten aus der Unfallstatistik

Kinder sind während des Besuchs der Tageseinrichtung (Kindergarten, Krippe, Hort, Schule) gesetzlich unfallversichert. Daher fallen alle Unfälle, die sich im Kindergarten oder auf dem Weg dorthin und wieder nach Hause ereignen, in den Zuständigkeitsbereich der gesetzlichen Unfallversicherungen (GUV). Dort wird jeder Unfall, der einen Arztbesuch erfordert, erfasst und analysiert.

1998 wurden insgesamt etwa 150.000 Unfälle im Kindergarten bei der GUV gemeldet. Jungen verunfallen mit 62,5% weitaus häufiger als Mädchen. Die meisten Unfälle sind Sturzunfälle, die sich in der Fortbewegung ereignen – zumeist im Kindergartenraum (43,5%) oder auf dem Spielplatz (28,3%). Zu 50% verletzen sich die Kinder am Kopf, gefolgt von Verletzungen an Füßen (17%) und Händen (12%). Meist handelt es sich um leichte Verletzungen wie Hautabschürfungen oder leichte Prellungen. Als Auslöser des Unfalls wurde in 50% der Fälle das Kind selbst angegeben. In nur jeweils 7% lösten dagegen Bodenbeläge und Spielplatzgeräte den Unfall aus.

Unbestritten ist, dass Bewegungsförderung eine wichtige Maßnahme zur Unfallprävention ist, die flächendeckend in den Kindergartenalltag implementiert werden sollte. Es gibt eine Reihe von Projekten, die die Erfolge bzw. den Nutzen eindrucksvoll dokumentieren.[1] Zwei Beispiele aus der Praxis sollen nachfolgend kurz vorgestellt werden.

DTB-Aktion „Das bewegte Kinderzimmer"

Ausgangslage
Aufgrund der alarmierenden Beobachtungen von Medizinern, Krankengymnasten, Sportlehrern und anderen Fachleuten in Bezug auf Defizite in der motorischen Entwicklung von Kindern haben der Deutsche Turner-Bund e.V. (DTB) und die SIGNAL/IDUNA die Aktion „Das bewegte Kinderzimmer" ins Leben gerufen.

„Das bewegte Kinderzimmer" wird seit Mitte 1997 in den Vereinen des DTB mit großem Erfolg durchgeführt und seit Mai 1999 aufgrund der starken Nachfrage seitens der Erzieherinnen und Erzieher auch in Kindergärten angeboten.

Zielgruppe und Ziele der Aktion
ErzieherInnen wie auch ÜbungsleiterInnen sind sich meist bewusst, welche Bedeutung Bewegung für die ganzheitliche Entwicklung der Kinder hat, nicht jedoch die Eltern. Das führt häufig zu Konflikten: Während sich ErzieherInnen bemühen, in den Einrichtungen Bewegungsmöglichkeiten und Bewegungsanlässe zu schaffen, glauben viele Eltern auch heute noch, dass das Vermeiden jeglicher Risiken – sprich „unnötiger" Bewegungsaktivitäten – ihr Kind vor Verletzungen schützt.

Dementsprechend wendet sich die Aktion „Das bewegte Kinderzimmer" in erster Linie an die Eltern von Kindern zwischen drei und sechs Jahren. Ziel ist es, die Eltern darüber aufzuklären, welche Bedeutung Bewegung für die gesamte Persönlichkeitsentwicklung

---

1 Vgl. z.B. *Das „Move it"-Buch* der Deutschen Verkehrswacht, Meckenheim, GHS (1997) und *Kinder mit mangelnden Bewegungserfahrungen*, Teil 1, hrsg. von Sportjugend NRW, Duisburg (1998).

ihrer Kinder hat, und ihnen praktische Tipps und Anregungen für mehr Bewegung im häuslichen Umfeld zu geben.

Inhalte

Die Aktion „Das bewegte Kinderzimmer" wird von speziell geschulten Referentinnen und Referenten des DTB in Turnvereinen und Kindergärten durchgeführt und setzt sich aus einem praktischen und einem theoretischen Teil zusammen.

• Praxisteil

Der Praxisteil umfasst ca. eine Stunde Spiele mit Alltagsmaterialien, die sich in jedem Haushalt befinden und deshalb ohne Aufwand zu Hause durchführbar sind. Eltern und Kinder spielen gemeinsam.

• Theoretischer Teil

Der theoretische Teil beinhaltet ein etwa halbstündiges Referat zum Thema Bewegungs-förderung im Kleinkindalter mit abschließender Diskussion und Gelegenheit, sich auszutauschen und verschiedene Aspekte zu erörtern.

Für die ErzieherInnen gibt es die Möglichkeit, im Anschluss an die Aktion „Das bewegte Kinderzimmer" an einer dreistündigen Informationsveranstaltung zum Thema Bewe-gungsförderung teilzunehmen.

Bilanz

Von Mitte 1997 bis Juni 2000 haben der DTB und die SIGNAL/IDUNA insgesamt ca. 1200 Veranstaltungen durchgeführt. Bisher wurden mehr als 19.000 Eltern und knapp 27.000 Kinder mit der Aktion erreicht. Bundesweit sind 92 Referentinnen und Referenten für die Aktion „Das bewegte Kinderzimmer" im Einsatz.

„Unfallprävention durch Bewegungserziehung" – Fortbildung für ErzieherInnen

Ausgangslage

Kinder mit vielfältigen Bewegungserfahrungen sind nicht nur gesünder, sie haben auch eine größere Bewegungskompetenz und eine größere Verhaltenssicherheit und sind weniger unfallgefährdet – in der Freizeit und nicht zuletzt auch im Straßenverkehr. Eine umfassende und systematische Bewegungserziehung schützt demzufolge Kinder im Alltag und im Verkehr und verhindert Unfälle.

Da in der Freizeit immer weniger elementare Bewegungserfahrungen gemacht werden können, kommt den organisierten Bewegungsangeboten für Kinder eine wachsende Bedeu-tung zu. Vor diesem Hintergrund haben der Deutsche Verkehrssicherheitsrat e.V. (DVR), der Bundesverband der Unfallkassen e.V. (BUK) und der Deutsche Turner-Bund e.V. (DTB) im

Rahmen der Bundesarbeitsgemeinschaft Kindersicherheit ein Aktionsbündnis zur Unfallprävention durch Bewegungserziehung geschlossen.

Zielgruppe

Die Aktion wendet sich an Erzieherinnen und Erzieher, die in unterschiedlichen Betreuungseinrichtungen für Kinder tätig sind und dort einen relativ großen Anteil an der Erziehung der Kinder haben.

Allgemeine Zielsetzung

Ansatzpunkt der gemeinsamen Aktion ist die Fortbildung von Erzieherinnen und Erziehern, die – so das zentrale Anliegen der geplanten Aktion – über die Zusammenhänge von Bewegungserziehung und Unfallverhütung informiert werden und praktische Hilfen für die Bewältigung der Aufgaben an die Hand bekommen sollen.

Den Zielsetzungen des Aktionsbündnisses entsprechend sollen die Erzieherinnen und Erzieher
— Bewegungserziehung als einen wichtigen und attraktiven Baustein in der Unfallprävention kennen lernen,
— angeregt werden, das Thema Bewegungserziehung aufzugreifen und auch in die Elternarbeit einzubinden und
— darin unterstützt werden, das Bewegungsumfeld in den Kindergärten unter Sicherheitsgesichtspunkten zu betrachten und, falls notwendig, Verbesserungen vorzunehmen.

Maßnahmen

Die Maßnahmen umfassen im Einzelnen:
— Erstellung und Erprobung der Konzeption für die Fortbildung von Erzieherinnen und Erziehern (10 Unterrichtseinheiten),
— Erarbeitung der erforderlichen Lehr- und Arbeitsmaterialien (Arbeitsmappe) und
— Durchführung der Fortbildungen über die Mitgliedsorganisationen des BUK.

Zusammenfassung der Diskussionsergebnisse und Perspektiven

Um dem Unfallproblem im Kindergarten adäquat begegnen zu können, sind – so das Ergebnis der Arbeitsgruppe – verschiedene Maßnahmen notwendig:

• Wissenschaftliche Grundlagenforschung

Als Argumentationshilfe für Eltern und Betreuer ist die wissenschaftliche Analyse sowohl von typischen Unfallmustern als auch von der Wirkungsweise bestimmter präventiver Maßnahmen von grundsätzlicher Wichtigkeit.

Wissenschaftler und Multiplikatoren sollten die hohe Akzeptanz der Medien (z.B. Fernsehen) nutzen, um über wichtige wissenschaftliche Erkenntnisse und positive Beispiele aus der Praxis zu informieren. Darüber hinaus wäre eine Projektbörse mit evaluierten bzw. bewerteten Programmen für die Planung und Entwicklung von eigenen Projekten für die ErzieherInnen sehr hilfreich.

• Fortbildung/Aufklärung/Information
Die regelmäßige Fortbildung von ErzieherInnen zu unterschiedlichen Themen bildet einen wichtigen Baustein. Gerade über Fortbildungsveranstaltungen kann der Transfer der wissenschaftlichen Erkenntnisse in die Praxis gewährleistet werden. Zudem bieten sie Gelegenheit zum dringend benötigten Informations- und Erfahrungsaustausch untereinander.

Allerdings sollten auch die Träger von Kindertageseinrichtungen regelmäßig an entsprechenden Fortbildungen teilnehmen, um den Rahmen für Veränderungen im Kindergartenalltag zu eröffnen.

Eltern sollten an Elternabenden bzw. in Seminaren von kompetenten Referenten über die verschiedenen Bereiche der Unfallprävention und Gesundheitsförderung aufgeklärt werden. In der Prävention von Verkehrsunfällen wird dies mit dem Programm „Kind und Verkehr" schon seit Jahren flächendeckend und mit großem Erfolg geleistet. Ähnliches sollte auch für die Unfallrisiken außerhalb des Verkehrs entwickelt werden.

• Öffnung des Kindergartens/Gewinnung von Partnern
Das genannte Beispiel des DTB zeigt, dass sowohl der Kindergarten als auch die Eltern und der Sportverein von einer Kooperation profitieren können.

Mit dem Aufbau von übergreifenden Strukturen kann der Kindergarten vorhandene Ressourcen in der Gemeinde nutzen und Kooperationspartner gewinnen. Hierzu bieten sich z.B. die Wohlfahrtsverbände (Angebot von Erste-Hilfe-Kursen), interkulturelle Zentren/Anlaufstellen (Angebot von Elternveranstaltungen in unterschiedlichen Sprachen) oder (Kinder-)Ärzte (Informationsveranstaltungen) an.

• Erreichung sozial benachteiligter Gruppen
Verschiedene Untersuchungen haben gezeigt, dass insbesondere Kinder sozial benachteiligter Bevölkerungsgruppen (z.B. ausländischer und sozial schwacher Familien) besonders häufig verunglücken. Daher ist die Entwicklung und Implementierung von unfallpräventiven Maßnahmen speziell für diese Gruppen von besonderer Bedeutung.

Literatur

BUK – Bundesverband der Unfallkassen (2000): Sonderauswertung für Kindergärten vom 12. Mai 2000.

Deutsche Verkehrswacht (1997): *Das „Move it"-Buch.* Meckenheim: GHS

Kunz, T. (1993): *Weniger Unfälle durch Bewegung.* Schorndorf: Hofmann.

Sportjugend NRW (Hrsg.) (1998): *Kinder mit mangelnden Bewegungserfahrungen.* Teil 1. Duisburg.

GESUNDHEITSFÖRDERUNG IM KINDERGARTEN UNTER BERÜCKSICHTIGUNG BESONDERER SOZIALER LAGEN

3.1 Zugangswege zu Kindern aus unterschiedlichen sozialen Lagen

Cornelia Helfferich

Längst sind wir gewohnt, differenziert zu denken: Es gibt Konzepte lebens- bzw. entwicklungsphasenbezogener und geschlechtssensibler Gesundheitsförderung, die die Unterschiede nach Alter der Kinder sowie nach Geschlecht berücksichtigen. Ansätze, die die „unterschiedliche soziale Lage" – also die nach sozialer Herkunft, Schulbildung und kulturellem Hintergrund unterschiedlichen Lebenswelten oder Lebensräume – berücksichtigen, haben ebenfalls eine lange Tradition. Überwiegend wurde dabei direkter die „Benachteiligung" bestimmter sozialer Gruppen in den Vordergrund gestellt, anstatt neutral von „Unterschieden" der sozialen Lage zu sprechen. Allerdings ist es um diese Ansätze in den letzten Jahren still geworden. Daher ist es sehr zu begrüßen, dass diesem Thema wieder mehr Aufmerksamkeit gewidmet wird.

Die BZgA benennt als besonderen Handlungsbedarf, ein Augenmerk auf sozial benachteiligte Familien sowie andere schwer erreichbare, aber hoch belastete Gruppen zu richten. Dies ist fachlich gut begründet, denn die Zahlen zeigen, dass die gesundheitliche Situation der Kinder besonders prekär und zugleich die Distanz zu Angeboten der Gesundheitsförderung besonders groß ist. Gerade die, die Gesundheitsförderung am dringendsten bräuchten, sind am schwersten erreichbar. Das heißt, dass besondere Anstrengungen unternommen und besondere Zugänge entwickelt werden müssen, um diese Gruppen anzusprechen. Generell wird heute gefordert, neben geschlechtsspezifischen auch soziale Lebenslagen bei der Ausrichtung der Angebote des Gesundheitsdienstes zu berücksichtigen (vgl. Hurrelmann 1994).

Je nach Einkommenslage oder Zugehörigkeit zu einer ethnischen Gruppe sind die räumliche Umwelt (das Stadtviertel), die Alltagsorganisation, die Ressourcen und Belastungen sowie die kulturellen Orientierungen unterschiedlich. Kindergärten sind heute zwar schichtübergreifende Einrichtungen in dem Sinn, dass Kinder aus allen Schichten Kindergärten besuchen[1], aber die einzelnen Kindergärten haben überwiegend umrissene Einzugsbereiche, die häufig Lebensräume bestimmter sozialer Gruppen sind. Gesundheitsförderung im Kindergarten muss Anschlussstellen an diese spezifischen Lebensräume finden, wenn sie spezifische Zielgruppen – z.B. nach sozialer Lage – erreichen will.

In den Arbeitsgruppen werden konkrete Beispiele für Zugangswege zu Kindern und Familien in sozialen Brennpunkten und mit einem Migrationshintergrund vorgestellt und ebenso

---

1 Auch wenn der Anteil der Kinder, die zum Einschulungszeitpunkt weniger als ein Jahr einen Kindergarten besucht haben, in Stadtteilen mit einem hohen Anteil an Sozialhilfe-Empfängern höher ist (Köln 1996: 11% in Stadtteilen mit der höchsten und 5% in Stadtteilen mit der niedrigsten Sozialhilfedichte: Mersmann 1998:75).

beispielhafte Gesundheitsförderung für Zielgruppen, deren Situation von Armut und Benachteiligung gekennzeichnet ist. Ich möchte daher vorab einige allgemeine Überlegungen einführen und auf Aspekte eingehen, die bei der Verortung der Arbeit sinnvollerweise zu bedenken sind und die Argumentationshilfen liefern können, wenn es gilt, Projekte in diesem Bereich im kommunalen Rahmen durchzusetzen. Nach einer Klärung, was denn unter „sozialer Benachteiligung" zu fassen ist, werde ich drei Aspekte näher beleuchten:

(1) *Soziale Lage und Gesundheit von Kindern:* Was wissen wir über den Einfluss der sozialen Lage auf die Gesundheit von Kindern im Vorschulalter?

(2) *Soziale Lage und die Verständigung über Konzepte von Gesundheit, die die Eltern, bezogen auf die Gesundheit ihrer Kinder, mitbringen:* Gesundheitsförderung im Kindergarten bedeutet Verständigung über die Bedeutung von Gesundheit. Was wissen wir über das Verständnis von Gesundheit, die Bedeutung von (Kinder-)Krankheiten und die Nutzung von Versorgungsangeboten in unterschiedlichen sozialen Lagen?

(3) *Soziale Lage und die Einbettung des Kindergartens als Lebensraum in den größeren, gegliederten Lebensraum der Familie*: Der Kindergarten ist aus der Perspektive der Kinder und Familien nur ein Ausschnitt der Alltagswelt, eine Welt für sich. Wie ist der Kindergarten und damit die Gesundheitsförderung in diese Gesamtheit der Alltagswelt eingebettet? Wie sind Übergänge zwischen Kindergarten und z.B. der privaten Welt der Familie in unterschiedlichen sozialen Lagen möglich?

Indikatoren sozialer Lage und sozialer Benachteiligung

Welche Gruppen meinen wir, wenn wir von „sozial Benachteiligten" sprechen? Der Sozialpädiater H. Schlack (1998:49) hat Faktoren der sozialen Interaktion aufgelistet, die sich auf die Gesundheit von Kindern auswirken:
– Unerwünschtheit des Kindes,
– Vernachlässigung,
– wenig oder einseitige Anregung,
– psychische Erkrankung der Bezugsperson,
– Gewalt in der Familie,
– Überforderung des Kindes.

Für die Bedeutung der sozialen Lage in einem größeren Rahmen nannte er als einflussreiche äußere Lebensumstände:
– niedriger Sozialstatus, Armut,
– Unvollständigkeit/Instabilität der Familie,
– schlechte Wohnverhältnisse,
– Minderheitenstatus, Ausgrenzung,
– eingeschränkte Bildungschancen.

Im Gesundheitsbericht für Deutschland werden – neben Bildung, Wohnverhältnissen und Erwerbstätigkeit bzw. Arbeitslosigkeit – schlechte Einkommensverhältnisse als Risikomerkmal der sozialen Lage dargestellt. Nimmt man den Sozialhilfebezug als Indikator, so hat eine benachteiligte soziale Lage bei Kindern unter sechs Jahren dramatisch zugenommen: Der Bezug von laufender Hilfe zum Lebensunterhalt bei Kindern unter sechs Jahren hat sich in den letzten 20 Jahren etwa versechsfacht und von Armut betroffene Familien sind mit weiteren belastenden Lebensbedingungen konfrontiert (Statistisches Bundesamt 1999; vgl. Otto 1997).

Kinder aus Familien mit einem Migrationshintergrund gehören ebenfalls zu den schwer erreichbaren Gruppen. Hier ist aber zu unterscheiden, ob die oft mit der Migration verbundenen Aspekte des Minderheitenstatus, der schlechten Wohnraumversorgung, der Armut und der eingeschränkten Bildungschancen die schwierige Erreichbarkeit zur Folge haben oder die spezifischen kulturellen Orientierungen. Nur im zweiten Fall handelt es sich um eine spezifisch der Migration zuzurechnende Barriere (und um eine Aufforderung zu interkultureller Arbeit); im ersten Fall handelt es sich nicht oder nur indirekt um ein Migrationsproblem, sondern vielmehr um ein Problem der schlechten sozialen Lage. In der konkreten Praxis lassen sich beide Aspekte aber nicht trennen.

Kindergärten arbeiten in der Regel stadtteilbezogen und sind eingebunden in die Aktivitäten eines Quartiers. So macht es Sinn, das Konzept der sozialen Benachteiligung nicht auf einzelne Familien, sondern auf Stadtviertel zu beziehen. Als wichtige soziale Indikatoren von sozial benachteiligten Stadtvierteln, die einen Einfluss auf die Gesundheit der Kinder haben, haben sich erwiesen (Mersmann 1998:63):
— Anteil von Kindern bzw. Haushalten mit Sozialhilfebezug,
— Ausländeranteil,
— unzureichende deutsche Sprachkenntnisse.

Diese Indikatoren hängen untereinander eng zusammen: Migrantenfamilien sind häufiger von Einkommensarmut und Wohnraumunterversorgung betroffen (Hanesch et al. 1994). Ausgehen müssen wir demnach von einem Komplex von schwierigen materiellen Bedingungen, schlechten Wohnverhältnissen und Überforderung, der gesundheitliche Belastungen erzeugt und zugleich die Familien schwer erreichbar macht.

Was bedeutet dies für die Frage der Zugangswege? Ein Zitat aus dem Zwischenbericht des Projekts „Leben mit Kindern" am Freiburger Gesundheitsamt, das Frauen und insbesondere Migrantinnen mit Kindern unter drei Jahren erreichen möchte, mag dies verdeutlichen:

„Bei der kleinen Tochter einer Migrantin, die nur sehr unregelmäßig zu den Vormittagen kommt, vermuten wir sowohl sprachliche als auch motorische Entwicklungsverzögerungen. Leider war es uns bisher nicht möglich, die Auffälligkeiten mit der Mutter zu thematisieren und die nötigen Hilfen einzuleiten, da wir die Familien immer nur dann erreichen können, wenn sie zu uns kommen und unser Angebot wahrnehmen."

Soziale Lage und Gesundheit von Kindern

Bereits im Säuglingsalter manifestieren sich die besonderen Risiken einer benachteiligten sozialen Lage und eines Migrationsstatus in einer erhöhten Säuglingssterblichkeit und einem niedrigeren Geburtsgewicht. In unteren Sozialschichten wird dies über den höheren Anteil an Risikoschwangerschaften und Schwangerschaften in jungen Jahren, die höhere Zahl der Geburten und starkes Rauchen erklärt. Die höhere Säuglingssterblichkeit in nichtdeutschen Familien (650 Todesfälle auf 10.000 gegenüber 510 bei deutschen Säuglingen) wird in Verbindung gebracht mit der geringeren Bereitschaft, Vorsorgeangebote in der Schwangerschaft zu nutzen. Diese Erklärungen weisen auf eine ungünstige Ausgangslage hin, die ebenso überlebende Säuglinge und Kinder trifft.

Im Kindesalter fällt zwischen deutschen und nichtdeutschen Kindern der deutliche Unterschied in Bezug auf Verletzungen, Vergiftungen und Verbrennungen auf. Von einigen Krankheiten – wie z.B. Tbc – ist bekannt, dass sie unter unzureichenden Wohn- und Lebensbedingungen häufiger auftreten (Statistisches Bundesamt 1999:270). Die Auswirkungen der Bedingungen des Aufwachsens zeigen sich häufig später in einem schlechteren Gesundheitsstatus und einer höheren Sterblichkeit auch im Erwachsenenalter.

Nicht nur Krankheiten, auch die Indikatoren für Entwicklungsverzögerungen sind abhängig von der sozialen Lage. Je höher der Anteil der Sozialhilfeempfänger in einem Stadtviertel in Köln war, desto häufiger wurden 1996 bei den Schuleingangsuntersuchungen Adipositas, grobmotorische Koordinationsstörungen, Beeinträchtigungen der fein- und visuomotorischen Fertigkeiten, Sprach- und Verhaltensauffälligkeiten festgestellt (Mersmann 1998:69).

Übereinstimmend belegen alle Untersuchungen die größere Distanz von Familien in unteren Sozialschichten oder mit einem Migrationshintergrund zu Angeboten der Gesundheitsvorsorge allgemein wie auch zu Angeboten, die die Gesundheit der Kinder betreffen. Dies betrifft die Schwangerenvorsorge ebenso wie die Teilnahme an der U8 und U9 (weniger aber die Impfquoten: Mersmann 1998:67). Der Gesundheitsbericht für Deutschland weist ausdrücklich auf die geringere Nutzung gesundheitlicher Vorsorgeuntersuchungen für Kinder arbeitsloser Eltern hin (Statistisches Bundesamt 1999:120).

Insgesamt fällt im Vergleich mit anderen europäischen Ländern oder den USA die dürftige bundesweite Datenlage auf, was den Einfluss der sozialen Lage auf die Gesundheit und die Entwicklung von Kindern im Vorschulalter betrifft. Häufig wird davon ausgegangen, dass die Existenz einer Krankenversicherung soziale Ungleichheit in Gesundheit und Krankheit beseitigt habe, da der Zugang zu einer Versorgung für alle auf hohem Niveau gesichert ist. Aber die Härtefallregelung der Gesetzlichen Krankenversicherung (Sozialklausel und Überforderungsklausel), die die Möglichkeit bietet, sich von Zuzahlungen zu therapeutischen Maßnahmen teilweise oder ganz befreien zu lassen, scheint bei sozial Benachteiligten nicht zu greifen, da sie aus Scham und Unwissenheit häufig nicht genutzt wird

(Statistisches Bundesamt 1999:107). Die vorliegenden Länderberichte zur Gesundheit von Kindern gehen in unterschiedlicher Intensität auf Aspekte der sozialen Lage ein (Hamburg, Brandenburg, Schleswig-Holstein, Baden-Württemberg, Nordrhein-Westfalen).

Soziale Lage und die Verständigung über Konzepte von Gesundheit, die die Eltern in Bezug auf die Gesundheit ihrer Kinder mitbringen

Kindergärten sind familienbegleitende Einrichtungen. Sie müssen mit den Familien zusammenarbeiten und sich verständigen. Ich möchte mich an dieser Schnittstelle eines Setting-Ansatzes und einer Lebensweltorientierung in der Arbeit mit Kindern auf einen Aspekt beschränken: Wie können sich die Erziehenden im Kindergarten und die Eltern darüber verständigen, was Gesundheit der Kinder eigentlich ist, woran man sie z.B. abliest und was man zu ihrer Erhaltung tun sollte, oder auch wie man mit Krankheit(ssymptomen) umgehen und medizinische Versorgung nutzen kann, soll oder muss. Die Summe dieser Vorstellungen, bezogen auf Gesundheit und Krankheit, wird mit dem Begriff „Gesundheitskonzept" zusammengefasst.

In dem Konzept der BZgA zur „Gesundheitsförderung im Kindergarten"[2] sind als zentrale Ziele die Förderung eines gelingenden Entwicklungsprozesses und die Befähigung zur Bewältigung altersspezifischer Entwicklungsaufgaben sowie die Vermittlung und Stärkung der Gesundheitskompetenz genannt, die ihrerseits Wissen, Motivation und Handeln umfasst. Dieser Ansatz der Kompetenzförderung bezieht auch die Eltern ein. Eltern sind zentrale Personen, wenn es um die Gesundheit der Kinder geht: von ihnen hängt z.B. die Teilnahme an Früherkennungsuntersuchungen ab, sie sind wichtige Vorbilder für den Umgang mit Symptomen und Befindlichkeitsstörungen, und sie vermitteln die in der Familie geltenden Gesundheitskonzepte. Eine ganze Reihe von Projekten der Gesundheitsförderung setzt auf Elternarbeit.

Die Verständigung beginnt mit der Sprache. Hier schließen die ersten Forderungen an, Erzieher und Erzieherinnen aus den unterschiedlichen Migrationskulturen einzustellen. Sprachliche Verständigung kann aber auch in einem anderen Sinn schwierig werden, wenn der professionelle Sprachcode der Pädagogik auf einen einfacheren und pragmatischeren Code sozial Benachteiligter trifft.

Der zweite Aspekt betrifft die Inhalte von Gesundheitskonzepten, die die Eltern von ihrer Seite aus in die Gesundheitsförderung einbringen und die sie ihren Kindern in der alltäglichen und unbewussten Gesundheitserziehung zu Hause vermitteln. Wir wissen einiges über die Gesundheitskonzepte erwachsener Menschen – differenziert nach Frauen und Männern und nach sozialer Lage. Es ist bislang jedoch noch nicht untersucht worden,

---

2 BZgA (Hrsg.) (2001): *Gesundheitsförderung im Kindergarten*, Köln, BZgA (Konzepte 3).

welche Gesundheitskonzepte Eltern, bezogen auf die Gesundheit ihrer Kinder, haben. Nehmen wir zwei Beispiele für die Bedeutung unterschiedlicher Gesundheitskonzepte:

— Für Unterschichtsangehörige und insbesondere für Männer wurde ein Gesundheitskonzept beschrieben, bei dem Gesundheit durch das Funktionieren des Körpers und durch die körperliche Verausgabung definiert ist. Krankheit ist etwas Negatives und wird erst dann realisiert, wenn gar nichts mehr geht. Wird dieses Konzept auch auf Kinder übertragen? Sehen diese Eltern ihre Kinder als gesund an, solange sie funktionieren? Kann es z.B. sein, dass der Entwicklungskompetenzansatz der BZgA, welcher der Kampagne „Kinder stark machen" zugrunde liegt, sozialschichtspezifisch ankommt als „Kinder hart machen"?
— Ein anderes Gesundheitsverständnis – eher mittelschichtspezifisch und eher generell für Gesundheitsförderung maßgeblich – verbindet Gesundheit mit einem Zustand des Sich-wohl-Fühlens. Der Körper kann sein Anrecht z.B. auf Ruhe und Schonung geltend machen und dann tut man im Sinne der Gesundheit gut daran, auf seine Stimme zu hören. Gesundheitsförderung, insbesondere ganzheitliche Gesundheitsförderung, folgt eher diesem Gesundheitskonzept, bei dem Gesundheit ein Wert an sich und nicht nur die Voraussetzung für Leistungsfähigkeit ist. Mit den Gesundheitskonzepten hängen Ernährungs- und Bewegungskonzepte zusammen, die wiederum in die Verhaltensweisen und Vorstellungen der Kinder eingehen. Diese Vorstellungskomplexe sind grundlegend für die Verständigung über Gesundheitsförderung im Kindergarten.

Es könnte sein, dass sich die Konzepte für die Kinder-Gesundheit von den Konzepten für die Erwachsenen-Gesundheit unterscheiden. Schließlich haben Kinder besondere Rechte, Pflichten und Schutzbedürfnisse. Und Gesundheit von Kindern wird meist im weiten Sinn mit gesunder Entwicklung verbunden, d.h. dass – anders als bei Erwachsenen – pädagogische Konzepte und Gesundheitskonzepte stärker miteinander verbunden sind.

Die soziale Lage – konkret vor allem die Freiräume, bei der täglichen Verausgabung in der Arbeit überhaupt auf das Wohlbefinden achten zu können oder eben das Funktionieren in den Vordergrund stellen zu müssen – beeinflusst Gesundheitskonzepte. Die soziale Lage beeinflusst aber auch das gesundheitsbezogene Verhalten. Die Gesundheitskonzepte und das Gesundheitsverhalten der Eltern haben sehr viel damit zu tun, wie sehr sie auf die Gesundheit der Kinder achten können (ebenso wie ihre eigenen Gesundheitskonzepte für sich selbst damit zu tun haben, wie sehr sie auf die eigene Gesundheit achten können). Dabei kann das Verhalten nicht immer den Normen folgen, die in den Gesundheitskonzepten aufgestellt werden.

Ein Konzept, bei dem der Körper Anrecht auf Schonung hat, kann mit einem Verhalten verbunden sein, den Körper nicht zu schonen – und z.B. von Kindern ein Funktionieren zu verlangen. Im positiven Sinn kann man annehmen, dass Eltern ein Interesse daran haben, dass ihre Kinder gesund sind. Gerade bei Kindern heißt Gesundheit immer gesunde Entwicklung, also Funktionieren im Sinne von: sich wie verlangt entwickeln. Aber gesunde

Kinder machen weniger Arbeit als kranke oder einfach bettlägerige Kinder. Gerade in Familien, in denen alle Bezugspersonen berufstätig sind, stellt sich die Frage: Was ist, wenn Kinder krank sind? Dürfen sie das? Müssen Kinder heute nicht einfach gesund und gut entwickelt sein? Und angesichts der vielen Normen, in welchem Alter ein Kind welche Entwicklungsschritte abgeleistet haben muss, kann auch gesunde Entwicklung zu einer Pflicht werden. Für den Zwang zur Gesundheit kann eine – nicht nur mittelschichttypische – Leistungserwartung an die Kinder oder eine unterschichttypische schwierige materielle Lage gleichermaßen ausschlaggebend dafür sein, dass eine Krankheit des Kindes als zusätzliche Belastung kaum mehr tragbar ist.

Gesundheitskonzepte beinhalten auch Vorstellungen vom Umgang mit Krankheiten bzw. mit Symptomen der Kinder, seien es konkrete Krankheitsanzeichen oder seien es Anzeichen psychosozialer Belastungen und Entwicklungsverzögerungen. Mit welcher Aufmerksamkeit werden Symptome registriert? Hier ist sicher auch nach Geschlecht zu unterscheiden: Vermittelt der Vater dem Sohn, dass ein Mann nicht auf Wehwehchen zu achten hat? Wird vermittelt, dass Krankheit etwas Ärgerliches ist und dass Befindlichkeitsstörungen und Anpassungsprobleme mit Medikamenten zum Verschwinden gebracht werden? Gesundheitskonzepte enthalten darüber hinaus Ansichten z.B. über den Wert von Prävention, über Krankheitsvorbeugung und über Anlässe und Zeitpunkte, die medizinische Versorgung für die Belange der Kinder in Anspruch zu nehmen.

Für sozial Benachteiligte heißt das: Die generell größere Distanz, die Eltern aus unteren Sozialschichten zu dem Versorgungssystem haben, überträgt sich auf die Nutzung des Versorgungssystems für die Kinder. Die Distanz zur Prävention kann auch andere Hintergründe haben und z.B. bestimmten Krankheitsvorstellungen entspringen: Wir stellen uns in der Regel Krankheiten mitsamt einer Vorgeschichte einer Krankheitsgefährdung vor; Krankheiten, so denken wir, können schlummern und daher ist ein Eingreifen im Vorfeld sinnvoll. Wenn Eltern Krankheitsvorstellungen haben, die die Krankheit direkt in den auftretenden Symptomen lokalisieren, dann muss der Sinn von Krankheitsprävention als Vorsorge erst vermittelt werden: Solange man keine Symptome hat, ist die Krankheit ja nicht da, man ist ganz gesund und braucht keine Prävention.

Ein weiterer Punkt trägt zur Distanz zur Gesundheitsversorgung und Gesundheitsförderung bei: Gesundheit kann auch als Zumutung erfahren und das Aufgreifen des Themas Gesundheit durch öffentliche Einrichtungen als Form der sozialen Kontrolle gefürchtet werden. Es ist möglich, dass Eltern sich für ein nicht gesundes und ein nicht gesund entwickeltes Kind schämen. Das heißt, sie sehen die Symptome z.B. einer Entwicklungsverzögerung und suchen gerade deshalb keine Hilfe. Sie können in den Symptomen ein Zeichen ihres Versagens sehen und fürchten, dass Interventionen folgen und ihnen schlimmstenfalls das Kind weggenommen wird.

Zugangswege zu Kindern in unterschiedlichen sozialen Lagen zu finden, heißt dafür zu sorgen, dass die impliziten Gesundheitskonzepte der Gesundheitsförderung im Kindergarten und die Gesundheits-, Entwicklungs- und Erziehungskonzepte der Eltern zusammenkommen. „Interkulturelle Elternarbeit" braucht sich als Begriff nicht nur auf Arbeit mit Kindern aus Migrationsfamilien beziehen, sie kann sich auch auf die Arbeit mit Kindern aus unterschiedlichen „Gesundheitskulturen" innerhalb der einheimischen Bevölkerung beziehen. Gesundheitsförderung im Kindergarten muss die Vorstellungen der Eltern aufgreifen und – dort ansetzend – die Gesundheitskompetenz der Eltern in Bezug auf angemessene Konzepte im Umgang mit Gesundheit und Krankheit der Kinder stärken.

Soziale Lage und die Einbettung des Kindergartens als Lebensraum in den größeren gegliederten Lebensraum der Familie

Der Kindergarten ist aus der Perspektive der Kinder und Familien nur ein Ausschnitt der Alltagswelt, eine Welt für sich. Bleibt diese Welt für sich, bleibt die Familie abgeschottet? Wie sind die Übergänge zwischen Kindergarten und z.B. der privaten Welt der Familie in unterschiedlichen sozialen Lagen möglich?

Angesichts des hohen Versorgungsgrades mit Kindertagesstätten werden die Kinder optimal erreicht. Gerade bei schwer erreichbaren und hoch belasteten Familien stellt sich die Frage, ob auch *die Eltern* erreicht werden können. Familien können ihre Kinder in den Kindergarten schicken, sich selbst und ihre private, häusliche Welt aber abschotten. Im Zweifelsfall stellt sich die Frage: Gesundheitsförderung mit den Eltern zusammen, ohne die Eltern oder sogar gegen die Eltern? Doch bevor diese Frage so gestellt wird oder werden muss, können noch Chancen einer Zusammenarbeit und einer Vermittlung genutzt werden, die die Frage vielleicht erübrigen.

Aus der Perspektive der Kinder und ihrer Eltern ist der Kindergarten ein Ausschnitt ihres alltäglichen Lebensbereichs. Die gesamte Lebenswelt der Familie besteht aus einer „gegliederten Alltäglichkeit", bestehend aus unterschiedlichen „Zonen" oder „Alltagswelten", z.B. aus der Arbeitswelt der Eltern, der Öffentlichkeit, den Behörden und Ämtern, dem Stadtviertel, der Privatheit im Wohnraum, den familiären Bezügen, den Freizeitbereichen und – ganz wichtig im Zusammenhang mit Gesundheit – der medizinischen Versorgung. Die öffentlichen Institutionen wie Arbeitswelt oder Schule haben in der Regel wenig Geduld, um auf besondere Lebenslagen einzugehen, sondern folgen ihrer eigenen Institutionenlogik. Eltern aus Mittelschichtfamilien bemerken weder die Gliederung der Alltagswelt noch die Qualität der Grenzen zwischen den Sektoren in dem Maß wie sozial benachteiligte Eltern, denn sie verfügen über genügend Herrschaftswissen und sind im Besitz einer Sprache, die die Institutionen verstehen. So können sie sich in vielen Zonen souverän und selbstverständlich bewegen und brauchen keine Stigmatisierungen zu fürchten.

Die Übergänge und Wechsel zwischen diesen Zonen sind besonders schwierig für Eltern mit einem ausgegrenzten Status und aus unteren Sozialschichten (Thiersch 1978). Thiersch zeigt dies anhand des Beispiels auf, das vielen aus der eigenen Praxis bekannt ist: Ratsuchende aus unteren sozialen Positionen sind häufig unsicher, wenn sie mit anderen Umgangs- und Sprachgewohnheiten konfrontiert sind. Ein zentrales Thema bei der Diskussion der Zugangswege zu Kindern in unterschiedlichen sozialen Lagen ist somit die Vermittlung, die Bewältigung der Übergänge zwischen den Zonen und Welten. Für Migrationsfamilien sind diese Übergänge z.T. schwierig, weil sie nicht über genügend Informationen verfügen. Aber nicht nur für sie, auch für andere sozial an den Rand gedrängte Menschen bilden Einrichtungen der öffentlichen Verwaltung Zonen der Undurchschaubarkeit und Zonen, in denen eigene soziale Ohnmachtserfahrungen immer wieder aktualisiert werden. Dort, wo Institutionen „den Staat" repräsentieren, oder Eltern sie der Vertretung öffentlicher Interessen zuordnen (dies kann u.U. auch einem Kindergarten passieren), kann es sein, dass sie als Gegner wahrgenommen werden. Die Beschämung, die es bedeutet, bei Einrichtungen als Bittsteller aufzutauchen, kann dazu führen, dass diese Einrichtungen gemieden werden oder ihnen gerade mit Forderungen begegnet wird.

Was ist zu tun? Hier gewinnt ein Stichwort an Bedeutung: die Vernetzung. Die Vernetzung geht aus von einer Zusammenarbeit des Kindergartens mit den „Zonen", in denen sich ausgegrenzte und sich abschottende Familien zu Hause fühlen und in denen bereits Vertrauensbeziehungen existieren. Das heißt, zunächst ist ein Zugang zu suchen, indem diese Vertrauensbeziehungen oder Vertrauenszonen in einem kommunalen – häufig nachbarschaftlichen, Mediatoren und Gewährspersonen einbeziehenden – Kontext mit der Kindergartenarbeit und insbesondere mit der Gesundheitsförderung in Verbindung gebracht werden.

Auch Informationen und Transparenz als Wege, Eltern kompetent zu machen einerseits, interkulturelle Ansätze und das Signalisieren, dass die Eltern akzeptiert werden von den Erziehenden im Kindergarten andererseits vermitteln Übergänge zwischen den Zonen und bahnen sozusagen Korridore.

Mit einem einfacheren Übergang wird auch – aus dem Blickwinkel der Eltern – der Eingang in die sonst auf Distanz gehaltene Welt des Kindergartens einfacher und der Kindergarten kann vielleicht selbst zu einer „Zone des Vertrauens" werden. Abgesehen davon sind Kindergärten nach den Jugendämtern die zweitwichtigsten externen Kooperationspartner für die Sozialpädagogische Familienhilfe, insbesondere bei der Betreuung von Familien, die sich mit einer individuellen Problematik abschotten, wie z.B. Suchtfamilien oder Missbrauchsfamilien (Helming et al. 1998). Zu diesen Familien Zugang zu finden, ist gerade für die primäre Suchtprävention von ausschlaggebender Bedeutung.

Ausblick

Einen Zugangsweg zu Kindern in unterschiedlichen Lagen und aus schwer erreichbaren Familien zu finden, heißt damit dreierlei:

(1) die Prioritäten und die Handlungsziele der Gesundheitsförderung auf den spezifischen Bedarf abstimmen,
(2) in einen Verständigungsprozess über die Bedeutung von Gesundheit und Krankheit, von Entwicklung und Erziehung eintreten (Erreichbarkeit auf der Ebene symbolischer Vorstellungen),
(3) den Kindergarten als Zone in der „gegliederten Alltäglichkeit" zu etablieren (z.B. durch Vernetzung), die vertrauensvoll zugänglich ist (Erreichbarkeit auf der Ebene der sozialräumlichen Strukturen).

Die Tatsache, dass Kinder in den Kindergarten kommen, verdeckt oft die Notwendigkeit, zu den Eltern zu gehen. Gesundheitsförderung im Kindergarten mit ihrem Hang zur Mittelschichtorientierung kann sich durch die Verbindung des Setting-Ansatzes und der Lebensweltorientierung Optionen eröffnen, mit deren Hilfe sie die besondere Herausforderung bewältigen kann, als schwer erreichbar eingestufte Familien zur Zusammenarbeit zu gewinnen.

Literatur

BZgA (1998): *Gesundheit von Kindern und Jugendlichen.* (2. Aufl. 2001) Köln (Konzepte Bd. 1).

Hanesch, W. et al. (Hrsg.) (1994): *Armut in Deutschland.* Reinbek: Rowohlt.

Helming, E. / Schattner, H. / Blüml, H. / DJI (1998): *Handbuch Sozialpädagogische Familienhilfe.* Bonn: BMFSFJ (Hrsg.).

Hurrelmann, K. (1994): „Auszüge aus einem Memorandum zur Verbesserung der medizinischen und psychosozialen Versorgung für Kinder und Jugendliche." *Paed Extra* 7–8, 22.

Mersmann, H. (1998): „Gesundheit von Schulanfängern – Auswirkungen sozialer Benachteiligungen." In: BZgA (Hrsg.): *Gesundheit von Kindern – Epidemiologische Grundlagen.* Köln: BZgA, 60–78 (Forschung und Praxis der Gesundheitsförderung Bd. 3).

Otto, U. (Hrsg.) (1997): *Aufwachsen in Armut. Erfahrungswelten und soziale Lagen von Kindern armer Familien.* Opladen: Leske + Budrich.

Schlack, H. G. (1998): „Lebenswelten von Kindern als Determinanten von Gesundheit und Entwicklung." In: BZgA (Hrsg.): *Gesundheit von Kindern – Epidemiologische Grundlagen.* Köln: BZgA, 49–59 (Forschung und Praxis der Gesundheitsförderung Bd. 3).

Statistisches Bundesamt (Hrsg.) (1999): *Gesundheitsbericht für Deutschland.* Stuttgart: Metzler Poeschel.

Thiersch, H. (1978): „Alltagshandeln und Sozialpädagogik." *Neue Praxis,* 3, 25.

3.2 Berichte aus den Arbeitsgruppen

3.2.1 Projektarbeit in sozialen Brennpunkten

Leitung: Martina Abel, Gesundheitsamt Köln

Einführung

Der diesem Beitrag zugrunde liegende Workshop gliederte sich in drei Teile, die in ihrem Ablauf in diesem Bericht wiedergegeben werden:
- Diskussion der Erfahrungen der TeilnehmerInnen,
- Vorstellung eines Projekts aus der kommunalen Gesundheitsförderung (FAKIR, Gesundheitsamt der Stadt Köln),
- Transfer der Projektergebnisse auf Handlungsfelder der TeilnehmerInnen und Ausblick.

Zunächst berichteten die Teilnehmerinnen und Teilnehmer, wie sie die Situation der Klientel in sozialen Brennpunkten erfahren haben und welche Beobachtungen hierbei besonders wichtig waren. Daraus ergaben sich Konsequenzen für die Ziele der Arbeit mit sozial benachteiligten Familien wie auch für Strategien und Verfahren zur Zielerreichung. Auf dieser Basis konnten die spezifischen Anforderungen, denen die Akteure bei Gesundheitsprojekten gerecht werden müssen, herausgearbeitet und Ideen für die praktische Umsetzung entwickelt werden.

Ausgangslage: Die besondere Situation von Kindergärten in sozialen Brennpunkten

Erhebungen sowie Angaben von ErzieherInnen zeigen, dass gerade in sozialen Brennpunkten enorme gesundheitliche Probleme der Kinder zu verzeichnen sind. Schwerpunktmäßig handelt es sich hierbei um motorische und funktionelle Störungen, fehlende Hygiene und mangelnde Fähigkeiten zur Alltagsbewältigung, ungesunde Ernährung, mangelnde soziale Kompetenzen, Störungen der Emotionalität, Sprachdefizite. Ein sehr hoher Ausländeranteil (in einer Kölner Studie bis zu 80% und bis zu 15 verschiedenen Nationalitäten in einer Einrichtung) stellt eine weitere Herausforderung dar.

Fragestellungen und erste Antworten
Aus dieser Situationsbeschreibung ergaben sich folgende Fragen:
- Wie können die Ziele von Gesundheitsförderung in sozialen Brennpunkten aussehen?
- Wie können diese Ziele erreicht werden?

- Werden die Defizite der Kinder überhaupt wahrgenommen bzw. wird darauf entsprechend reagiert?
- Wie kann man auf den Handlungsbedarf aufmerksam machen?

Ziele der Gesundheitsarbeit in sozialen Brennpunkten und Wege zu ihrer Erreichung

Mittels Themenkarten erarbeiteten die Teilnehmerinnen und Teilnehmer in einer ersten Arbeitsrunde Ziele der Gesundheitsförderung in sozialen Brennpunkten. Die sich dabei abzeichnenden Schwerpunkte sind in *Abbildung 1* wiedergegeben.

Abb. 1: Ziele der Gesundheitsförderung in sozialen Brennpunkten

Als eine Möglichkeit, diese Ziele zu erreichen, wurde Projektarbeit erachtet.

Projekte als Weg

Wenn Projekte ein gangbarer Weg sind, stellt sich die Frage, wie diese aussehen müssen, wollen sie den erhöhten Anforderungen, die sich aus der schwierigen Zielgruppe ergeben, gerecht werden. Dazu lieferten die Teilnehmerinnen und Teilnehmer des Workshops die in *Abbildung 2* aufgeführten Stichworte in Bezug auf Organisation und Inhalt von Projekten.

Organisatorische Aspekte	Inhaltliche Aspekte
• Finanzielle Sicherung	• Situationsanalyse als Basis
• Unterstützung durch Ämter etc.	• Eigeninitiative
• Runder Tisch (Eltern, Gewerbe etc.)	• Identifikation mit dem Projekt
• Ehrenamt	• Lebensweltbezug
	• Zielorientierung
	• Übertragbarkeit
	• Kleine Schritte

Abb. 2: Aspekte der Projektarbeit in sozialen Brennpunkten

Im Anschluss wurde das Kölner Projekt FAKIR als Beispiel für Projektarbeit in Quartieren mit erhöhtem Hilfebedarf vorgestellt.

Förderangebote für Kinder in Regionen mit erhöhtem Hilfebedarf – das Kölner Projekt FAKIR

Das Projekt FAKIR geht auf den Ansatz des Kölner Gesundheitsamtes zurück, Gesundheit vor Ort zu fördern und sich dabei auf sozial und gesundheitlich benachteiligte Gruppen zu konzentrieren. Kommunale Gesundheitsförderung ist im Selbstverständnis der Stadt Köln sowohl eine gesundheitspolitische Orientierung wie auch ein praktischer Handlungsansatz.

Folgende Ziele werden hierbei verfolgt:

— Förderung gesunder Lebensweisen und gesunder Lebensbedingungen,
— gesundheitliche Chancengleichheit,
— Stärkung von Eigeninitiative und Selbsthilfe, Bürgerbeteiligung,
— Kooperationsentwicklung und ressortübergreifende Vernetzung,
— Erprobung neuer, übergreifender Gesundheitsangebote,
— innovative Impulse, Aktivierung, Stimulierung.

Die Institutionen der Stadt Köln versuchen, kommunale Gesundheitsförderung schrittweise in Projekten zu realisieren. Die Koordination liegt bei der zuständigen Fachabteilung des Gesundheitsamtes „Koordination, Gesundheitsberichtswesen und Öffentlichkeitsarbeit"; die übrigen Abteilungen unterstützen – je nach Themenstellung – sowohl die Konzeptions- als auch die Praxisphase. Die Durchführung von Gesundheitsförderungsprojekten erfolgt kooperativ mit anderen Ämtern und Institutionen, mit der Ärzteschaft und den Krankenkassen, mit freien Trägern und Betroffenen.

Viele dieser Projekte sprechen gezielt Kinder und Jugendliche an, denn im Kindes- und Jugendalter werden gesundheitsrelevante Einstellungen und Lebensweisen eingeübt wie auch soziale Kompetenzen erworben. Gesundheitliche Fehlentwicklungen in dieser Lebensphase haben langfristige Auswirkungen auf das Gesundheitsverhalten und die Entstehung chronischer Krankheiten wie auch auf die schulischen und beruflichen Aussichten und den Platz im gesellschaftlichem Leben.

Je frühzeitiger also gesundheitliche Maßnahmen ansetzen, umso günstiger stehen die Chancen für eine gesunde Zukunft. Der Kindergarten ist hierfür ein bevorzugter Ort, weil alle Kinder – auch ansonsten schwer erreichbare Kinder aus Familien mit sozialen Benachteiligungen – in Aktivitäten einbezogen werden können. Im Kindergartenalltag wird die Gesundheitssituation der Kinder erfahrbar und zugleich kann Gesundheit aktiv mitgestaltet werden.

Einbettung des FAKIR-Projekts in das Modellprogramm „Ortsnahe Koordinierung der gesundheitlichen Versorgung"

Die Stadt Köln hat sich von 1995 bis 1999 an dem Modellprogramm „Ortsnahe Koordinierung der gesundheitlichen Versorgung" des Landes Nordrhein-Westfalen beteiligt. Ziel dieses Programms war es, die Abstimmung im Gesundheitsbereich zu intensivieren, die Gesundheitsversorgung vor Ort zu verbessern und hierzu themenspezifische Handlungsempfehlungen zu erarbeiten.

Im Rahmen dieses Modellprogramms wurde u.a. der Schwerpunkt „Gesundheitsförderung für Kinder im Kindergartenalter in Regionen mit besonderem Hilfebedarf" bearbeitet. Ausschlaggebend für diese Themenwahl war die Tatsache, dass in städtischen Regionen, in denen ein erhöhter Anteil sozial benachteiligter Familien lebt, auch eine Häufung von Gesundheits- und Entwicklungsdefiziten der Kinder festzustellen ist. Dieser Zusammenhang lässt sich detailliert anhand der Daten des Kinder- und Jugendgesundheitsdienstes nachweisen.

Konzeptentwicklung

Um ein Konzept zu entwickeln, wie Gesundheitsangebote gezielt für Kinder in sozial belasteten Quartieren eingesetzt werden können, konstituierte sich 1998 die Arbeitsgruppe „Gesundheitsförderung für Kinder im Kindergartenalter in Regionen mit besonderem Hilfebedarf", in der u.a. Gesundheitsamt, Jugendamt, Sportamt, Amt für Kinderinteressen, freie Träger, niedergelassene Kinderärzte, Frühförder- und Beratungseinrichtungen wie auch Krankenkassen mitwirken. Die von dieser Arbeitsgruppe formulierten Handlungsempfehlungen bilden die Grundlage für das Projekt FAKIR.

Zielsetzung

Entsprechend der Zielsetzung, einen Beitrag zur Verbesserung der Gesundheitschancen sozial und gesundheitlich benachteiligter Kinder im Vorschulalter zu leisten, sollten sich die gesundheitsfördernden Aktivitäten sowohl an die einzelnen Kinder und ihre Familien als auch an die beteiligten Kindertagesstätten als Systeme in einem sozialen Kontext richten (Setting-Ansatz).

Um das Projekt mit einem griffigen Arbeitstitel zu beschreiben, führte die Arbeitsgruppe den Begriff „FAKIR" als Titel ein, der sich wie folgt entschlüsseln lässt:

Förder-**A**ngebote für **K**inder **i**n **R**egionen mit erhöhtem Hilfebedarf
Früherkennung – **A**ktivierung – **K**ariesprophylaxe – **I**mpfberatung – **R**eden lernen

---

Zielgruppe

Zielgruppe sind drei- bis sechsjährige Kindergartenkinder in Stadtvierteln, für die laut Jugendhilfeplanung der Stadt Köln ein erhöhter Hilfebedarf ausgewiesen ist. Somit wird indirekt eine Auswahl eines Panels „sozial benachteiligter Kinder" getroffen, für die zwar nicht im Einzelfall eine Benachteiligung nachweisbar ist – was zwecks Vermeidung einer Stigmatisierung auch nicht gewünscht wird –, bei denen aber davon auszugehen ist, dass unter ihnen ein hoher Anteil an Kindern aus Familien mit schwierigen sozioökonomischen Verhältnissen vertreten ist. Die Gesundheitsmaßnahmen sind grundsätzlich an alle Kinder adressiert, d.h. sie werden nicht ausschließlich auf „Sorgenkinder" konzentriert.

Zielkonkretisierung und Problembeschreibung

Die Analyse der Daten der Schuleingangsuntersuchungen weist für Schulanfänger Sprachstörungen, motorische Defizite, Verhaltensauffälligkeiten und Übergewicht als die häufigsten Probleme aus. Die regionale Verteilung deckt sich mit den Angaben der städtischen Jugendhilfeplanung zu sozial besonders belasteten Regionen. Es ist davon auszugehen, dass sich eine Vielzahl der genannten Probleme bereits im Kindergartenalter manifestiert, was die Beobachtungen von Jugendärztinnen und Erzieherinnen, die zum Teil in bedrückender Weise über betroffene Kinder zu berichten wissen, bestätigen.

Zur Erfassung der Vorerfahrungen der Kindergärten und zur Ermittlung des Bedarfs an Gesundheitsförderung führte das Gesundheitsamt eine Befragung von insgesamt 105 Kindertagesstätten in ausgewählten Stadtvierteln durch. Die Stadtviertel wurden aufgrund soziodemographischer Daten ausgewählt und mittels Indikatoren in eine Rangfolge gebracht. Es wurden alle Kindertagesstätten in den Rängen 1–25, also in den problematischsten Vierteln, befragt.

Zusammenfassend ist festzuhalten, dass die befragten Kindertagesstätten einen breiten Unterstützungsbedarf im Hinblick auf Gesundheit anmahnten. Gut die Hälfte der befragten Einrichtungen (54) schickte auswertbare Fragebogen zurück; davon wollten 29 Einrichtungen unmittelbar an einem Gesundheitsförderungsprojekt teilnehmen, 21 eventuell. Für die Projektumsetzung wurden als zentrale Themen gewünscht:
– gesunde Ernährung,
– Bewegungsförderung,
– Kommunikation und Sprache,
– soziale Kompetenz,
– Suchtprävention,
– medizinische Fragen.

Beteiligtenanalyse

Ausgehend von diesen Ergebnissen prüfte die Arbeitsgruppe, welche Ressourcen die beteiligten Institutionen für das Eingehen auf die o.g. Schwerpunkte zur Verfügung stellen können, wo weitere fachkompetente Unterstützung von außen einzuholen ist und welche Projekte sie bereits in diesem Kontext durchgeführt haben. Weiterhin wurden vorbildhafte Strategien anderer Kommunen zur Erhöhung der Gesundheitschancen von Kindergartenkindern vorgestellt und geprüft, inwieweit sie auf die Situation der befragten Kindergärten übertragbar sind. Dabei wurde deutlich, dass gerade die Arbeit in sozialen Brennpunkten ein flexibles Vorgehen und einen intensiven Dialog aller Partner erfordert.

Ebenso zeigte sich, dass der Projektrahmen relativ eng gesteckt werden musste, da keine Möglichkeit der Regelfinanzierung für kommunale Gesundheitsprojekte besteht. Für die Projektarbeit konnten keine zusätzlichen festen Mitarbeiter eingestellt werden, sondern sie musste durch veränderte Prioritätensetzung bzw. durch zusätzlichen persönlichen Einsatz geleistet werden.

Einzelziele

Auf dieser Basis legte die Arbeitsgruppe für das FAKIR-Projekt folgende Ziele fest:
- Früherkennung von Störungen und Einleitung der notwendigen Hilfen,
- allgemeine Gesundheitsförderungsmaßnahmen im Kindergarten,
- gezielte Förderprogramme in Kleingruppen,
- Stärkung der gesundheitlichen Kompetenzen des Kindergartenpersonals,
- gesundheitsbezogene Elternarbeit,
- Bereitstellung unterstützender Informationen,
- gesundheitsfreundliche Gestaltung der Abläufe im Kindergartenalltag und der räumlichen Bedingungen,
- Verbesserung der Kooperation von Kindergärten und Institutionen/Personen des Jugend- und Gesundheitshilfesystems.

Durchführung, Umfang und Inhalte

An dem geplanten Gesundheitsprogramm konnten insgesamt 16 Kindertagesstätten als Modelleinrichtungen beteiligt werden, und zwar diejenigen, die in der o.g. Bestandsaufnahme einen uneingeschränkten Teilnahmewunsch geäußert hatten und die in Regionen angesiedelt sind, die bisher nicht in Modellprojekten des Gesundheitsamtes einbezogen waren. Dabei waren unterschiedliche Träger, Einrichtungsgrößen und Rahmenbedingungen vertreten.

In jeder beteiligten Einrichtung führte der Kinder- und Jugendgesundheitsdienst ein leitfadengestütztes Eingangsgespräch mit der Kindergartenleitung, um erweiterte Informationen zum individuellen Unterstützungs- und Beratungsbedarf zu erhalten. Auf Grundlage der dokumentierten Gesprächsergebnisse wurde für jeden Kindergarten ein spezifisches Angebotsprofil entwickelt, das die in dieser Einrichtung ermittelten gesundheitlichen Schwerpunkte aufgreift. Zugleich klärten die Gesprächspartner die Methodik sowie das Setting für die Zusammenarbeit ab und trafen erste Absprachen zur praktischen Durchführung. Dabei wurden folgende Grundsätze vereinbart:

- Mindestens eine einjährige Laufzeit, danach möglichst Fortsetzung in Eigenregie.
- Regelmäßige Arztsprechstunde des Jugendgesundheitsdienstes in Abhängigkeit von Größe, Klientel und Betreuungsbedarf in allen beteiligten Einrichtungen.
- Zuschneiden der Förderangebote auf die individuellen Bedürfnisse und Rahmenbedingungen der Kindertagesstätte mit kontinuierlicher Rückkoppelung zwischen allen Beteiligten.
- Maximal Bearbeitung von zwei Gesundheitsthemen gleichzeitig.

– Festlegung der Umsetzung von Maßnahmen durch klare Aufgabenverteilungen bzw. Übernahme von Handlungsverpflichtungen.
– Erstellung einer Materialsammlung zum Thema Gesundheit und zu ergänzenden lokalen Gesundheitsangeboten und Kooperationspartnern als Service für die Kindertageseinrichtungen.
– Dokumentation und Evaluation so weit es möglich ist.

Abbildung 3 gibt einen Überblick über die an der Projektentwicklung und Projektdurchführung beteiligten Fachkräfte und Institutionen.

Abb. 3: An der Entwicklung und Durchführung des Projekts FAKIR beteiligte Fachkräfte und Institutionen

Zeitrahmen

Die Gesamtlaufzeit des FAKIR-Projekts soll – die konzeptionellen und vorbereitenden Arbeiten der Arbeitsgruppe und der umsetzenden Institutionen nicht eingerechnet – 18 Monate betragen. Für die Abstimmung – Kooperations- und Koordinationsgespräche mit den Beteiligten, vor allem den Kindergartenteams – waren drei Monate vorgesehen; die Programmdurchführung in den Kindertagesstätten wurde im 2. Halbjahr 1999 mit einer Laufzeit von einem Jahr aufgenommen, im Herbst 2000 sollte die Auswertung und Erstellung eines Berichts folgen.

Benötigte und verfügbare Ressourcen

Für die gesamte Projektkoordination wie auch für die Organisation, Durchführung und fachliche Begleitung des FAKIR-Programms ist der Einsatz von professionellem Fachpersonal erforderlich. Die Federführung für die Realisierung dieser Aufgaben ist beim Gesundheitsamt angesiedelt.

Die Sicherstellung des Projektmanagements sollte ursprünglich durch die Einrichtung einer ABM-Stelle im Gesundheitsamt geleistet werden, was aber aufgrund veränderter Förderbedingungen des Arbeitsamtes nicht verwirklicht werden konnte. Die Leiterin der Geschäftsstelle „Ortsnahe Koordinierung" konnte aufgrund begrenzter zeitlicher Kapazitäten diese Aufgabe nur eingeschränkt übernehmen.

Die Verantwortung für die Entwicklung und den Einsatz des FAKIR-Programms in den Kindertagesstätten hatte der Kinder- und Jugendgesundheitsdienst in Absprache mit den Kindergartenleitungen. Für die Durchführung der jeweiligen Gesundheits- und Förderangebote wurden in Kooperation mit den Mitgliedern der Arbeitsgruppe externe Fachkräfte eingesetzt, und zwar des städtischen Sportamtes, des Mülheimer Turnvereins und des Zentrums für Frühförderung.

Die Finanzierung des Projekts erfolgte über laufende Personal- und Sachmittel des Gesundheitsamtes, über den Einsatz der Arbeitsgruppen-Mitglieder und der Mitarbeiterinnen und Mitarbeiter der Kindertagesstätten (getragen von deren Herkunftsinstitutionen). Ergänzend standen Gelder aus der „Ernst-Wendt-Stiftung" in Höhe von DM 90.000 für die mitwirkenden Honorarkräfte und für pädagogische Materialien zur Verfügung.

Allerdings reichten die vorhandenen personellen Ressourcen nicht aus, um die Projektanforderungen zufrieden stellend zu erfüllen. Die Aufgaben des Projektmanagements waren vielfältig und nicht „nebenbei" zu leisten. So galt es z.B. die Übersicht über Aktivitäten in 16 Kindergärten zu behalten, inhaltliche Absprachen und vertragliche Abwicklung mit durchführenden Partnern zu gewährleisten, eine *corporate identity* zu schaffen und für Öffentlichkeitsarbeit und Evaluation zu sorgen. Die Koordination im jeweiligen Kindergarten durch den zuständigen Jugendarzt setzte einen relativ hohen Zeiteinsatz voraus und stellte besondere Anforderungen im Hinblick auf Rollenverständnis, interdisziplinäres Arbeiten und Prozessorientierung.

Auch für die beteiligten Kindergärten war ein hohes Engagement notwendig, das angesichts enger Personaldecken nicht immer erbracht werden konnte. Die Erwartungen an das Projekt (Entlastung, Versorgung, umfassende Beratung) mussten der Wirklichkeit angepasst werden, zusätzlicher eigener Input und die Integration des Projekts in den Kindergartenalltag waren zu leisten.

Prozessorientierter, kooperativer Arbeitsansatz

Damit pädagogischer Alltag und die Förderung von Gesundheit Hand in Hand gehen, stellte FAKIR interessierten Kindergärten ein Paket unterstützender Angebote zur Verfügung. Kindergarten und Gesundheitsamt legten gemeinsam fest, in welcher Form die Bearbeitung der Themen ablaufen soll. Die Themen, die im Einzelnen als Angebote zur Auswahl standen, orientierten sich an den Befragungsergebnissen (s.o.), also Ernährung, Bewegung, Sprachentwicklung und Kommunikation, soziale Kompetenz, Früherkennungsuntersuchungen und allgemeine medizinische Beratung. Der methodische Zugang wurde gemeinsam mit dem Kindergartenteam präzisiert.

Folgende Arbeitsmethoden konnten u.a. eingesetzt werden:

— Beratungsgespräche zu allen Gesundheitsfragen, z.B. in Form von Arztsprechstunden, für Erzieherinnen, Eltern und Kinder,
— Multiplikatoren-Schulungen zu den o.g. Themen,
— Gruppenangebote für Kinder im Kindergarten, z.B. Motorikkurse oder Sprachfördergruppen,
— Elternabende oder aufsuchende, flexible Formen von Elternarbeit,
— Konzeptentwicklung, z.B. für bewegungsorientierte Gestaltung der alltäglichen Abläufe,
— Beratungen zur gesundheitsfreundlichen Raumgestaltung, zum Außengelände,
— Integration von gesundheitsbewusster Ernährung in den Kindergartenalltag, z.B. beim gemeinsamen Frühstück,
— Teambegleitung im Rahmen von Teamsitzungen zur Aufarbeitung der Gesundheitsthemen und bei Klärungsbedarf im Hinblick auf Spezialfragen, z.B. zu Allergien, gesunder Entwicklung, Hygiene usw.

Die Bereitstellung von Kontakten zu weiteren hilfreichen Organisationen oder Personen und die Verteilung von Informationsmaterialien ergänzte diese Palette.

Das Besondere an FAKIR ist, dass für jeden Kindergarten, der sich beteiligt, ein individuelles Angebot entwickelt wird, das auf seine Bedürfnisse, Möglichkeiten und Rahmenbedingungen zugeschnitten ist. In einem prozessorientierten, kooperativen Vorgehen wird erarbeitet, welche Maßnahmen umgesetzt werden und wie die Aufgabenverteilung aussieht. Laufende Rückkoppelungen ermöglichen eine Durchführung in Form eines „lernenden Projekts": Zwischen Planung und Praxis soll ein kontinuierlicher Kontakt bestehen und die Umsetzung sich verändernden Situationen vor Ort angepasst werden.

Evaluation

Die Evaluation des FAKIR-Projekts kann nur fragmentarisch vorgenommen werden, da hierfür keine personellen Kapazitäten zur Verfügung stehen. Leider wurde im Vorfeld keine wissenschaftliche Institution einbezogen, die die Evaluation hätte unterstützen können. Dies ist umso bedauerlicher, da der empirische Nachweis des Projekterfolgs zu einer verbesserten Ausgangslage für neue Projekte beitragen könnte.

Bei einer Bewertung der Projektstruktur ist das unzureichend übergreifende Projektmanagement negativ zu beurteilen, ebenso wie fehlende Strukturen für kurzfristige Rückkoppelungen. Die große Zahl der an der Umsetzung beteiligten Fachkräfte erschwerte es, Einheitlichkeit und laufende Qualitätskontrolle zu sichern. Hinzu kamen Vermittlungsprobleme zwischen den Fachkräften.

Im Hinblick auf die Prozessevaluation ist anzumerken, dass durch das notwendigerweise flexible, prozessorientierte und individualisierte Vorgehen ein laufender Überblick über das aktuelle Geschehen in jedem Kindergarten nicht gegeben war. Es wurde kein einheitliches System für die Dokumentation der jeweiligen Aktivitäten eingesetzt.

Es fanden ausschließlich offene Gespräche zur Ermittlung der Zwischenstände statt, die zwar protokolliert, aber nicht umfassend ausgewertet wurden. Eine geplante Befragung der beteiligten Kindertagesstätten zum Projektverlauf soll zumindest eine abschließende Bewertung ermöglichen.

Die notwendige Ergebnisevaluation hätte auf mehreren Ebenen ansetzen müssen. Für die Feststellung von Gesundheitsfortschritten bei den teilnehmenden Kindern fehlte es an Ressourcen für Begleitforschung, wie z.B. standardisierte Vor- und Nachuntersuchung aller Kinder plus Beobachtung einer Kontrollgruppe.

Wissenszuwächse, größere Handlungssicherheit und veränderte Kommunikation der Erzieherinnen sind kaum messbar, ebenso wenig wie Veränderungen im Kindergartenalltag. Hier Indikatoren festzulegen oder mittels qualitativer Ansätze die erzielten Effekte zu evaluieren, übersteigt die Möglichkeiten des Projekts. Im Hinblick auf die Bewertung der Elternarbeit erschweren unterschiedliche Kontakthäufigkeiten, Arbeitsansätze und die Vielzahl intervenierender Variablen eine Evaluation.

Abschließend ist festzuhalten, dass alle Projektbeteiligten davon überzeugt sind, dass die geleistete Gesundheitsarbeit in den Kindergärten zu sichtbaren Veränderungen bei Kindern, Erzieherinnen und im pädagogischen Alltag geführt hat. Die positiven Entwicklungen, die bei den Kindern zu beobachten sind, werden spätestens bei den nächsten Schuleingangsuntersuchungen erfasst. In welcher Weise Gesundheit einen veränderten Stellenwert in den Kindergärten hat, und ob eine Erhöhung der Gesundheitskompetenzen des Personals erreicht wurde, bzw. wie sie sich auswirkt, wird die Abschlussbefragung erhellen.

Projekterfahrungen im Hinblick auf die Arbeit in sozialen Brennpunkten

Die Arbeit im FAKIR-Projekt hat gezeigt, dass in der Arbeit mit sozial benachteiligten Familien Besonderheiten zu berücksichtigen sind, die sich wie folgt skizzieren lassen:

— geringe gesundheitliche Kompetenz und Informationsdefizite der Eltern,
— spezifische Kommunikationsformen sozial benachteiligter Familien,
— andere Problemwahrnehmung (andere Verhaltensnormen, Entwicklungsstandards),
— Ängste vor Stigmatisierung, amtlichem Eingriff etc.,
— Schwierigkeiten bei der Alltagsbewältigung, Überforderung durch/mit Erziehungs- und Förderaufgaben,
— Zugangsbarrieren zu Hilfeangeboten, die schwer überwindbar sind,
— geringe Frustrationstoleranz, schnelle Verunsicherung, aber auch Starrheit.

Daraus resultieren spezifische Herausforderungen an die Fachpersonen, die Gesundheitsförderung mit sozial benachteiligten Familien praktizieren. Sozial Benachteiligte sind in der Regel nur über einen vermittelten Zugang wie Schule, Kindertagesstätten, Jugendhilfeeinrichtungen, also über Institutionen oder Personen zu erreichen, zu denen bereits eine Vertrauensbasis besteht. Schlüsselpersonen haben hier eine große Bedeutung, und oft ist eine intensive Beziehungsarbeit notwendig, um einen kontinuierlichen Kontakt und entsprechende Veränderungen, z.B. des Erziehungs- oder Gesundheitsverhaltens, zu bewirken. Voraussetzungen für das Entstehen einer vertrauensvollen Beziehung sind:

— Akzeptanz der Lebensformen, Werte und Normen der Familien,
— Umsicht bei der Themenwahl, Empathie,
— Eingehen auf den hohen Aufklärungs-, Informations- und Beratungsbedarf,
— Sensibilität im Umgang mit bestimmten Begriffen,
— Strategieentwicklung für dauerhafte Motivierung (Feedback),
— Entwicklung neuer Arbeitsformen (zugehend).

Das bedeutet, dass die Gesundheitsarbeit mit dieser Zielgruppe zugleich ein Lernprozess sein muss, in dem durch *learning by doing* erprobt wird, wie Angebote zugeschnitten sein müssen, damit sie die Betroffenen überhaupt erreichen. Für diesen Lernprozess wünschen sich die Praktiker vor Ort Unterstützung durch die Gesundheitswissenschaft: sie sollte erforschen, welche Kompetenzen notwendig sind und welche Strategien sich als effektiv und nachhaltig erweisen.

Diskussion der Arbeitsgruppe:
Eigene Erfahrungen und weiterführende Perspektiven

Die nachfolgende Diskussion reflektierte die Erfahrung, dass Projekte von den beteiligten Partnern nicht als zusätzliche Belastung empfunden werden dürfen. Sie müssen an den Bedürfnissen ansetzen, und ihre Inhalte müssen ins Alltagshandeln übertragbar sein. Deshalb sollten direkt bei der Projektplanung die Erzieherinnen und Erzieher einbezogen und Erwachsene als (vermittelnde) Zielgruppe angesehen werden. Als wichtiger Aspekt wurde hervorgehoben, neue Formen der Kommunikation zu erproben und veranschaulichende Materialien zu benutzen.

Als Haupterfahrungen im Hinblick auf eine erfolgreiche Kindergartenarbeit in sozialen Brennpunkten wurden genannt:

- Einsatz unkonventioneller Methoden,
- nicht zu hohe Ansprüche haben, kleine Schritte als Erfolge sehen,
- Notwendigkeit praktischer und handfester Maßnahmen,
- Förderung ehrenamtlicher Mitarbeit,
- „Ohr an den Bedürfnissen" haben,
- Politiker aufmerksam machen.

Perspektiven

Die Teilnehmerinnen und Teilnehmer des Workshops formulierten folgende Forderungen:

- Der politische Wille zur Gesundheitsförderung muss stärker sein (Kinder als Priorität, Gesundheit als Priorität).
- Finanzielle Mittel sollen bereitgestellt werden.
- Ganzheitliche Ansätze sind notwendig.
- Poolfinanzierung sowohl durch Krankenkassen (§ 20 SGB V) als auch durch die öffentliche Hand ist sinnvoll, da es sich um eine gesamtpolitische Aufgabe handelt.
- Sponsoring soll in größerem Maße ermöglicht werden.

In einem offenen Gespräch wurden schließlich Wünsche bzw. Bedenken und Kritik geäußert. Dabei wurden folgende Punkte diskutiert:

- Aufgrund der massiven und vielfältigen Probleme sozial benachteiligter Kinder besteht ein allgemeines Ohnmachtsgefühl.
- Bei den politisch Verantwortlichen findet man häufig kein „offenes Ohr", und man muss diese direkt vor Ort auf die Probleme aufmerksam machen.
- Der Kindergarten wird häufig als ausgegrenzte Einheit betrachtet, in die von außen keine Inputs gegeben werden können bzw. sollen.
- Ein sehr großes Problem ist die ausreichende und dauerhafte Finanzierung von Gesundheitsprojekten.

Erfolgreiche Projekte, so die Gruppe, sollten keine eingeschränkte Laufzeit haben, sondern auf lange Sicht angelegt sein, um sich zu etablieren oder gar zu institutionalisieren.

3.2.2 Gesundheitsförderung im Kindergarten unter Berücksichtigung von Migrantenfamilien

Leitung: Mehmet Alpbek, Arbeitskreis Neue Erziehung, Berlin

Grundlage der Arbeitsdiskussion bildete eine Einführung in die Thematik durch den Leiter des Workshops. Die anschließende Diskussion war geprägt von einem regen Austausch an Erfahrungen, Informationen und Erkenntnissen der sehr gemischten Arbeitsgruppe.

Das Projekt „Interkulturelle Elternarbeit" – eine Einführung in die Thematik

Trotz der mehrheitlichen Entscheidung der in Deutschland lebenden türkischen Bevölkerung, dauerhaft in der Bundesrepublik zu bleiben, ist – nach einem über 40-jährigen Migrationsprozess – aufgrund der Vorenthaltung rechtlicher Gleichstellung eine strukturell eingeschränkte Handlungskompetenz und häufig eine soziale Isolation zu beobachten. Dies ist umso bemerkenswerter, wenn man bedenkt, dass die türkische Bevölkerung mit über zwei Millionen Menschen die größte Migrantengruppe in Deutschland darstellt.

Die Entwicklung der türkischen Bevölkerung in Deutschland zeigt eine vielschichtige Heterogenität von Familienkonstellationen mit unterschiedlichen Sozialisations- und Migrationserfahrungen und Lebensumständen. Die Veränderungen, die im Verlauf der Migration stattfanden, brachten schwerwiegende Folgen für Erziehungsvorstellungen und Erziehungspraktiken. Beratungserfahrungen mit türkischen Eltern weisen zudem darauf hin, dass die Bedeutung von Erziehung als Handlungskategorie vielen Eltern oft nicht ausreichend bewusst ist.

Zielsetzung des Projekts

Bereits in den 80er Jahren hatte der Arbeitskreis Neue Erziehung (ANE) ein Projekt entwickelt, um türkische Eltern bei ihren Fragen zur Erziehung zu unterstützen. Die spezifischen Erziehungsanforderungen an türkische Familien und die unzureichende Versorgung mit Unterstützungs- und Beratungsangeboten veranlassten ANE, 1996 das Projekt „Interkulturelle Elternarbeit" zu initiieren. Ein weiterer Grund für den Arbeitskreis Neue Erziehung, ein neues Projekt zur Unterstützung von Eltern türkischer Herkunft ins Leben zu rufen, war das Anfang der 90er Jahre in Kraft getretene Kinder- und Jugendhilfegesetz (KJHG), das in § 1 den Anspruch jedes jungen Menschen „auf Förderung (seiner) Entwicklung und auf Erziehung zu einer eigenverantwortlichen und gemeinschaftsfähigen Persönlichkeit" festschreibt.

Das Projekt hat zum Ziel, Eltern türkischer Herkunft bei ihrer Erziehungsaufgabe durch verschiedene Angebote zu unterstützen, ihre Handlungskompetenz zu stärken und durch die Vernetzung von deutschen und türkischen Elternorganisationen ein gleichwertiges Miteinander von MigrantInnen und Aufnahmegesellschaft zu erreichen. Für alle Angebote, die durch das Projekt entwickelt werden, gilt, dass sie an der unmittelbaren Lebensrealität der türkischen Minderheiten ansetzen, ihren Migrationserfahrungen und Widersprüchen Rechnung tragen, interkulturell und keinesfalls defizitorientiert sind.

Um seine Ziele zu erreichen, verfährt das Projekt mehrgleisig und möglichst „multimedial". Dies wird u.a. verwirklicht
– durch eine intensive Öffentlichkeitsarbeit, mit der das Thema frühkindliche Erziehung in die türkische Gemeinde getragen werden soll,
– durch individuelle, reflexive Ansprache mittels eigens entwickelter Elternbriefe und
– durch die Initiierung und Moderation einer türkisch-deutschen Infrastruktur, die vernetzt arbeitet und ihre Angebote auf die Bedürfnisse der Migranteneltern abstimmt.

Die Angebote des Projekts werden den Eltern zweisprachig zur Verfügung gestellt, was auch der Lebensrealität der in Deutschland lebenden türkischen Bevölkerung entspricht.

Das Projekt versucht, bei seiner Arbeit die neueren Ansätze für die Elternarbeit mit Migranten zu nutzen, die darauf abzielen, das Selbstbewusstsein der Minderheitengruppen zu stärken, ihre Partizipationsmöglichkeiten zu erweitern sowie die Vernetzung von Migrantenorganisationen zu unterstützen.

Die aktuellen Angebote des Projekts „Interkulturelle Elternarbeit"
Die aktuellen Angebote umfassen im Wesentlichen:

- die türkisch-deutschen Elternbriefe,
- ein Fortbildungsangebot zur Qualitätsentwicklung in türkischen Vereinen sowie
- eine praxisbegleitende Fortbildung für ErzieherInnen zur Erweiterung der interkulturellen Kompetenz.

- **Türkisch-deutsche Elternbriefe**
Die türkisch-deutschen Elternbriefe stehen in der Tradition der bekannten Elternbriefe des Arbeitskreises Neue Erziehung. Ihre Inhalte werden unter Beteiligung eines großen Kreises aus Expertinnen und Experten (mehrheitlich türkischer Herkunft) entwickelt und erzählen die Geschichte einer Kleinfamilie türkischer Herkunft in Deutschland. Die Elternbriefe behandeln wichtige Fragen zur frühkindlichen Erziehung (0–6 Jahre), die junge Eltern interessieren. Die Geschichte(n) werden von dem Kinder- und Jugendbuchautor Kemal Kurt in türkischer Sprache geschrieben und ins Deutsche übersetzt. Die Darstellung der Familie und ihrer Erlebnisse rund um den Erziehungsalltag stieß bereits nach dem dritten Brief auf eine sehr positive Resonanz. Eine große Mehrheit stimmte mit den Erziehungseinstellungen und -maßnahmen, die in den Briefen befürwortet werden, überein.

Bisher sind neun türkisch-deutsche Elternbriefe[1] mit folgenden Themenschwerpunkten erschienen: Die ersten Jahre nach der Geburt (Ernährung, Schlafen, Vorsorge etc.), Sprachentwicklung/Bilingualität, Selbständigkeit/geschlechtsspezifische Erziehung, vorschulische Erziehung/Kindergarten, Grenzen setzen, Zweisprachigkeit, Heimat sowie Geschwisterbeziehungen.

Das Thema Gesundheit/Gesundheitsförderung nahm gleich beim ersten türkisch-deutschen Elternbrief einen besonderen Platz ein. Neben Fragen wie Stillen, Schlafgewohnheiten oder die Vorsorgeuntersuchungen wurden hierbei auch die migrantenspezifischen Probleme wie Generationskonflikte (Einmischung von Älteren; Schwiegermutter-/Schwiegertochter-Problematik) oder traditionelle Gewohnheiten bei der Kinderpflege aufgegriffen.

- **Qualitätsentwicklung in türkischen Vereinen (Fortbildungsangebot)**
Ziel der Fortbildungen ist es, die MitarbeiterInnen der türkischen Vereine, die mit Eltern arbeiten, für Fragen der frühkindlichen Erziehung zu sensibilisieren. Durch die Fortbildungen sollen sie für ihre Arbeit wichtige pädagogische Grundlagen sowie Kenntnisse und Instrumentarien für die Umsetzung des erworbenen Wissens in ihren Vereinen erhalten.

Untersuchungen während der ersten Projektphase hatten gezeigt, dass es eine vom Projekt erwartete Vernetzung türkischer Elternvereine untereinander ebenso wenig gab wie mit den deutschen Einrichtungen der Kinder- und Jugendhilfe. Die Thematik der frühkindlichen Erziehung nimmt in der aktuellen Arbeit der Vereine kaum Platz ein. Die bestehenden Angebote beginnen eher ab dem Eintritt in die Grundschule. Türkischen Vereinen wird deshalb ein Fortbildungspaket zu den Themenkomplexen „Frühkindliche Entwicklung" und „Vereinsentwicklung" angeboten. Die Umsetzung dieses Fortbildungsprogramms erfolgt bundesweit in sechs Regionen (Berlin, Hamburg, Hannover, München, Nordrhein-Westfalen, Stuttgart) und wird durch ein umfangreiches Qualitätsentwicklungsprogramm, durchgeführt von der Universität Köln, begleitet.

- **Praxisbegleitende Fortbildung für Erzieherinnen und Erzieher zur Erweiterung der interkulturellen Kompetenz**
Fehlende interkulturelle Kompetenz bei der Arbeit in vorschulischen Erziehungseinrichtungen mit hohem Migrantenanteil führt häufig zu einer Überforderung der Erzieherinnen und Erzieher, die sich negativ auf deren pädagogische Arbeit auswirkt.

Eine praxisbegleitende Fortbildung soll das Interesse an interkultureller Erziehung fördern sowie neue Perspektiven für den Erziehungsalltag vermitteln. Die ersten Erfahrungen mit diesem aufwendigen Fortbildungsangebot zur Erweiterung der interkulturellen Kompetenz wurden in den vergangenen zwei Jahren in bezirklichen Kindertagesstätten des Jugendamts Berlin-Schöneberg gemacht und liegen dokumentiert vor.[2]

---

1 Aktualisierter Stand Februar 2002.

2 *Dokumentation der praxisbegleitenden Fortbildung zur Erweiterung der Interkulturellen Kompetenz.* Berlin, 1999.

Das Projekt plant langfristig auch die Nutzung neuer Medien (Internet, CD-ROM etc.), um neue Angebote für interessierte Eltern und Fachkräfte bereitzustellen.[3]

Finanzierung

Das Projekt „Interkulturelle Elternarbeit" wird im Wesentlichen durch Mittel der niederländischen Bernard-van-Leer Foundation (BvLF) gefördert. Für die Umsetzung weiterer Bausteine des Projekts konnten Mittel von der Deutschen Klassenlotterie, Berlin, der Stiftung Deutsche Jugendmarke, Jugend- und Familienstiftung, Berlin, dem Deutschen Hilfswerk und dem Bundesfamilienministerium eingeworben werden.

Zusammenfassung der Diskussion in der Arbeitsgruppe und Perspektiven

Ausgangsthesen und Fragen

Für die Diskussionsrunde der Teilnehmerinnen und Teilnehmer des Workshops wurden die folgenden Fragen aufgestellt:

— Welches Verständnis von Gesundheit und Gesundheitsförderung (für ihre Kinder) haben Migranteneltern?
— Erfahren Migrantenkinder zu Hause eine altersgemäße Förderung – z.B. in der Bewegungsentwicklung?
— Haben Migranteneltern eine andere Einstellung zur Medikamenteneinnahme und Teilnahme an Vorsorgeuntersuchungen?
— Ist Gesundheitsförderung ein schichtspezifisches oder kulturelles Problem?
— Sind Migranteneltern zu wenig informiert?
— Haben Migrantenfamilien ein anderes Verständnis von Erziehung im Kindergarten?
— Welche Funktion haben ErzieherInnen in diesem Zusammenhang?

Zur Klärung des Begriffs Migranten (was/wer sind Migranten?) wurde zu Beginn der Diskussion festgestellt, dass es sehr unterschiedliche Migrantengruppen (Arbeitsmigranten mit langer Aufenthaltsdauer, Flüchtlinge etc.) und mit unterschiedlichen Bedürfnissen gibt. Gleichzeitig wurde – insbesondere durch die aus der Praxis stammenden Teilnehmerinnen und Teilnehmer der Gruppe – betont, dass es sowohl bei deutschen Eltern wie auch bei Migranteneltern vergleichbare schichtspezifische Verhaltensweisen gibt. Diese Feststellung schließt jedoch nicht aus, dass Migranten in vielen Fragen der Gesundheitsförderung – kulturspezifische – Unterschiede aufweisen.

Wenn man mit Migrantenfamilien arbeitet, so wurde in der Arbeitsgruppe betont, ist es besonders wichtig, ihren kulturellen Hintergrund, Bildungsstand und ihre Lebens-

---

3 Aktuelle Informationen finden sich im Internet unter www.arbeitskreis-neue-erziehung.de

bedingungen zu berücksichtigen, da hierdurch bereits viele Vorurteile und auch Missverständnisse abgebaut werden können.

Es ist wichtig, Zugangswege zu schaffen. Als Möglichkeiten und Beispiele hierfür wurden genannt:
— Anschreiben der Migrantenfamilien in ihrer Muttersprache (z.B. durch Elternbriefe),
— freundlichere Gestaltung offizieller Schreiben, z.B. die Aufforderung zur Impfvorsorge, und äußerliche Abschwächung eines zu starken amtlichen Charakters,
— gemütlichere Gestaltung der Elternabende, so dass sich die Eltern wohl fühlen und nicht das Gefühl haben, sie säßen auf einem Amt,
— Besuche bei den Familien in ihren Wohnungen,
— Kursangebote – z.B. in Kooperation mit Einrichtungen des Gesundheitsamtes (Zugänge können z.B. über Nähkurse u.Ä. geschaffen werden, in deren Rahmen auch Themen wie Gesundheitsförderung angesprochen werden),
— bei Familien, die sich illegal aufhalten, erst einmal Vertrauen schaffen,
— Kontakte zu Migrantenvereinen als Vermittler und diese durch Fördermaßnahmen in die Lage versetzen, diese Aufgaben zu übernehmen.

Migranteneltern haben, wie in der Diskussion festgestellt wurde, hohe Erwartungen an den Kindergarten und die pädagogischen Kräfte. Diese Erwartungshaltung wird u.a. durch den Druck verstärkt, die Kinder auf die Schule vorzubereiten und die deutsche Sprache zu lernen. Oft können die Erzieherinnen und Erzieher diese Aufgabe jedoch nicht bewältigen, da sie auf eine interkulturelle Arbeit nicht vorbereitet sind. Abhilfe könnten hier folgende Vorschläge schaffen:
— Alle Erzieherinnen und Erzieher sollten in den Fortbildungen für Fragen der interkulturellen Arbeit sensibilisiert und ihnen somit Zugangswege zu den Migranteneltern und -kindern geöffnet werden.
— Die Erzieherinnen und Erzieher sollten – bei ihrer täglichen Arbeit mit nichtdeutschen Kindern und Eltern – der fremden Kultur und Sprache gegenüber Akzeptanz zeigen (man sollte z.B. nicht gleich beleidigt sein, wenn Kinder untereinander ihre Muttersprache sprechen).
— Sie sollten in die Lage versetzt werden – z.B. durch Fachberatungen –, abweichende Verhaltensweisen der Kinder zu verstehen.

Darüber hinaus sollten verstärkt muttersprachliche Erzieherinnen und Erzieher in die Kindergartenarbeit einbezogen werden, da diese häufig bereits viele Missverständnisse abbauen, Verhaltensweisen, die man nicht kennt, erläutern und eine Reihe offener Fragen beantworten können. Sie könnten Defizite in der Muttersprache der Kinder feststellen und dadurch helfen, Sprachprobleme im Deutschen besser zu beurteilen. Das Problem hierbei ist, dass nur wenige ausländische Erzieherinnen im öffentlichen Dienst eingestellt werden und die interkulturelle Kompetenz, die diese in ihre Arbeit einbringen könnten, leider nicht als Fachkompetenz angesehen wird.

Resümee der Arbeitsgruppe

- Es müssen Zugangswege zu den Migrantenfamilien gesucht werden. Die unterstützenden Institutionen dürfen nicht warten, dass die Migranten zu ihnen kommen.
- Die Migranten(eltern) müssen ihre vorhandenen Kompetenzen aufgezeigt bekommen und darin unterstützt werden, diese zu nutzen.
- Eine bundesweite Vernetzung muss stattfinden (bestehende Info-Netze sind z.B. die bundesweite AG-Migration oder der Info-Dienst Migration und Öffentliche Gesundheit der BZgA) und für alle Organisationen, die in der Migrantenarbeit tätig sind, erreichbar werden.
- Migrantenvereine müssen an die Öffentlichkeit treten und Verantwortung übernehmen. Dafür müssen sie aber auch eine öffentliche Förderung zur Entwicklung ihrer Infrastruktur bekommen.
- Medien in den jeweiligen Muttersprachen müssen geschaffen werden, die die kulturspezifischen Eigenschaften verschiedener Migrantengruppen berücksichtigen. Eine bloße Übersetzung der vorhandenen deutschen Materialien ist nicht ausreichend.

3.2.3 Gesundheitliche Auswirkungen sozialer Benachteiligung bei Kindern – Umsetzung von Empfehlungen unter besonderer Berücksichtigung von Elternarbeit

Leitung: Margarete Mix, Gesundheitsmanagerin, Kindergartenleiterin, Hamburg
Ursula Dirksen-Kauerz, Behörde für Umwelt und Gesundheit, Hamburg

Arbeitsgrundlage des Workshops bildete der Bericht über ein Hamburger Projekt zum Vergleich von Kindergärten aus der Ober- und Mittelschicht und einem sozialen Brennpunkt (Leitung Frau Dr. Dirksen-Kauerz) sowie der Vergleich eines Kindergartens aus der Oberschicht mit einer Einrichtung aus einem sozialen Brennpunkt von Frau Mix. Vor dem Hintergrund dieser Berichte diskutierte die Arbeitsgruppe, auf welche Weise und von wem Hilfe zur Verbesserung der Situation in sozialen Brennpunkten geleistet werden könnte.

Hamburger Studie zu gesundheitlichen Auswirkungen sozialer Benachteiligung bei Kindern
Ursula Dirksen-Kauerz

In der Eröffnungsrede der Jahrestagung 1999 der Deutschen Gesellschaft für Sozialpädiatrie forderte Professor von Voß, der Leiter des Sozialpädiatrischen Zentrums in München und Nachfolger von Professor Hellbrügge, die Zuhörer auf, im Zusammenhang mit der medizinischen und gesellschaftlichen Versorgung von Kindern mehr soziale Aufgaben zu übernehmen.

Dies steht in Einklang mit den Zielsetzungen der Gesundheitsministerkonferenz (GMK). Die Hamburger Arbeitsgruppe zur Umsetzung der Empfehlungen der GMK setzte hierzu einen Startimpuls: Mitte 1999 besuchten wir eine Kindertagesstätte im Bereich des sozialen Brennpunkts der Hamburger Innenstadt, wo wir uns vor Ort mit den Bedingungen und den Besonderheiten der Situation der Kinder, Eltern und ErzieherInnen vertraut machten. Bei dieser Gelegenheit wurde der Grundstein gelegt für unsere Studie, deren Ergebnisse nachfolgend vorgestellt werden.

An der methodisch umfassenden Pilotstudie beteiligten sich verschiedene Kooperationspartner: die Universitätsklinik Hamburg-Eppendorf mit Herrn Prof. Heß, Phoniater und Pädaudiologe, und seine MitarbeiterInnen (HNO-Arzt, Logopädin, Psychologin, Audiometristin, Doktorandin), Frau Dr. Ravens-Sieberer, Abteilung für medizinische Psychologie der Universitätsklinik, das Amt für Gesundheit und Verbraucherschutz der damaligen Behörde für Arbeit, Gesundheit und Soziales mit verschiedenen MitarbeiterInnen sowie drei Hamburger Kindergärten aus oberster Mittelschicht, unterer Mittelschicht und sozialem Brennpunkt.

Untersuchungsbausteine und Ablauf

Die Untersuchungen umfassten eine Sozialanamnese, die Erhebung der psychosozialen Belastungsfaktoren, der Lebensqualität (Eltern- und Kinder-Rating), Vineland-Skalen sozialer Reife, Motorik-Test (MOT), Sehtest, Sprachtest, Hörtest und eine Burn-out-Untersuchung der ErzieherInnen (Befindlichkeit, Depressivität, Belastungsfaktoren, biographische Anamnese).

Der Ablauf der Studie schloss zunächst Beratungen der Kooperationspartner über Methodik, Ressourcen und Abstimmung des Zeitplans ein. Dem folgte die Beratung mit den ErzieherInnen vor Ort mit Ergänzungen und Modifikationen. Ein Elternbrief mit Abfrage zum Einverständnis wurde verteilt und ein Elternabend mit Erklärungen, Vorstellung der Untersuchungsplanung und Gelegenheit zu Diskussion und Fragen durchgeführt. Erst dann folgten die Untersuchungsserien mit Befunddokumentation.

Ein individuelles Beratungsangebot für Eltern und ErzieherInnen wurde nach Vorliegen der Untersuchungsergebnisse bekannt gemacht und von vielen Seiten genutzt. Zuletzt erfolgte die gesammelte (anonymisierte) Ergebnisrückmeldung an die ErzieherInnen mit schriftlichen Empfehlungen zu Kooperationen oder Angebotserweiterungen vor Ort.

Ergebnisse

Kinder der obersten Mittelschicht zeigten keinen Ergänzungsbedarf an Sehhilfen oder Korrekturen, während Kinder aus dem sozialen Brennpunkt 40% Auffälligkeiten des Sehvermögens aufwiesen.

Die Untersuchung der Motorik ergab in allen Schichten nahezu identische Befunde bezüglich der motorischen Fähigkeiten. Im Bereich der Mittelschicht zeigten besonders junge Kinder eine erstaunlich hohe emotionale Stabilität. Deutlicher Korrekturbedarf zeigte sich bei Tätigkeiten wie Werfen, Fangen, Sprungübungen.

In der Kindertagesstätte des sozialen Brennpunkts konnten 20% deutsche und 80% ausländische Kinder untersucht werden. Diese Kinder waren motorisch deutlich weniger ausgelastet bei primär großer Bewegungsfreude. Lediglich 9% dieser Kinder (gegenüber 65% der Kinder aus der obersten Mittelschicht) waren in einem Sportverein. Sowohl bei der Gruppe der deutschen Kinder als auch der ausländischen Kinder fiel beim Befolgen von Aufgabenstellungen eine erhebliche Sprachbarriere auf. Für diese Kinder stand eine Einschulung im Sommer 2000 bevor.

Im Bereich des sozialen Brennpunkts waren 88% der Kinder erheblichen psychosozialen Belastungsfaktoren ausgesetzt, während dies in der obersten Mittelschicht auf 45% der Kinder und in der untersten Mittelschicht auf 56% der Kinder zutraf, wobei sich die Qualität der Belastungen deutlich unterschied. Besonders auffällig war, dass Kinder der obersten Mittelschicht insbesondere durch Krankheiten und Behinderungen psychischer und physischer Art in der Familie betroffen waren und Beeinträchtigungen aufwiesen. Eine Publikation von Professor Riedesser, Kinder- und Jugendpsychiater der Universitätsklinik Hamburg, griff diese Thematik 1999 in einem Beitrag im Deutschen Ärzteblatt auf.[1]

Die Selbsteinschätzung der Lebensqualität durch die Kinder bestätigte die Beeinträchtigung durch die psychosozialen Belastungsfaktoren: 64% der Kinder des sozialen Brennpunkts gegenüber 9% der Kinder der obersten Mittelschicht sagten aus, dass sie sich „dauernd krank" fühlten.

Bedingt durch Arbeitslosigkeit, instabile soziale Beziehungen infolge von Migration und andere besonders schwierige Bedingungen auch der Eltern in Stadtteilen des sozialen Brennpunkts sind Kinder hier ganz besonders von Krankheiten und Behinderungen bedroht. Im häuslichen Umfeld der Kinder bestehen keine ausreichenden Fördermöglichkeiten, was insbesondere für die Sprachentwicklung wie auch für andere gesundheitliche Risiken (im Bereich Sehen, Hören, Bewegen, seelische Entwicklung) gilt. Die differenzierten Ergebnisse der Hör- und Sprachuntersuchung sind Gegenstand einer Promotionsarbeit und werden an anderer Stelle publiziert.

Das Erlernen der Zweitsprache Deutsch – in diesem Falle bei 80% der Kinder aus dem sozialen Brennpunkt – ist abhängig von einem sicheren Umgang mit der Muttersprache. Daher ist aus unserer Sicht eine intensive Sprachförderung in der Muttersprache wie auch in der Zweitsprache bereits im Elementarbereich unverzichtbar. Andernfalls ist vorgegeben,

---

1 Prof. Dr. med. Peter Riedesser, Prof. Dr. med. Michael Schulte-Markwort: „Kinder körperlich kranker Eltern: Psychische Folgen und Möglichkeiten der Prävention." *Deutsches Ärzteblatt 96*, Heft 38 vom 24.9.99, Seite A-2353.

dass gerade diese Kinder bei normaler Intelligenz wegen mangelndem Sprachverständnis auf Regelschulen scheitern. Hier jedoch werden die Weichen für eine spätere Sozialisation gestellt – und dies ist eine Aufgabe für uns alle.

Entsprechend den Erfahrungen und Berichten der ErzieherInnen ist eine verstärkte Vertrauensbildung zu den Eltern von Kindern aus sozialen Brennpunktregionen erforderlich. Es gilt, Kooperationspartner zu gewinnen und Maßnahmen umzusetzen.

Als Resümee unserer Studie in den drei Hamburger Kindergärten aus verschiedenen sozialen Schichten wurden Vorschläge zur Koordination und Angebotserweiterung vor Ort aufgelistet. Im Vordergrund stand dabei die sozialpädagogische Beratung (Hilfen für Kinder und Familien) und eine Erweiterung des Angebots im Elementarbereich, um die Psychomotorik zu fördern.

Empfehlungen der GMK-Steuerungsgruppe Hamburg

Eine durch die Steuerungsgruppe „Gesundheitsministerkonferenz" in Hamburg durchgeführte Tagung hatte die Chancengleichheit bei der gesundheitlichen und sozialen Versorgung von Kindern zum Thema. Akteure der gesundheitlichen und sozialen Versorgungsstrukturen erarbeiteten hierzu Qualitätsziele in Form von folgenden Empfehlungen:

— Regionale Kooperation von Akteuren der gesundheitlichen und sozialen Versorgungsstruktur (Schaffung von Voraussetzungen zur Kontaktaufnahme und Kooperation).
— Eingliederung des Gesundheitsförderungsprogramms in das Programm der sozialen Stadtteilentwicklung.
— Ausbau einer bürgernahen Frühförderung.
— Zielgerichtete Zusammenarbeit zwischen Gynäkologen, Kinderärzten, Hebammen, Mütterberatungsstellen, Krankenhäusern und anderen Kooperationspartnern.
— Verstärkte Angebote im Aus- und Fortbildungsbereich zur Förderung pädagogischer, psychologischer, psychosozialer und methodischer Kompetenzen der beteiligten Partner.
— Einbezug von Institutionen und Personen außerhalb des Gesundheitsbereichs zur Vermittlung gesundheitsbezogener Informationen.

Vergleich der Struktur einer Tagesstätte aus einem sozialen Brennpunkt mit einem Kindergarten aus der Oberschicht und die Auswirkung auf die Elternarbeit

Magarete Mix

Die Ergebnisse der Studie machen betroffen und zeigen, wie sehr Kinder beider Schichten auf ihr Umfeld und die Einflussfaktoren reagieren und dementsprechende Auffälligkeiten zeigen. Besonders das enge Umfeld des Kindes, die Familie, ist heute starken gesellschaftlichen, wirtschaftlichen und ökologischen Einflüssen unterworfen. Davon sind sowohl die Familien der Oberschicht als auch die Familien aus dem Brennpunkt in unterschiedlicher Weise betroffen und die Kinder reagieren wie gesundheitliche „Seismographen".

Für den Aufbau von Bewältigungsmustern für das tägliche Leben kommt der Familie eine Schlüsselrolle zu, doch häufig sind die Eltern dabei in ihrer Vorbildfunktion überfordert. Die Kindertagesstätte mit ihrem familienergänzenden Auftrag ist gefordert, nicht nur das individuelle Anliegen und Bedürfnis des Kindes zu berücksichtigen, sondern auch dessen Familie und das Umfeld mit einzubeziehen. Erst eine Interaktion zwischen den Bezugsebenen Kind – Familie – Umwelt ermöglicht eine ganzheitliche Gesundheitsförderung. Diese Arbeit kann eine Erzieherin nur leisten, wenn sie gute Kenntnis vom Umfeld des Kindes besitzt und eine gezielte Zusammenarbeit mit den Eltern möglich ist.

Die Rahmenbedingungen der beiden Kindertagesstätten zeigen deutlich, wie unterschiedlich die Lebenswelten der Kinder in den beiden Regionen sind und dass effiziente Elternarbeit nur gelingen kann, wenn die Form der Elternarbeit darauf abgestimmt wird.

Vergleichende Analyse/Strukturunterschiede der Kindertagesstätten

In der nachfolgenden Übersicht werden die Ergebnisse der vergleichenden Analyse beider Kindertageseinrichtungen einander gegenübergestellt.

Einrichtung:	Kindergarten St. Bernard Hamburg-Poppenbüttel Halbtagseinrichtung mit 4 Mitarbeiterinnen	Kita – Karo – Kids Hamburg-Karolinenviertel Ganztagseinrichtung mit 10 Mitarbeiterinnen, Voll- und Teilzeit
Träger:	Kath. Kirchengemeinde St. Bernard	Vereinigung städtischer Kindertagesstätten e.V
Einzugsgebiet:	7 Stadtteile im Umfeld	Stadtteil Karolinenviertel
Anzahl Kinder:	3 Gruppen mit 62 Elementarkindern, Alter 3–4 Jahre	Gruppen mit 44 Elementarkindern, Alter 3–6 Jahre 44 Schulkinder, Alter 6–15 Jahre
Nationalität:	Kinder aus 4 Nationen, davon • 57 Deutsche • 2 Polen • 2 Portugiesen • 1 Franzose	Kinder aus 16 Nationen, davon • 65 Türken • 15 Jugoslawen (Bosnier, Kroaten, Romas) • 2 Deutsche • 2 Ghanaer • 1 Koreaner u.a.m.
Teilnahme an der Studie:	58 Kinder	42 Kinder
Wohn- verhältnisse:	• Im Grünen gelegen • Überwiegend Einfamilienhäuser auf großen Grundstücken	• In der Stadtmitte • Mehrgeschossige Häuser mit Sozialwohnungen

	• Meist Eigentum, nur einige Mietwohnungen • Freunde können überwiegend nur mit dem Auto erreicht werden	• Kleine Wohnungen mit vielen Familienmitgliedern • Freunde können zu Fuß besucht werden
Familien-situation:	• 50% der Eltern verfügen über ein hohes, 40% über ein mittleres und ca. 10% über ein eher niedriges Einkommen • 28% Doppelverdiener • Keine Sozialhilfeempfänger • Keine Arbeitslosigkeit	• 80% der Eltern haben ein unteres Einkommen • 70% der Eltern haben eine Aufenthaltsgenehmigung • 30% haben nur einen geduldeten Aufenthaltsstatus • Viele Eltern sind Analphabeten
Pädagogische Arbeit:	• Weiterentwickelter Situationsansatz • Religionspädagogische und suchtpräventive Ausrichtung • Aufnahme von neuen Kindern im Herbst • Die Kinder können Tagesablauf und Aktionen mitbestimmen • Die Kinder „reden mit" • Alle Kinder werden mit dem Auto gebracht	• Offene Kindergartenarbeit • Aufnahme von Kindern das ganze Jahr über • Zur Vermeidung von Überforderung prägen einfache, klare Strukturen den Tagesablauf • Die Kinder sprechen schlechtes Deutsch • Alle Kinder kommen zu Fuß

Elternarbeit:	• Eltern sind Erziehungspartner
	• Vielfältige Facetten von Elternarbeit:
	  – Elterngespräche
	  – gemeinsame Festplanung und -gestaltung
	  – Ausflüge, Projekte
	  – Sponsoring durch Eltern
	  – Themen-Elternabende
	  – Gruppenabende
	• Rahmenplan hängt zur Info aus
		• 14 Tage „sanfte" Eingewöhnung der Kinder mit Müttern
		• Kontakt zu Eltern der Elementarkinder
		• Wenig Kontakte zu Eltern von Schulkindern
		• Keine Terminabsprache für Elterngespräche möglich
		• Eltern erwarten sofortige Anhörung
		• Vier Familienfeste im Jahr

Kooperation:	• Kontaktpflege zu vielen Kooperationspartnern (nahe gelegene Kindergärten, Schulen, Kinder- und Zahnarzt, Polizei, Firmen, öffentliche und kommunale Einrichtungen etc.)	• Kontakt zu kommunalen Einrichtungen
Probleme:	• Zeitaufwand für Elternarbeit steigt (Ursache: Unsicherheit der Eltern in Erziehungsfragen, Hilflosigkeit in der eigenen Lebensbewältigung) • Leistungsdruck und Tempo der Lebensführung der Eltern wird auf Kinder übertragen • Gedrängte, fremdbestimmte Tagesabläufe	• Völlig abweichende Erziehungsvorstellungen der Eltern von denen der Kita • Erziehungsvorstellungen sind abhängig davon, ob die Eltern in der 1., 2. oder 3. Generation in Deutschland leben • Hierarchisches, autoritäres Verhalten der Eltern

	• Altersunspezifische Leistungsforderungen • Reizüberflutung durch „wohl gemeinte" Freizeitangebote • Überfrachtung von Angeboten wie Musik, Sport, Ballett, Malen etc. • „Inseldasein" von nur 45-Minuten-Angeboten verdrängt Experimentiermöglichkeiten • Verwöhnung und Überbehütung der Kinder • Hoher Anspruch an gesunde Ernährung • Inkonsequenz beim Einhalten von Absprachen • Grenzensetzen wird von Eltern oft als Intoleranz und Druck verstanden • Kind als Auto-Mitfahrer leidet an Bewegungsarmut und wird unsicher im Verkehrsverhalten	• Je nach Familiensituation findet eine Über- oder Unterversorgung statt • Türkische Männer und Roma-Männer akzeptieren die Autorität der Erzieherin nicht, folglich auch nicht deren Söhne • Jeder Roma-Verband setzt andere Werte • Roma-Kinder verhalten sich völlig strukturlos • Gerechte individuelle Behandlung des Kindes unter Berücksichtigung der gemeinsamen Regeln ist kaum möglich • Fehlernährung durch Fastfood • Mühsames Ringen, die Eltern zu einem Gespräch oder zur Mitarbeit zu bewegen
Probleme der Erzieherinnen:	• Ihnen fehlt Zeit, um den Kindern verloren gegangene Freiräume zu ersetzen • Sie werden von den Eltern als Vertraute, Fachfrau, Eheberaterin und Therapeutin in Anspruch genommen • Sie fühlen sich überfordert und als Einzelkämpferin	• Sie leben in zwei völlig verschiedenen Welten • Die Arbeit ist aufreibend und sie fühlen sich ausgelaugt • Sie wechseln häufig den Arbeitsplatz • Sie reduzieren ihren Sprachschatz • Sie wehren sich gegen den Verlust ihrer Maßstäbe • Sie verlieren den Überblick für die Weiterentwicklung pädagogischer Ansätze

Zusammenfassung der Arbeitsergebnisse des Workshops

Vor dem Hintergrund der vorgestellten Studienberichte und Empfehlungen konzentrierte sich die Arbeit der Teilnehmerinnen und Teilnehmer des Workshops auf folgende Fragen:
(1) Wer muss/kann/könnte helfen?
(2) Wie soll/kann/könnte geholfen werden?

1. Wer muss/kann/könnte helfen?

Um Chancengleichheit bei der gesundheitlichen und sozialen Versorgung von Kindern zu erreichen, ist nach Meinung der Arbeitsgruppe die Hilfe aus nahezu allen gesellschaftlichen Bereichen notwendig. Neben dem unmittelbaren Wohnumfeld – Nachbarschaft wie auch soziales Umfeld –, Kultur- und Kirchenvereinen sowie Sport- und Interessenvereinen sind hier insbesondere auch Ämter, Behörden, Verbände und Träger von Kinder- und Jugendeinrichtungen gefordert. Als wichtiger Aspekt wurden in diesem Zusammenhang die Verknüpfung und Vernetzung der Einrichtungen und die Durchführung gemeinsamer Projekte genannt.

2. Wie soll/kann/könnte geholfen werden?

In Bezug auf die gegenwärtige Situation der Kinder wurden als Maßnahmen zur Verbesserung ihrer Bedingungen vorgeschlagen:

- Vergrößerung des Bewegungsraums für Kinder auf allen Ebenen (Kindertagesstätte, Stadtteil, Wohnungsbau),
- Angebot kostenloser Deutschkurse für Kinder,
- bedarfsgerechte Öffnungszeiten einschließlich ausreichender Essensversorgung,
- Öffnung der Kindertagesstätte als „Familienzentrum",
- Kontakte mit Senioren als Bereicherung in der Betreuung,
- eventuelle Sportangebote über Sportstudenten und/oder Kooperation mit Schulen (Turnhalle),
- Café oder andere Art von Treffpunkt mit Essensmöglichkeit,
- Fahrradreparaturwerkstatt oder andere Werkstätten für Kinder, in denen sie etwas herstellen oder reparieren können.

Als mögliche Maßnahmen in Bezug auf die Eltern wurden u.a. folgende Vorschläge eingebracht:

- Tauschbörsen bei Diensten (z.B. Babysitten gegen Renovieren),
- Durchführung von Stadtteilfesten,
- kostenlose Deutschkurse für Eltern,
- Stadtteilkonferenzen,
- Einrichtung interkultureller Zentren,
- Bereitstellung eines Sprechers (Ombudsmann, als Hilfe bei Behördengängen etc.).

Zur Erleichterung der Situation von Erzieherinnen und Erziehern wurde u.a. genannt:

- Zeit und Geld zur Verfügung stellen,
- Supervision und Fachberatung,
- ErzieherInnen aus verschiedenen Kulturen,
- Erfahrungsaustausch unter ErzieherInnen,
- Gesundheitserziehung als Studienfach der Sozialpädagogik,
- Computer, eigene Homepage, Austausch mit anderen Institutionen,
- mehrsprachige Info-Blätter für Eltern, Übersetzungsmöglichkeiten,
- Stadtteilarbeit des Jugendamts.

3.2.4 Kinderarmut in Deutschland – Aspekte der Gesundheitsförderung

Leitung: Eva Luber, Hochschule Magdeburg-Stendal
Bernd Müller-Senftleben, Ministerium für Arbeit, Soziales, Gesundheit und Frauen, Potsdam

Einführung

Arbeits- und Diskussionsgrundlage bildete zunächst eine Einführung in das Thema durch Frau Professor Luber, in der u.a. der Zusammenhang von Armut und Gesundheit und die Notwendigkeit allgemeiner politischer Intervention deutlich gemacht wurde. Im Anschluss wurde als praktisches Beispiel ein Programm aus Brandenburg vorgestellt, das auf eine flächendeckende Früherkennung von gesundheitlichen Defiziten und Behinderungen abzielt. Dieses Programm soll allen Kindern – unabhängig vom Sozialstatus – eine gesunde Entwicklung ermöglichen, indem durch intensive Beobachtungen und Untersuchungen der Kinder ein (medizinisches und/oder pädagogisches) Eingreifen möglich wird, bevor sich „Störungen" manifestieren. Hierzu eignet sich das Setting Kindergarten.

Die anschließende Arbeitsrunde und deren Ergebnisse waren geprägt von den im Vorfeld geäußerten Erwartungen der Teilnehmerinnen und Teilnehmer: Einige von ihnen waren von ihren Trägern zu dieser Veranstaltung entsandt worden, um sich für zukünftige Tätigkeiten im Bereich „Gesundheitsförderung bei sozial benachteiligten Kindern" vorzubereiten; andere brachten vielfältige Erfahrungen mit – sei es in der Organisation von Veranstaltungen, etwa im Bereich des Sports, in der Gesundheitsberichterstattung unter besonderer Berücksichtigung sozialer Gegebenheiten oder auch in der Gestaltung der Curricula der Erzieherinnen- und Erzieherausbildung auf Länderebene.

Kinderarmut in Deutschland – eine Einführung
Eva Luber

Der Einführungsvortrag konzentriert sich auf folgende vier Punkte:
(1) Kinderarmut in Deutschland nimmt zu – Notwendigkeit allgemeiner politischer Intervention.
(2) Der Zusammenhang von Armut und Gesundheit ist wissenschaftlich belegt.
(3) Gesundheitsförderung im Setting Kindergarten.
(4) Unterscheidung von Prävention und Gesundheitsförderung.

Zur Notwendigkeit allgemeiner politischer Intervention
Ungefähr ein Fünftel aller Kinder und Jugendlichen in Deutschland sind heute von Armut betroffen. Neben der Einkommensarmut sind ungleiche soziale Netzwerke und Chancen zu

benennen. Darüber hinaus stellen Kinder in Deutschland ein Armutsrisiko für ihre Eltern dar, das mit jedem Kind deutlich ansteigt: So sind Familien ohne Kind mit 2,3% deutlich weniger von Armut betroffen als Familien mit einem Kind (12%) oder gar mit drei Kindern (18%).

Kinder und Jugendliche sind in Deutschland heutzutage deutlich häufiger von Armut betroffen als alte Menschen — eine Entwicklung der letzten zwei Jahrzehnte, in deren Verlauf eine Entlastung der Familien ohne Kinder auf Kosten derer mit Kindern stattgefunden hat. Hierdurch hat sich eine strukturelle Armut gebildet, die nur durch Handeln im politischen Raum wieder gutgemacht werden kann. Dementsprechend wurde beispielsweise auf dem bundesweiten Kongress „Armut und Gesundheit", der alljährlich im Dezember in Berlin stattfindet, 1998 die Forderung nach einem kostendeckenden Kindergeld von zur Zeit etwa 500 DM aufgestellt. Dieses Kindergeld dürfte auch nicht auf die Sozialhilfe angerechnet werden, wenn Kinder dauerhaft vom Sozialhilfebezug befreit werden sollen. Immerhin wird jetzt nicht mehr wie in der seinerzeitigen öffentlichen Diskussion angezweifelt, ob Sozialhilfebezug — auch als „bekämpfte Armut" bezeichnet — überhaupt den Tatbestand der Kinderarmut erfüllt. Dabei ist Sozialhilfe nicht geschaffen worden, um das Überleben und Aufwachsen von Kindern dauerhaft zu sichern. In einigen Kommunen, insbesondere mit einem hohen Ausländeranteil, leben derzeit bis zur Hälfte der Kinder und Jugendlichen von Sozialhilfe.

Zum Zusammenhang von Armut und Gesundheit

Wir haben wenig Daten. Die wichtigsten Datenquellen zur Beurteilung der Gesundheit von Kindern sind die Einschulungsuntersuchungen und die Vorsorgeuntersuchungen, da eine einheitliche und flächendeckende Gesundheitsberichterstattung fehlt. Sie sparen jedoch soziale Aspekte zumeist aus und Vorsorgeuntersuchungen werden gerade bei armen Kindern zu selten durchgeführt und auch nicht systematisch epidemiologisch ausgewertet.

Die von Kindern und Jugendlichen geäußerte subjektive Einschätzung ihrer Gesundheit, so wie sie im HBSC-Fragebogen (*Health Behaviour in School Children*) eingesetzt wird, greift erst bei älteren Kindern. Im Kindergartenalter werden gute Erfahrungen mit Gruppenbefragungen gemacht, bei denen Kinder ihre Bewertungen — zum Beispiel mancher Einrichtungen — durch gute oder schlechte Kärtchen, Smileys oder Trauergesichter ausdrücken. Diese Methoden verdienen mehr Aufmerksamkeit und sollten weiterentwickelt werden.

Grundlage der heutigen Erkenntnisse sind überwiegend die Einschulungsuntersuchungen, zumal einige Kommunen und Länder sie mit der Sozialberichterstattung verknüpfen. Als beispielhaft ist hier der Bericht des Landes Brandenburg „Einschüler in Brandenburg: Soziale Lage und Gesundheit 1999" zu nennen, aus dem nachfolgende Ergebnisse stammen.

„Einschüler in Brandenburg: Soziale Lage und Gesundheit 1999"

Aus der Auswertung der Daten der neu eingeschulten Kinder in Brandenburg (Zeitraum 1994 bis 1998) wird deutlich, dass der Anteil armer Kinder insgesamt zugenommen hat.

Waren 1994 19,3% der Schulanfänger von Armut betroffen, so ist deren Anteil 1998 auf 23,6% angestiegen. Sie weisen einen deutlich schlechteren Gesundheitsstatus auf als Kinder, die der Mittelschicht bzw. Oberschicht angehören (einzige Ausnahme sind Allergien). Dies betrifft vor allem die psychosoziale Gesundheit der Kinder, aber auch Sprach-, Sprech- und Stimmstörungen kommen mit 15,8% bei armen Kindern deutlich häufiger vor (gegenüber 8% bei Mittelschichtkindern und 4,5% bei Oberschichtkindern). Bemerkenswert ist auch, dass Kinder mit niedrigem Sozialstatus deutlich häufiger verunfallen.

Die meisten, wenn nicht alle Maßnahmen und Projekte, die in den vergangenen Jahren zur Gesundheitsförderung von Kindern durchgeführt worden sind, haben die armen Kinder kaum erreicht, so dass insbesondere bei diesen Kindern ein enormer Handlungsbedarf besteht (vgl. hierzu weiter unten den Bericht zum Früherkennungsprogramm in Brandenburg).

Gesundheitsförderung im Setting Kindergarten

Der Kindergarten und die Schule eignen sich als Setting zur Gesundheitsförderung gut, da unterschiedslos alle Kinder oder auch Jugendlichen in der Gruppe angesprochen werden. Eltern werden informiert, eingeladen und aufgefordert, die Aktivitäten zu unterstützen, sie sind aber nicht die durchführende Instanz. Dies kann soziale Benachteiligung, wenn schon nicht aufheben, so doch verringern. Wichtig bleibt die Aktivität an sich, die möglichst kindgerecht sein soll und sich vornimmt, Gruppenerlebnisse zu schaffen, Gefühle anzusprechen und die Kompetenz der Kinder auch gerade im nicht kognitiven Bereich zu stärken.

Dabei muss jedoch immer bedacht werden, wen man nicht erreicht, und – darüber hinaus – wie diese „Unerreichten" (z.B. türkische Kinder, Straßenkinder oder Schulschwänzer) auf anderen Wegen angesprochen werden können. Während in den alten Bundesländern gerade ausländische Kinder oft nicht in Kindergärten geschickt werden und Ärmere gerade aus Kostengründen dies nicht tun, ist beispielsweise in Brandenburg der Kindergartenbesuch so weit verbreitet, dass ein großer Teil auch der armen Kinder in diesem Setting erreicht werden kann. Für Gesundheitsförderung sollten bevorzugt Einrichtungen in sozialen Brennpunkten ausgewählt werden, was keine leichte Aufgabe ist, da Gesundheitsförderung bei Mittelschichtkindern besser funktioniert. Wer schnelle Erfolgserlebnisse braucht, sollte nicht nur den sozialkompensatorischen Aspekt beachten.

Primärprävention und Gesundheitsförderung

Gesundheitsförderung bedeutet die Arbeit an der Gesundheit, in unterschiedlichen Bereichen und mit verschiedenen Ansatzpunkten. Wohlfühlen, Gemeinschaftserlebnisse, Freude an Bewegung, überhaupt an der eigenen Körperlichkeit machen Gesundheitsförderung aus. Auch hier zeigt sich eine Benachteiligung armer Kinder: Bevor bei den Kindern mit niedrigem Sozialstatus eine Gesundheitsförderung greifen kann, müssen in vielen Fällen bereits bestehende Defizite ausgeglichen werden.

Vorsorgeuntersuchungen, Empfehlungen zur Frühförderung, Kariesbehandlung oder -prophylaxe, Verbessern des Impfstatus etc. sind jedoch Maßnahmen der Primärprävention, die nicht vernachlässigt, aber auch nicht mit Gesundheitsförderung verwechselt werden dürfen. Sie müssen als Vorsorge gegen Krankheiten verstanden werden, auch wenn sie manchmal schon als Behandlung oder Rehabilitation eingesetzt werden und in der Praxis heute – insbesondere bei den armen Kindern – die Primärprävention zu oft mit einer Gesundheitsförderung gleichgesetzt wird.

Das Brandenburger Programm zur flächendeckenden Früherkennung gesundheitlicher Defizite und Behinderungen
Bernd Müller-Senftleben

Das vom Land Brandenburg als Akteur geschaffene System einer flächendeckenden Früherkennung von gesundheitlichen Defiziten und Behinderungen soll durch intensive Beobachtungen und Untersuchungen der Kinder ein frühzeitiges medizinisches und/oder pädagogisches Eingreifen und damit allen Kindern – ungeachtet ihrer sozialen Situation – eine gesunde Entwicklung ermöglichen. Von dem Standpunkt ausgehend, dass eine effektive Gesundheitsförderung – insbesondere bei sozial benachteiligten Kindern – nicht möglich ist, wenn bereits deutliche Mängel oder Störungen gegeben sind, misst das Land damit der Früherkennung große Bedeutung bei („landespolitischer Wille"). Eine frühestmögliche Intervention soll, so das Ziel, die Basis für eine fruchtbare Gesundheitsförderung bilden. Zukünftig sind ganz andere Hilfsbedarfe und Versorgungsstrukturen als positive Konsequenz dieses Frühwarnsystems zu erwarten.

Kennzeichnend für das Programm in Brandenburg ist eine intersektorale Zusammenarbeit der Abteilungen Gesundheit und Soziales des Ministeriums für Arbeit, Soziales, Gesundheit und Frauen, durch die eine Verbindung der Gesundheits- und der Sozialberichterstattung möglich wird.

Die Aufgabe der Früherkennung ist per Rechtsverordnung den Gesundheitsämtern übertragen worden und umfasst folgende Vorgehensweise:
— Ab dem 18. bis 24. Lebensmonat werden die Kinder in den Einrichtungen von den Erzieherinnen und Erziehern, die sukzessive auf ihre neue Aufgabe vorbereitet werden, gezielt beobachtet.
— Ab dem 3. Lebensjahr untersuchen die Kinderärzte der Gesundheitsämter jährlich alle Kinder in allen Kindertagesstätten. Diese Aufgabe hat Priorität.
— Als weiteres wichtiges Element dieses Frühwarnsystems folgt die Einschulungsuntersuchung.

Diskussion der Arbeitsgruppe

Als praktisches Beispiel stand in der Diskussion der Arbeitsgruppe vor allem das in Brandenburg implementierte System zur Früherkennung im Mittelpunkt. Die Nachfragen konzentrierten sich hierbei vor allem auf die Stellenausstattung und die finanziellen Mittel für die jährliche Untersuchung aller Kindergartenkinder sowie auf die Rechtsverordnung in Brandenburg.

Nahezu einhellig merkten die Teilnehmerinnen und Teilnehmer an, dass sie sich eine ähnliche Umsetzung in ihrem Umfeld eher nicht vorstellen können – sei es aus Finanzknappheit, aufgrund unterschiedlicher Entscheidungsträger oder infolge mangelnder Koordination. Kritisch hinterfragt wurde zudem, ob die eingehende Beratung durch die Gesundheitsämter viele Eltern – insbesondere jene mit niedrigem Sozialstatus – nicht eher verschrecken würde. So wurde ein „Weg der Schritte" mit ausgewählten Maßnahmen zur Gesundheitsförderung unter Umständen als wirksamer angesehen, um Vertrauen aufzubauen, als ein „von oben" eingeführtes, flächendeckendes System.

Ein weiterer Diskussionspunkt entstand um die Frage, inwieweit Erzieherinnen und Erzieher in der Lage sind, Auffälligkeiten einzuschätzen und – als Anregung eingebracht – ob sie in die Diagnostik der Kinderärzte der Gesundheitsämter einbezogen werden. Als weitere Frage stellte sich, wie mit den erhobenen Daten in Brandenburg umgegangen werde (Bewusstseinswandel bezüglich des Gesundheitsbegriffs?).

Hierzu wurde von Seiten der Teilnehmerinnen und Teilnehmer aus Erfahrung berichtet, dass die Beobachtungsleistungen der Erzieherinnen und Erzieher zum Teil unzureichend sind oder aber von Ärzten in der Regel wenig akzeptiert werden. Als Zielvorstellung wurde eine bessere Schulung/Fortbildung im Hinblick auf strukturierte Beobachtungen gefordert. Seitens des Referenten wurde hierzu erläutert, dass die Erzieherinnen und Erzieher in Brandenburg durch die Jugendämter fortgebildet werden und die Gesundheitsämter derzeit bereits Lehrpersonen für die Fortbildung ausbilden. Eine stärkere Kooperation zwischen Erzieherinnen/Erziehern und den Ärzten in Richtung „Einbeziehung" gebe es aber (noch) nicht.

Trotz der Zweifel an der Übertragbarkeit des Brandenburger Modells insbesondere auf die alten Bundesländer, wurden die Konsequenzen dieses Vorgehens von der Arbeitsgruppe positiv hervorgehoben und das Interesse an der weiteren Entwicklung in Brandenburg bekundet. Gesundheitsförderung im Kindesalter, insbesondere im Setting-Ansatz, ist durch die gesellschaftlichen Rahmenbedingungen nachhaltig geprägt. Sie bedarf – so das übereinstimmende Ergebnis des Workshops – der intersektoralen Zusammenarbeit und kann nur in Kooperation der unterschiedlichen Berufsgruppen gelingen.

GESUNDHEITSFÖRDERUNG IM KINDER-GARTEN – TRANSPARENZ/VERNETZUNG UND QUALITÄTSSICHERUNG

4.1 Gesundheitsförderung im Vorschulbereich – Möglichkeiten kommunaler Zusammenarbeit

Volker Rittner

Die Kindergarten-Forschung hat in den letzten Jahren – wie die aktuellen Forschungsberichte und Übersichten zeigen – bemerkenswerte Fortschritte gemacht. Charakteristisch sind u.a. Weiterentwicklungen in der theoretischen Grundlagendiskussion, der Konzeptentwicklung und der Verarbeitung neuer gesellschaftlicher Veränderungen, speziell der Individualisierungsprozesse sowie der Veränderung der Lebensstile und Lebensformen (Zimmer et al. 1997; Sturzbecher 1998; Fthenakis/Textor 1998; Fthenakis/Eirich 1998). Sie betreffen weiterhin die Implementierung von Modellprojekten sowie deren Evaluation und Surveys. Dieser Aufschwung war aus zwei Gründen dringend erforderlich: (1) Zu überwinden war eine Tradition der Vernachlässigung und Unterschätzung der Potenziale und Beiträge der Kindergärten im Bereich kindlicher Sozialisation; (2) schließlich galt es, die gesamtgesellschaftlichen Veränderungen kindlicher Sozialisation aufzugreifen, angesichts derer die traditionellen Leitbilder und Begriffe kindlicher Identitätsbildung und -findung zunehmend obsolet werden. Tatsächlich sind nach ersten Ansätzen frühkindlicher Gesundheitserziehung auch Themen der Gesundheitsförderung zunehmend thematisiert worden.

Trotz aller Fortschritte kann allerdings gegenwärtig kein Zweifel darüber bestehen, dass insbesondere in zwei Bereichen noch erheblicher Forschungs- und Handlungsbedarf besteht. Zum einen steht die Entwicklung von Strategien effektiver Gesundheitsförderung in Kindergärten, die eine wirksame Implementierung wie Qualitätssicherung beinhalten, noch am Anfang; zum anderen sind viele Probleme der kommunalen Zusammenarbeit und der Bildung interdisziplinärer Netzwerke (vgl. Bundesvereinigung für Gesundheit o.J.) noch nicht gelöst bzw. noch nicht einmal zureichend beschrieben. Dies muss verwundern, da gerade die Entwicklung der Gesundheitswissenschaften die Formulierung neuer Zielsetzungen und Perspektiven erlaubt, mittels derer ein zentrales Problemfeld gesellschaftlicher Entwicklung – ein verändertes Krankheitspanorama – angemessener konzeptualisiert werden kann. Aber sie sind in der Kindergartendiskussion bislang noch nicht systematisch aufgegriffen worden.

In den folgenden Ausführungen sollen zunächst die Voraussetzungen einer intersektoral orientierten kommunalen Gesundheitspolitik vorgestellt werden. In einem weiteren Schritt geht es dann insbesondere darum, mit dem „Modell der integrierten Sport- und Gesundheitsförderung" im Kreis Neuss ein konkretes Projekt darzustellen, aus dem im Rahmen eines intensiven kommunalen Interaktions- und Kooperationsprozesses ein erfolgreiches Kindergartenprojekt entstand – das Projekt „Hüpfdötzchen – Kindergarten in Bewegung". Mit diesem Projekt verbinden sich zahlreiche Erfahrungen hinsichtlich des Problems, wie Maßnahmen der Gesundheitsförderung in Kindergärten kommunal zur Geltung gebracht und implementiert werden können. Vor diesem Hintergrund erscheint das Projekt zugleich als ein Modell für das Erringen von Aufmerksamkeit und Geltung in kommunalen Interessen- und Kräftefeldern. „Hüpfdötzchen" ist mithin ein Beitrag zur Verbesserung der Position von Kindergärten in den Strukturen von Community Power.

Das Projekt fand im Übrigen in der Stadt Kamp-Lintfort im Kreis Wesel seine Fortsetzung mit dem Projekt „Da bewegt sich was", das im Workshop „Perspektiven kommunaler Zusammenarbeit – Möglichkeiten und Probleme einer intersektoralen Kooperation" vorgestellt wird (siehe *Abschnitt 4.2.2*). Es ist zugleich ein Beispiel für soziale Initiativen, mit denen sich Kommunen und Regionen mit neuen Verfahrens- und Partizipationssystemen auf eine neue Qualität von Gesundheits- und Umweltproblemen einstellen können. Eine gewisse Originalität kann das Projekt vielleicht deshalb beanspruchen, weil es sich mit denkbar einfachen Mitteln und der Partizipation vieler Akteure in die regionale Gesundheitspolitik einmischte und die Profession (Akteure des Gesundheitssystems sowie die Erzieherinnen und Erzieher) wie auch die Bürger (Kinder und Eltern) in nachweisbarer Weise aktiviert und erreicht hat und somit Probleme der Zukunftsfähigkeit löste. Öffentliche Anerkennung erfuhr es nicht zuletzt durch den Gewinn des 1. Preises (zusammen mit einem weiteren Projekt) des Projektverbunds „Gesundes Land Nordrhein-Westfalen" des nordrhein-westfälischen Gesundheitsministeriums, das im Jahr 1999 in seiner Ausschreibung den Schwerpunkt „Gesundheit für Kinder und Jugendliche in Nordrhein-Westfalen" gesetzt hatte. Seit dem Jahr 2000 ist es Mitglied im Projektverbund „Gesundes Land Nordrhein-Westfalen" sowie im WHO-Netzwerk „Regionen für Gesundheit".

Voraussetzungen der intersektoralen Gesundheitspolitik

Insbesondere die Ottawa-Charta der WHO geht davon aus, dass Maßnahmen der Gesundheitsförderung die Einbeziehung kommunaler Strukturen und Vorgaben erforderlich machen. Dabei kommt dem Konzept einer „intersektoralen Gesundheitspolitik" bzw. entsprechenden Strategien der Gesundheitsförderung eine Schlüsselbedeutung zu. Intersektorale Gesundheitspolitik und Gesundheitsförderung implizieren zumindest dreierlei:

(1) die Überwindung eines verengten Gesundheitsbegriffs und entsprechend monokausaler Strategien;
(2) die Entwicklung von Kompetenz im Bereich unterschiedlicher, gewöhnlich voneinander abgekapselter Politikbereiche;
(3) das Denken in Inter-Organisations-Beziehungen.

Tatsächlich ist die Ottawa-Charta in dieser Hinsicht stimmig. Sie bildet die Probleme eines veränderten Krankheitspanoramas in den entwickelten Industriegesellschaften ab und wird damit der Ätiologie der chronisch-degenerativen Krankheiten konzeptionell gerecht. Mit der Benennung der komplexen Grundlagen einer entsprechenden Gesundheitspolitik (mehrfaktorielle Bedingungen; Soziogenese von Krankheiten) verdeutlicht sie die Notwendigkeit der Konzipierung geeigneter Handlungsprogramme in unterschiedlichen Settings und Kooperationsstrukturen.

Probleme der intersektoralen Gesundheitspolitik

Das zentrale Problem aktueller Gesundheitsförderung – speziell auch der Gesundheitsförderung in Kindergärten – besteht allerdings nicht mehr so sehr im Bereich der theoretischen Grundlagen und Modellannahmen. Diese liegen mit den neueren gesundheitswissenschaftlichen Einsichten und den programmatischen Positionen der WHO zumindest in grundlegenden Umrissen vor. Problematisch ist vielmehr die konzeptionelle Schere zwischen Anspruch und Wirklichkeit. Tatsächlich hinkt die Realität kommunaler Strategien und Umsetzungen – bei allen löblichen Ausnahmen – hinter den theoretischen Einsichten her. Das größte Problem besteht darin, dass die systemischen Voraussetzungen intersektoralen Handelns nicht zureichend gesehen oder berücksichtigt werden. Dies gilt insbesondere für Kindergärten, also für Settings mit geringerer öffentlicher Aufmerksamkeit und eingeschränkter Community Power.

Unterschiedliche Ebenen des Denkens und Handelns bzw. unterschiedlicher Logiken

Intersektorales Handeln impliziert zuallererst die Unterscheidung unterschiedlicher Ebenen des Denkens und Handelns bzw. unterschiedlicher Logiken. Zu unterscheiden sind
— die fachliche Ebene,
— die Ebene interorganisatorischer Beziehungen sowie
— die Operationsebene der konkreten Arbeit mit unterschiedlichen Akteuren und Interessen.

Zu den wichtigsten Erfolgsvoraussetzungen einer intersektoralen Gesundheitspolitik, die die Aufmerksamkeitsschwellen sowie Beharrungskräfte der Routine und des Alltags überwinden will, zählt weiterhin die Wahl des richtigen Themas. Hier sind insbesondere folgende Aspekte wichtig: der Problembezug, die Wissensbasierung (Wissenschaftsbezug), die adäquate Interpretation, die Vermittlung bzw. Kommunikation der Ziele. Schließlich sind insbesondere drei weitere Momente konstitutiv: der Aufbau partizipativer Strukturen, Maßnahmen der Evaluation sowie die Dokumentation.

Nutzen von Kooperation, Netzwerken und Verhandlungssystemen

Der soziale Kosmos von Kommunen besteht nicht nur aus Institutionen und Organisationen bzw. Gruppen; er entfaltet sich insbesondere als ein Netzwerk verschiedenster

Akteure, die in unterschiedlichen Domänen arbeiten. Das Neusser „Modell der integrierten Sport- und Gesundheitsförderung" ist nicht zuletzt unter dem Gesichtspunkt interessant, dass es aufschlussreiche Beiträge für die Gestaltung, Erweiterung und Steuerung kommunaler Netzwerke sowohl im Sport- als auch im Gesundheitsbereich liefert.

Politik- oder Policy-Netzwerke erscheinen dabei „... als überwiegend informelle, aber auch formelle Interaktion zwischen Akteuren, meist Organisationen oder Einzelpersonen (als Mitglieder von Organisationen), mit unterschiedlichen, aber wechselseitig abhängigen Interessen, die ein gemeinsames Handlungsproblem auf einer dezentralen, nicht hierarchisierten Ebene bearbeiten" (Héritier 1993:438–439). Sie arbeiten als ein „sektorales System der Interessenvermittlung zwischen staatlichen und privaten Akteuren", welche durch Institutionen und eingeschliffene Verhaltensmuster einen gewissen Grad an interaktiver und struktureller Stabilität erlangt (Döhler 1989:34). Insbesondere die Arbeiten und Vollzüge im Bereich der Public-Health-Konzepte verdeutlichen diesen besonderen Typus eines Handelns in Netzwerken, die als „Interessenvermittlungs- und Aushandlungsprozesse zwischen Staat und Interessengruppen" (Jansen/Schubert 1995:10) erscheinen, und die auf Prinzipien des Tauschs und der Verhandlung beruhen, d.h. als Verhandlungssysteme fungieren. Verhandlungssysteme sind dabei eine spezifische Form der Kooperation, die sich von marktförmigen und hierarchischen Verhältnissen unterscheiden (Wilkesmann 1995). Sie sind eine Anerkennung des Sachverhalts, dass sich Politikformulierung und Politikrealisation durch einen Filter intermediärer Systeme bewegen müssen, die vor die Realität geschaltet sind.

Vor diesem Hintergrund wird der Nutzen von Kooperation bzw. die Funktion von Netzwerken und Verhandlungssystemen deutlich. Zu nennen sind insbesondere folgende Punkte:
— Austausch von Ressourcen,
— Standort- bzw. Positionsbestimmung im kommunalen Kontext,
— Anpassung an die veränderte Umwelt (Organisations-Umwelt-Bezug),
— Möglichkeiten organisationalen Lernens,
— Mobilisierung nach innen und außen,
— Gewinn von Handlungsspielraum als Akteur.

Aktivierung der Akteure, Aufmerksamkeit und Community Power

Strategien der Aktivierung der jeweiligen Akteure, die als ein weiteres wichtiges Element des Gewinns von Gestaltungskraft und Community Power erscheinen, müssen an den skizzierten Zusammenhängen anknüpfen. Bereits vorhandene Netzwerke erlauben eine schnelle und effiziente Aktivierung; bei Zielsetzungen der kommunalen Gesundheitsförderung ist aber charakteristisch, dass entsprechende Strukturen durch Aktivierung erst generiert werden müssen. Dies geschieht normalerweise durch Themen, die einen „Neuwert" bzw. „Mehrwert" besitzen.

Von Mehrwert ist in einem mehrfachen Sinn zu sprechen:
- es muss ein allgemeines Problembewusstsein angezielt werden, das dem Thema Energien zuführt;
- das Thema muss überzeugend für andere Politikbereiche sein;
- es muss organisierbar sein bzw. in Projektform gebracht werden können, und
- es muss öffentlichkeitsfähig sein.

Nur dadurch entsteht die erforderliche Aufbruchstimmung.

Zu bedenken bleibt, dass in der Informationsgesellschaft Aufmerksamkeit generell ein knappes Gut ist. Offenkundig ist, dass in einer Informationsgesellschaft sowohl die Öffentlichkeit als auch die Politik eine sehr selektive Aufmerksamkeit für Probleme pflegen. Aufmerksamkeit wird knapper, je weiter man sich von seinem angestammten Wirkungs- und Tätigkeitsbereich entfernt. Damit verbindet sich eine weitere Erfahrung: Aufmerksamkeit ist besonders knapp, je höher die Hierarchieebene der Entscheidungsträger ist. Denkt man an die Strukturen einer Stadt oder eines Kreises, so müsste die Aufmerksamkeit und Entscheidungsbereitschaft von Bürgermeistern und Dezernenten bzw. Landräten besonders knapp sein. Damit verbindet sich zugleich ein Effektivitätskriterium von community-power-orientierten Strategien. Sie wären dann erfolgreich, wenn die Durchsetzung ihrer Problemsicht auf dieser Ebene erreicht wird, und wenn es auf dieser Basis zu adäquaten Maßnahmen und Weichenstellungen kommt.

Damit ist allerdings lediglich ein Aspekt beschrieben. In Aufmerksamkeitsbeziehungen sind insbesondere auch die anderen Akteure des Gesundheitssystems zu überzeugen, die — je nach Perspektive und Domäne — sehr unterschiedliche Interessen und Ziele verfolgen und in kommunalen wie regionalen Interessenfeldern durchzusetzen trachten.

Folgende Schlüsselfragen ergeben sich damit ganz pragmatisch:

- Wie finde ich Aufmerksamkeit und Beachtung bei den Adressaten?
- Wie finde ich Aufmerksamkeit und Beachtung sowie Akzeptanz bei den engeren Experten und Kollegen?
- Wie finde ich Aufmerksamkeit in der Einrichtung (intraorganisatorische Aufmerksamkeit)?
- Wie finde ich Aufmerksamkeit bei anderen Akteuren der Kommunalpolitik und des Gesundheitssystems (interorganisatorische Aufmerksamkeit)?
- Wie finde ich Aufmerksamkeit und Legitimation in der Öffentlichkeit (öffentliche Aufmerksamkeit)?
- Wie finde ich Aufmerksamkeit in der Politik, um erforderliche Ressourcen zu erlangen?

Intersektorale Gesundheitsplanung im Kreis Neuss: Das Modell der „Ortsnahen Koordinierung der gesundheitlichen und sozialen Versorgung"

Eine systematische Aktivierung der Akteure der kommunalen Sport- und Gesundheitspolitik im Kreis Neuss wurde insbesondere im Rahmen des Modellprojekts „Ortsnahe Koordinierung der gesundheitlichen und sozialen Versorgung" erprobt. Dieses wurde zunächst von Dezember 1995 bis Dezember 1998 im Kreis Neuss sowie in 27 weiteren Kreisen und kreisfreien Städten in Nordrhein-Westfalen durchgeführt. Das Modellprojekt orientierte sich an den Grundsätzen einer modernen bevölkerungsbezogenen Gesundheitspolitik (Public Health), bei der es u.a. darum geht, die vorhandenen Ressourcen im Gesundheitswesen zu bündeln und zielgerichtet einzusetzen. Ein weiteres, daraus resultierendes Element im Rahmen dieses gesundheitswissenschaftlichen Ansatzes ist die Optimierung der Kooperation und Koordination zwischen den Institutionen des kommunalen Gesundheitswesens.

Die Gesundheitskonferenz des Kreises Neuss

Die Gesundheitskonferenz des Kreises Neuss ist gegenwärtig das wichtigste Instrument einer intersektoral orientierten Gesundheitspolitik, mit dem Zielsetzungen der Aktivierung, der Themenfindung und der Bürgerpartizipation verbunden werden. Es arbeitet als ein Verhandlungssystem auf oberster Ebene. Die in der theoretischen Literatur diskutierten Zielsetzungen konnten zumindest partiell umgesetzt werden: der Ressourcentausch, der Gewinn von Aufmerksamkeit und somit von Community Power. Tatsächlich hat die Gesundheitskonferenz auf der Grundlage einer gemeinsamen Informationsbasis seit ihrer Gründung eine Reihe von Zielen umgesetzt oder zumindest vorangebracht:
– die Verbesserung der Transparenz und Übersichtlichkeit im gesundheitlichen Versorgungsfeld;
– die Förderung der Kommunikation zwischen den Trägern, Einrichtungen und Diensten einerseits und den Nutzern der gesundheitlichen Angebote andererseits;
– eine Optimierung der Zusammenarbeit der gesundheitlichen und sozialen Einrichtungen und Dienste;
– die Schließung von Lücken im gesundheitlichen Versorgungsfeld;
– die Erweiterung der Möglichkeiten der Selbsthilfe;
– eine stärkere Berücksichtigung der gesundheitlichen und sozialen Lage von benachteiligten Bevölkerungsgruppen sowie
– die Verbesserung der Bürgerbeteiligung.

Themenspezifische Arbeitskreise

Themenspezifische Arbeitskreise sind die Arbeitsgruppen der Gesundheitskonferenz. Wenn man so will, so fungieren sie als umsetzungsorientierte Verhandlungssysteme, in denen spezifische Sachaufgaben professionell diskutiert und realisiert werden sollen. Auch hier ist ein kontinuierlicher Ausgleich zwischen verschiedenen Perspektiven und Interessen zu suchen und ein Prozess der Konsensfindung zu organisieren. Ihre Aufgabe besteht darin, die von der Gesundheitskonferenz ausgewählten Schwerpunktthemen inhaltlich zu analysieren, Defizite festzustellen und auf dieser Grundlage Handlungsempfehlungen zu formulieren, die eine Verbesserung der Versorgungssituation in diesem Schwerpunktbereich ermöglichen. Weiterhin kommt ihnen nach Verabschiedung der Handlungsempfehlungen durch die Gesundheitskonferenz die Aufgabe zu, ihre Umsetzung zu begleiten.

Das Projekt „Hüpfdötzchen – Kindergarten in Bewegung"

Im Folgenden werden Prinzipien und Elemente des Konzepts „Hüpfdötzchen – Kindergarten in Bewegung" im Kreis Neuss dargelegt, die aus dem Arbeitskreis „Prävention im Kindes- und Jugendalter" hervorgegangen sind. Sie betreffen die Zielsetzung und den Problembezug, die beteiligten Akteure, das konkrete Vorgehen sowie Maßnahmen der Evaluation/Qualitätssicherung. Die Entstehung und Arbeitsweise des Arbeitskreises selbst ist ein Dokument für die Vernetzung der Maßnahmen. Beschlossen wurde der Arbeitskreis durch die Gesundheitskonferenz des Kreises mit der Absicht einer möglichst großen Beteiligung der Akteure der Gesundheits- bzw. Kinder- und Jugendpolitik. Tatsächlich gelang es relativ schnell, eine größere Zahl von relevanten Akteuren in die Arbeit des Arbeitskreises einzubinden (vgl. *Abbildung 1*).

Arbeitskreis „Prävention im Kindes- und Jugendalter":
- AOK Rheinland, Regionaldirektion Neuss
- Apothekerkammer Nordrhein, Kreisstelle Neuss
- Arbeitsgemeinschaft der Betriebskrankenkassen im Kreis Neuss
- Arbeitsgemeinschaft der Verbände der freien Wohlfahrtspflege
- Ärztekammer Nordrhein, Kreisstelle Neuss
- Beauftragte für den Schulsport an Grundschulen im Kreis Neuss
- Berufsbildungszentrum Grevenbroich
- Deutscher Turner-Bund
- IKK Nordrhein, Regionaldirektion Düsseldorf und Neuss
- Institut für Sportsoziologie der Deutschen Sporthochschule Köln
- Krankengymnasten und Motopäden
- Kreisgesundheitsamt Neuss
- Kreisjugendamt Neuss
- Kreissportbund Neuss
- Projektgeschäftsstelle „Ortsnahe Koordinierung"
- Rheinischer Turner-Bund
- Schulamt für den Kreis Neuss
- Verband für Bildung und Erziehung

Abb. 1: Beteiligte Institutionen des Arbeitskreises „Prävention im Kindes- und Jugendalter"

Zielsetzungen und Problembezug

Das Projekt „Hüpfdötzchen – Kindergarten in Bewegung" verfolgt das Ziel, mittels bewegungsbezogener Maßnahmen bzw. Aktivitäten nachhaltige Coping-Potenziale im Kindesalter zu vermitteln. Dabei ist der Kindergarten eine erste Stufe. Er repräsentiert ein Setting, das zumindest vier wichtige Grundlagen von Interventionsstrategien erfüllt:

(1) er erreicht nahezu die gesamte Bevölkerung der jeweiligen Altersstufe;
(2) er kann mit seinen Maßnahmen frühzeitig ansetzen;
(3) er vermittelt Möglichkeiten der Zusammenarbeit mit einer Profession;
(4) über Kindergärten lassen sich weiterhin umstandslos Beziehungen zu anderen Settings herstellen (Familie, Freizeiteinrichtungen etc.).

Vorwiegend durch Bewegungsmangel bedingten gesundheitlichen Beeinträchtigungen kann damit bereits im Kindergartenalter begegnet werden.

Unter den Leitbegriffen Bewegung bzw. Bewegungsförderung wird in diesem Zusammenhang nicht eine „Versportung" des Kindergartens mit dem Ziel sportlicher Höchstleistungen anvisiert. Vielmehr geht es darum, den Kindern optimale Bedingungen zu ermöglichen, vielseitige und spaßbetonte Bewegungserfahrungen zu gewinnen. „Hüpfdötzchen" folgt damit den Empfehlungen der Ottawa-Charta, nach der nur durch eine gesundheits-förderliche Gestaltung der Lebenswelt langfristige Verhaltensänderungen möglich sind.

Organisationsstruktur

An der Organisationsstruktur des Projekts „Hüpfdötzchen – Kindergarten in Bewegung" wird deutlich, wie Strategien zur Gesundheitsförderung auf der Basis eines intersektoralen Netzwerks erfolgreich geplant, umgesetzt und implementiert werden können.

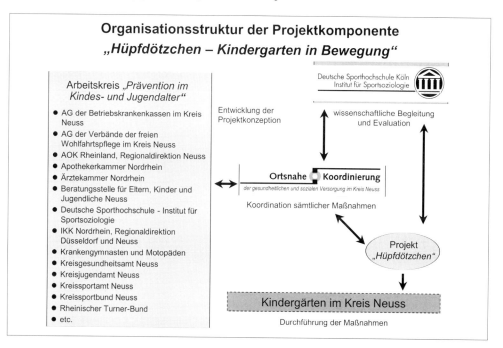

Abb. 2: Organisationsstruktur des Projekts „Hüpfdötzchen – Kindergarten in Bewegung"

Während der Arbeitskreis Thema und Projektinhalte sowie -verlauf festlegte, koordinierte das Projektbüro der „Ortsnahen Koordinierung" die Kommunikation zwischen den Kindergärten, den Projektmitarbeitern und der Sporthochschule Köln als wissenschaftlicher Einrichtung (vgl. *Abbildung 2*). Die Tätigkeit im Arbeitskreis war von Beginn an durch große Bereitschaft aller Beteiligten zur Zusammenarbeit geprägt.

Aktivierung

Jedes Projekt tut gut daran, die Betroffenen in die Planung und konkrete Arbeit frühzeitig einzubeziehen und an der Reflexion der Idee des Unternehmens zu beteiligen. Mit der Themenwahl war zweifellos eine wichtige Voraussetzung der Aktivierung sowohl der Akteure des Gesundheitssystems als auch der Ziel- und Bezugsgruppen gegeben. Mit der direkten Einbeziehung der potenziellen Teilnehmer wurde ein weiteres Moment der Aktivierung realisiert. Die Leiter und Leiterinnen der Kindergärten wurden befragt zum Thema der Bewegungsauffälligkeiten sowie zum Sinn und zur Möglichkeit der Bewegungsförderung in der eigenen Einrichtung. Ein weiteres aktivierendes Moment lag zweifellos im Medium selbst, das zu einer praktischen Realisierung drängte. Entsprechend fand der Gesichtspunkt der Praxisdemonstrationen größere Beachtung. Schließlich darf man mit der Beteiligung von Kinderärzten sowie Vertretern von Sportvereinen einen weiteren Gesichtspunkt umfassender Aktivierung nicht vergessen.

Kindergartenbefragung im Kreis Neuss

Ein speziell entwickelter Fragebogen, der flächendeckend an alle Kindergärten im Kreis Neuss verschickt wurde, enthielt insbesondere Fragen zur wahrgenommenen Häufigkeit von Bewegungsauffälligkeiten, zum Sinn einer stärkeren Bewegungsförderung in den Kindergärten sowie zur Bereitschaft und den Möglichkeiten einer Mitwirkung der jeweiligen Einrichtung. Bei 198 angeschriebenen Kindergartenleiterinnen ergab sich mit 124 ausgefüllten Fragebogen ein Rücklauf von 62,6%.

Die Ergebnisse demonstrieren den engen Zusammenhang von Problemwahrnehmung, Themenstellung und Beteiligung bzw. Engagement, wie es in jedem aktivierenden Partizipationsansatz anzustreben ist. Entsprechend ordnen sich die Ergebnisse zu den wahrgenommenen Problemen im Bereich der Bewegung und der psychomotorischen Entwicklung sowie die Zustimmung zum Handlungsbedarf ein.

So stellen über 90% der befragten Leiterinnen eine Zunahme von Bewegungs- und Koordinationsproblemen bei Kindern im Kindergarten fest (vgl. *Abbildung 3*). Als Konsequenz dieser Entwicklung erachten 87,9% der Befragten eine stärkere Bewegungsförderung im Kindergarten für sinnvoll (vgl. *Abbildung 4*). Eine stärkere Bewegungsförderung in der eigenen Einrichtung halten 85,6% für möglich.

Weiterhin bekunden über 62% der befragten Leiterinnen ihr Interesse, sich an einem Projekt zur Bewegungsförderung zu beteiligen. Weitere 30,3% sind an einer späteren Teilnahme interessiert. Nur 7,6% haben generell kein Interesse an einer Teilnahme.

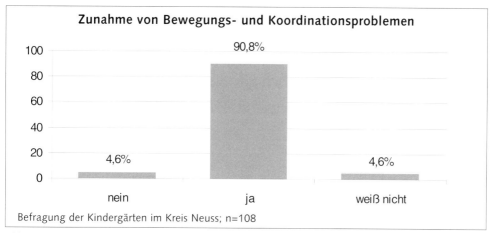

Abb. 3

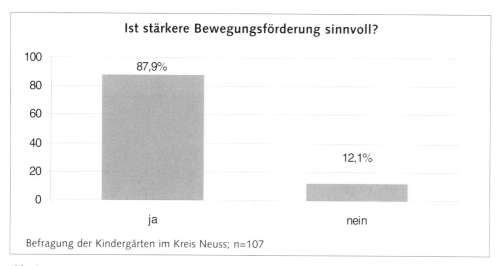

Abb. 4

Im Übrigen wurde auch erfragt, inwieweit es eine Berücksichtigung von Aspekten der Bewegungsförderung/Psychomotorik in der Ausbildung der Erzieherinnen und Erzieher gegeben habe. Dies wird überwiegend kritisch gesehen. 76,8% empfinden die Ausbildung in diesem Bereich als völlig unzureichend, 22,1% als durchschnittlich und nur 1,1% als besonders positiv.

Die aus der Kindergartenbefragung gewonnenen Ergebnisse machen deutlich, dass die Thematik Bewegung bei den Erzieherinnen einen hohen Stellenwert einnimmt. Sport und Bewegung werden als ein wichtiges Mittel zur Beeinflussung des Gesundheitsverhaltens von Kindergartenkindern angesehen.

Konkrete Umsetzungsschritte und Projektelemente

Mit den Momenten und der Idee der Aktivierung und Partizipation, die für die Projektphilosophie konstitutiv sind, verbindet sich ein spezifisches Umsetzungskonzept. Mit vier Elementen soll ein möglichst hoher Praxis- und Vernetzungsgrad erreicht werden. Dies sind:

(1) Maßnahmen der Fortbildung für Erzieherinnen und Erzieher,
(2) die Durchführung von Elterninformationsveranstaltungen,
(3) Praxisdemonstrationen frühkindlicher Bewegungsförderung sowie
(4) die Evaluation des Projektverlaufs.

Fortbildung für Erzieherinnen und Erzieher

In jedem Kindergarten werden zwei Fortbildungsveranstaltungen von ca. zwei Stunden Dauer durchgeführt. An diesen Veranstaltungen, die jeweils nach Dienstschluss in der Einrichtung stattfinden, nimmt das gesamte Kollegium des Kindergartens teil. Hierdurch sollen auch jene Erzieherinnen erreicht werden, die sich im Rahmen ihrer pädagogischen Tätigkeit gewöhnlich auf andere Schwerpunkte konzentrieren. Der organisatorische Ablauf ist so konzipiert, dass sowohl theoretische als auch praktische Kenntnisse aus dem Bereich der frühkindlichen Bewegungsförderung vermittelt werden. Besonderer Wert wird dabei auf eine lockere und offene Atmosphäre der Veranstaltungen gelegt.

Elterninformationsveranstaltungen

Im Vorfeld werden die Eltern schriftlich zu der Informationsveranstaltung eingeladen und über das geplante Projekt informiert. Der Komplexität des Problems wird dabei mit dem interdisziplinären Charakter der Informationen und Vorträge Rechnung getragen, an denen sich verschiedene Professionen beteiligen (Sportlehrer, Erzieherinnen, Kinderärzte, Vertreter von Sportvereinen, Physiotherapeuten).

Der organisatorische Ablauf der Elterninformationsveranstaltungen sieht dabei jeweils sieben Elemente vor:

(1) Überwinden eines Hindernisparcours im Eingangsbereich durch die teilnehmenden Eltern als praktische Einübung in die Materie und buchstäbliche „Aktivierung";
(2) Referat eines Sportlehrers (Projektleiter) über die Bedeutung der Bewegung für die kindliche Entwicklung;
(3) Referat eines Kinderarztes zum Thema „Bewegungsmangel – ein gesundheitliches Risiko für Ihr Kind?";
(4) Bewegungspause – Durchführung von Bewegungsspielen;
(5) Vorstellung des Projekts „Hüpfdötzchen – Kindergarten in Bewegung";
(6) Präsentation von Angeboten durch ortsansässige Sportvereine;
(7) Diskussion.

Praxisdemonstration frühkindlicher Bewegungsförderung

Neben den Fortbildungs- und den Elterninformationsveranstaltungen liegt ein dritter Schwerpunkt des Projekts auf der Durchführung von Praxisdemonstrationen frühkindlicher Bewegungsförderung. Mit diesem Programm, das in jeder Einrichtung zweimal durchgeführt wird, soll bei den Kindern im Rahmen neuer Bewegungsspiele Freude an der Bewegung geweckt werden. Ein Sportlehrer vermittelt hier eine Vielzahl von Bewegungsspielen und psychomotorischen Übungen. In diesem Zusammenhang ist es besonders wichtig, auch jene Kinder zu erreichen, die gewöhnlich auf Bewegungsangebote ängstlich bzw. zurückhaltend reagieren. Weiterhin sind die Praxisdemonstrationen so konzipiert, dass auch die Erzieherinnen davon profitieren. So erhalten sie zum einen Gelegenheit, die in der Fortbildungsveranstaltung vermittelten Inhalte auch praktisch umzusetzen, zum anderen werden ihnen auch neue Ideen für die eigene praktische Tätigkeit vermittelt. Dabei wird auf das didaktische Prinzip der einfachen Umsetzbarkeit geachtet. So werden beispielsweise bei der Durchführung von Bewegungsspielen Alltagsmaterialien verwendet oder ein einfach zu handhabendes und leicht erschwingliches Karteikartensystem genutzt.

Soweit es zeitlich möglich ist, wird als besondere Attraktion ein Spielbus eingesetzt. Dieser Bus wurde speziell für das Projekt in eine Bewegungslandschaft umgestaltet. Die Kinder haben die Möglichkeit, unter Aufsicht einer Studentin der Deutschen Sporthochschule Köln im Bus zu balancieren, zu klettern, zu schaukeln und zu spielen. Mitgebrachte Geräte wie z.B. Pedalos, Roller und Kreisel ermöglichen den Kindern vielfältige Bewegungserfahrungen. Gewöhnlich entwickelt sich mit dem Einsatz des Spielbusses ein Spielfest mit dem Thema „Bewegung" unter Beteiligung des ganzen Kindergartens.

Erfahrungen aus der Umsetzung

Die Weiterbildungsmaßnahmen für die Erzieherinnen fanden durchweg in einem sehr produktiven Klima statt. Allerdings konnte mit dem insgesamt dreistündigen Fortbildungsprogramm der enorme Informationsbedarf, der u.a. auch Fragen zu einer bewegungsfreundlichen Gestaltung der Gruppenräume sowie des Außengeländes betraf, nicht hinreichend befriedigt werden. Daher wurde in zahlreichen Kindergärten der Wunsch nach einer Fortführung entsprechender Initiativen geäußert. Zu diesem Zweck wurde unter Federführung des Instituts für Sportsoziologie kurzfristig und ohne große Öffentlichkeitsarbeit eine Fachtagung zur bewegungsfreundlichen Außengeländegestaltung durchgeführt. Auch hier zeigt die große Resonanz mit knapp 400 Teilnehmern ein allgemeines Problembewusstsein und die Mobilisierungskraft des Themas.

Wie wichtig die Elternversammlungen sind, zeigte sich daran, dass eine Vielzahl der Eltern der Einladung folgte. Pro Veranstaltung waren ca. 25 bis 35 Eltern anwesend. Dies entspricht einer Beteiligungsquote von ca. 50%. Auf große Resonanz stieß das gemeinsame Auftreten von Sportlehrer und Kinderarzt, da auf diese Weise das Thema „Bewegung" von Experten mit unterschiedlichem Fachwissen erörtert werden konnte. Häufig entstand eine lebhafte Diskussion, und es wurden viele, z.T. sehr konkrete Fragen an die Referenten gestellt. Besonders aufmerksam haben die Eltern auch Hinweise zu einfachen Spielen zur Bewegungsförderung aufgenommen. Zahlreiche Eltern äußerten im persönlichen Gespräch immer wieder den Wunsch nach weiteren Informationen zur praktischen Durchführung von alten und neuen Bewegungsspielen.

Evaluation des Projekts

Um zu überprüfen, ob das Projekt überhaupt seine Ziele erreicht, wurde eine Evaluation des Projekts durchgeführt. Zentrale Bestandteile der Evaluation waren
– die Überprüfung der Veränderungen der koordinativen Leistungsfähigkeit bei den Kindern mittels eines motorischen Tests,
– die Evaluation der Elterninformationsveranstaltungen sowie
– eine Befragung der an dem Projekt beteiligten Erzieherinnen.

• Motorischer Test

Messinstrument

Die koordinative Leistungsfähigkeit (Gesamtkörperkoordination) der Kinder wurde mittels des Körperkoordinationstests für Kinder (KTK) von Schilling und Kiphard (1974) gemessen, der aus vier Aufgaben besteht:
(1) Balancieren rückwärts,
(2) monopedales Überhüpfen,
(3) seitliches Hin- und Herspringen sowie
(4) seitliches Umsetzen.

Um eine Aussage über die koordinative Leistungsfähigkeit eines Kindes treffen zu können, müssen die in den einzelnen Subskalen erzielten Punktwerte (Rohwerte) mit den Durchschnittswerten entsprechender Altersgruppen (Referenzjahr: 1974) verglichen werden. Als Normwerte werden sog. MQ-Werte verwendet, die in einer Streuung von 15 MQ-Werten um das arithmetische Mittel von 100 verteilt sind. Die MQ-Werte der Teilaufgaben werden aufsummiert und ebenfalls mit den Durchschnittswerten Gleichaltriger (Referenzjahr: 1974) verglichen. Daraus ergibt sich der individuelle KTK-Gesamtwert. Der Mittelwert von 1974 beträgt 100.

Um Veränderungen messen zu können, wurde der KTK zu zwei Messzeitpunkten durchgeführt: unmittelbar vor und unmittelbar nach der Interventionsphase. Zur Kontrolle von Störvariablen wurden zusätzlich zu den Kindern aus den 14 Interventionseinrichtungen Kinder aus acht Kontrollkindergärten getestet. Da der KTK lediglich für 5- bis 14-Jährige normiert ist, wurden nur die 5- und 6-jährigen Kinder in die Analyse einbezogen.

Resultate des KTK

Die zum Messzeitpunkt t_1 durchgeführten Tests bestätigen die an anderer Stelle bereits erwähnten Ergebnisse der Schuleingangsuntersuchungen.[1] Um die koordinative Leistungsfähigkeit der 5- und 6-Jährigen ist es nicht gut bestellt. Die Kinder im Kreis Neuss (n=489) blieben mit einem Mittelwert von 84,5 deutlich unter dem 1974er Normwert von 100 (vgl. *Abbildung 5*).

---

1 Vgl. *Kapitel 3.1.*

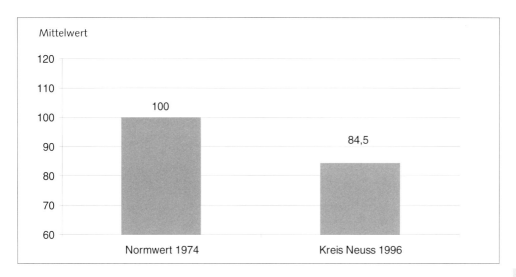

Abb. 5: Vergleich der mittleren koordinativen Leistungsfähigkeit zum Messzeitpunkt t_1 mit dem Normwert von 1974

Während die koordinative Leistungsfähigkeit der Kinder im Jahre 1974 – entsprechend der Standardnormalverteilung – bei 2% als hoch, bei 14% als gut, bei 68% als normal, bei 14% als auffällig und bei 2% als gestört einzustufen war, ist im Kreis Neuss zum Messzeitpunkt t_1 eine deutlich höhere Verteilung im Bereich „auffällig" (38,5%) und „gestört" (14,5 %) zu verzeichnen. Dagegen weist kein Kind eine hohe und nur 0,6% der Kinder weisen eine gute Körperkoordination auf (vgl. *Abbildung 6*).

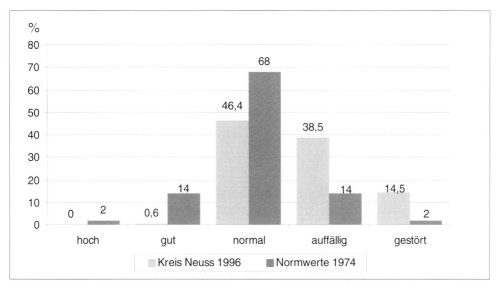

Abb. 6: Vergleich der koordinativen Leistungsfähigkeit zum Messzeitpunkt t_1 mit den Normwerten von 1974, differenziert nach Leistungskategorien

Ebenso wie bei der Normierung von Schilling und Kiphard (1974) konnten auch im Kreis Neuss keine signifikanten Mittelwertunterschiede zwischen Stadt- und Landkindern gefunden werden.

Während der Projektlaufzeit von ca. sieben Monaten wurden in den beteiligten Kindergärten verstärkt spielerische, spaßbetonte Bewegungsangebote initiiert. Dass sich diese Angebote zusammen mit den Elterninformationsveranstaltungen, durch die zusätzlich das Setting Familie zu beeinflussen versucht wurde, positiv auf die koordinative Leistungsfähigkeit der Kinder ausgewirkt haben, wird in *Abbildung 7* deutlich. So ist bei der Versuchsgruppe eine deutliche Verbesserung auf einen Testmittelwert von 94,8 zu verzeichnen. Die leichten Verbesserungen der Kontrollgruppe (87,9) sind dagegen auf die allgemeine motorische Entwicklung der Kinder zurückzuführen.

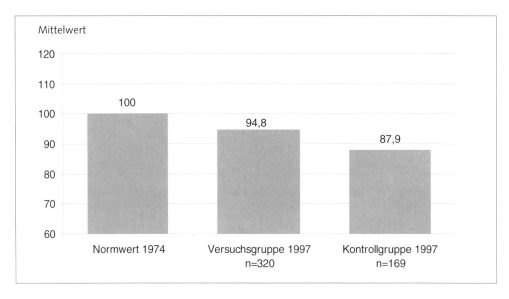

Abb. 7: Vergleich der mittleren koordinativen Leistungsfähigkeit zum Messzeitpunkt t_2 mit dem Normwert von 1974

Resümee der Koordinationstests
Aufgrund der Logik von Kontrollgruppenanordnungen ist die Differenz der Steigerung von Versuchs- und Kontrollgruppe dem Projekt „Hüpfdötzchen – Kindergarten in Bewegung" zuzurechnen. Der im Kreis Neuss verfolgte lebensweltbezogene Ansatz der Bewegungsförderung scheint somit gut geeignet zu sein, um Defizite im motorischen Bereich abzubauen bzw. diesen vorzubeugen.

Dennoch müssen Bewegungsbelange auch in weiteren Bereichen der Lebenswelt von Kindern stärker berücksichtigt werden, welche in diesem Ansatz nicht einbezogen werden konnten. Ein Indiz hierfür ist die noch immer bestehende, nicht vernachlässigbare Differenz zwischen den Werten der Interventionsgruppe und den Normwerten von 1974.

• Evaluation der Elterninformationsveranstaltungen

Die Eltern der Kindergartenkinder wurden am Ende der Interventionsphase schriftlich zu einer Einschätzung der Elterninformationsveranstaltung befragt. In diesem Zusammenhang konnten 345 Fragebogen ausgewertet werden. Von den befragten Personen hatten 168 an der Elterninformationsveranstaltung teilgenommen.

Resultate der Befragung
Die Elterninformationsveranstaltung fand überwiegend positive Resonanz. 83,2% der befragten Eltern (n=155) beurteilen die Veranstaltung als sehr informativ oder informativ (vgl. *Abbildung 8*).

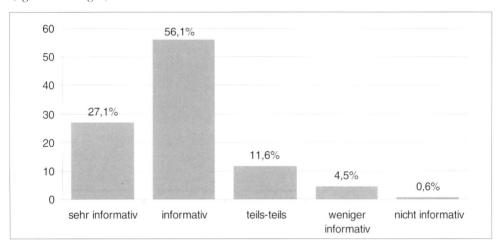

Abb. 8: Beurteilung der Elterninformationsveranstaltung

Sowohl die Informationen des Sportlehrers als auch des Kinderarztes bzw. der Kinderärztin werden als besonders wichtig erachtet. Der Auftritt des Vereinsvertreters wird zwar als nicht ganz so bedeutsam eingeschätzt, aber auch hier zeigt sich eine eher positive Bewertung (vgl. *Abbildung 9*).

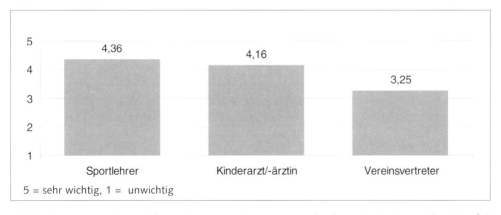

Abb. 9: Bedeutsamkeit der Informationen von Vertretern verschiedener Institutionen (n=91–160)

Bezüglich der vermittelten Inhalte interessierten sich die Eltern vor allem für die Bedeutung der Bewegung im Kontext der Gesamtentwicklung des Kindes sowie für mögliche bewegungsmangelbedingte Krankheitsgefährdungen bzw. Unfallursachen.

Ebenso wurden die Beispiele für eine bewegungsfreundliche Gestaltung des Kinderzimmers sowie Hinweise zu haltungsgerechten Möbeln als wichtig eingestuft. Die Bedeutsamkeit der Hinweise zu kindgerechter Spielkleidung wurde dagegen im Mittelbereich angesiedelt. Das große Interesse an der Thematik „Bewegung/Bewegungsmangel" kommt darüber hinaus in der Tatsache zum Ausdruck, dass 83,3% der Eltern (n=323) an einer weiteren Informationsveranstaltung interessiert sind. Eine Fortsetzung entsprechender Aktivitäten im Grundschulbereich wird von 93,3% als bedeutsam erachtet (sehr wichtig 66,6%, wichtig 26,7%).

- **Befragung der Erzieherinnen**
Auch die am Projekt beteiligten Erzieherinnen wurden nach Beendigung des Projekts mit Hilfe eines Fragebogens zur Realisierung der Projektziele befragt. Dabei wurden insbesondere Angaben zu drei Bereichen erhoben:
(1) zur Wirksamkeit der in den Kindergärten durchgeführten Aktivitäten,
(2) zum Nutzen der Fortbildungsveranstaltung für die tägliche Arbeit,
(3) zur künftigen Bereitschaft, Aspekte der Bewegungsförderung verstärkt zu berücksichtigen.

In einer ersten Evaluationsrunde des Jahres 1997 konnten 38 Fragebogen, in einer zweiten Runde im Jahr 1999 dann 91 Fragebogen ausgewertet werden. Darüber hinaus wurden die Erzieherinnen auch um eine Bewertung der verschiedenen Projektelemente gebeten.

Insgesamt signalisieren die Ergebnisse den Erfolg der Maßnahmen. 62% schätzten das Projekt als effektiv ein; 35% blieben etwas unschlüssig (teils-teils), lediglich 3% sahen keine Effekte. Diese insgesamt positive Bewertung des Jahres 1997 wurde in der zweiten Befragung von 1999 übertroffen. Diesmal waren es 86%, die die Maßnahmen als effektiv beurteilten, 12% votierten für das „Teils-teils"; 2% sahen keinen Nutzen.

Nach Angaben der Erzieherinnen führen die im Projekt vermittelten Anreize auch tatsächlich zu Veränderungen im Kindergartenalltag. So geben 74,2% der Befragten an, in ihrer Arbeit verstärkt Elemente der Bewegungsförderung aufgegriffen zu haben (Evaluation 1997). Methodenkritisch ist hier allerdings anzumerken, dass Effekte sozialer Erwünschtheit nicht ausgeschlossen werden können, da das Projektteam zugleich das Evaluationsteam darstellte. Somit sind gewisse Differenzen zwischen den Antworten der Erzieherinnen und der sozialen Realität in den Kindergärten zu vermuten.

91,7% der befragten Erzieherinnen möchten auch in Zukunft stärker Bewegungsaspekte in ihre Arbeit einbeziehen. Zu ähnlichen Ergebnissen führte die 1999er Befragung, nach der 83% der Aussage zustimmen, dass sie zukünftig mehr Bewegungsaspekte in ihre Arbeit einbeziehen wollen (n=89).

Für 71% der befragten Erzieherinnen waren die im Rahmen der Fortbildungsveranstaltung angebotenen Inhalte für die tägliche Arbeit von Nutzen. Allerdings wünscht sich fast die Hälfte von ihnen noch mehr praxisrelevante Bestandteile. Aufgrund der vermittelten Inhalte haben 69,7% verstärkt Elemente der frühkindlichen Bewegungserziehung in ihre Arbeit einfließen lassen. Besonders häufig wurden dabei Bewegungsspiele und Alltagsmaterialien einbezogen. Ein Großteil der Einrichtungen (77,8%) hat weitere Maßnahmen zur Bewegungsförderung umgesetzt. Welche dabei im Vordergrund standen, verdeutlicht *Abbildung 10*.

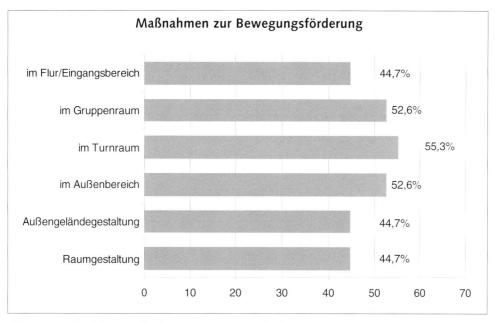

Abb. 10: Durchgeführte Maßnahmen zur Bewegungsförderung

Die Praxisdemonstration mit Kindern war für 80% der Erzieherinnen hilfreich für die praktische Arbeit im Alltag. Auch hier gab es 1999 kaum Veränderungen in der Einschätzung (81% Zustimmung; n=83). Auch die im Rahmen des Projekts durchgeführte Elterninformationsveranstaltung wurde von vielen Erzieherinnen positiv bewertet. So beurteilen 95,7% die Veranstaltung als sehr informativ bzw. informativ.

Resümee

Lässt man die wichtigsten Erfordernisse einer intersektoralen Gesundheitspolitik noch einmal Revue passieren, so konnten im Kreis Neuss insbesondere folgende Erfahrungen gemacht werden:

- Mit einem vergleichsweise einfachen Medium und Vorgehen konnten der Gesundheitsförderung in Kindergärten des Kreises Neuss wichtige Impulse mit nachweisbarer Wirkung vermittelt und entsprechend implementiert werden; die Wirksamkeit wurde in verschiedener Hinsicht evaluiert.
- Verantwortlich für den Erfolg des Projekts waren insbesondere zwei Momente: Die Grundidee des Projekts, ein einfaches Medium und ein allgemeines Problembewusstsein aufzugreifen, wurde in eine intersektorale Perspektive gebracht und in Verfahrenssystemen bzw. Netzwerkkonstellationen umgesetzt. Es konnte Aufmerksamkeit in der Einrichtung (intraorganisatorische Aufmerksamkeit) wie auch Aufmerksamkeit bei anderen Akteuren der Kommunalpolitik und des Gesundheitssystems (interorganisatorische Aufmerksamkeit) bewirkt werden.
- Aufmerksamkeit und Beachtung sowie Akzeptanz für die Maßnahmen einer bewegungsbezogenen Gesundheitsförderung konnten über den Kreis der Kindergärten-Szene bewirkt werden. Zur Erfolgsbilanz zählt auch der Gewinn des 1. Preises des nordrhein-westfälischen Gesundheitsministeriums im Wettbewerb „Gesundes Land Nordrhein-Westfalen". Das Projekt „Hüpfdötzchen" ist nunmehr auch Bestandteil des WHO-Netzwerks „Regionen für Gesundheit".

In den verschiedenen Phasen der Projektplanung und -realisierung wurde allerdings überaus deutlich, wie wichtig die Beachtung der Spielregeln der intersektoralen Logik und des Agierens in kindergartenübergreifenden Verhandlungssystemen war, also jener Konstellationen, in denen die Kindergärten mit ihrer wichtigen Arbeit um Beachtung und Aufmerksamkeit sowie Ressourcen kämpfen müssen, und in denen ein Ausgleich von Interessen und eine kluge Begrenzung der eigenen Ziele wichtig sind.

Literatur

Bundesvereinigung für Gesundheit (o.J.): *Bestandsaufnahme interdisziplinärer Netzwerke im Bereich der Prävention und Gesundheitsförderung unter besonderer Berücksichtigung der modernen Informations- und Kommunikationstechnologien.* Bonn.

Döhler, M. (1989): *Korporatisierung als gesundheitspolitische Strategie.* Köln.

Fthenakis, W. / Eirich, H. (1998): *Erziehungsqualität im Kindergarten. Forschungsergebnisse und Erfahrungen.* Freiburg: Lambertus.

Fthenakis, W. / Textor, M. (1998): *Qualität von Kinderbetreuung. Konzepte, Forschungsergebnisse, internationaler Vergleich.* Weinheim: Beltz.

Héritier, A. (1993): „Policy-Netzwerkanalyse als Untersuchungsinstrument im europäischen Kontext: Folgerungen aus einer empirischen Studie regulativer Politik." In: Héritier, A.: *Policy-Analyse. Kritik und Neuorientierung.* PVS, Sonderheft 24, 1993.

Jansen, D. / Schubert, K. (1995): *Netzwerke und Politikproduktion. Konzepte, Methoden, Perspektiven.* Marburg: Schüren.

Schilling, F. / Kiphard, E. J. (1974): *Körperkoordinationstest für Kinder – (KTK).* Weinheim: Beltz.

Sturzbecher, D. (Hrsg.) (1998): *Kindertagesbetreuung in Deutschland. Bilanzen und Perspektiven. Ein Beitrag zur Qualitätsdiskussion.* Freiburg: Lambertus.

Wilkesmann, U. (1995): „Macht, Kooperation und Lernen in Netzwerken und Verhandlungssystemen." In: Jansen, D. / Schubert, K.: *Netzwerke und Politikproduktion. Konzepte, Methoden, Perspektiven.* Marburg: Schüren.

Zimmer, R. (1997): *Handbuch der Sinneswahrnehmung. Grundlagen einer ganzheitlichen Erziehung.* Freiburg: Herder.

Zimmer, J. / Preissing, C. / Thiel, T. / Krappmann, L. (1997): *Kindergärten auf dem Prüfstand. Dem Situationsansatz auf der Spur.* Seelze: Kallmeyer'sche.

Berichte aus den Arbeitsgruppen

4.2.1 Medien und Maßnahmen der Gesundheitsförderung – Transparenzschaffung durch bundesweite Überblicke

Leitung: Peter Sabo, Gesellschaft für angewandte Jugend- und Gesundheitsforschung e.V. (GJG), Schwabenheim a.d. Selz

Oliver Bönsch, Deutsche Sporthochschule Köln

Vor dem Hintergrund der Marktanalyse der BZgA zu Medien, Maßnahmen und Projekten zur Gesundheitsförderung allgemein und im Setting Kindergarten im Besonderen – vorgestellt durch Peter Sabo – sollte in der Arbeitsgruppe die Einrichtung, Nutzung und Pflege von Marktübersichten diskutiert werden. Darüber hinaus sollten die Möglichkeiten der Anwendung von Qualitätsstandards vorgestellt und diskutiert und am Beispiel der Projektauswahl zu der Tagung Qualitätskriterien für die Auswahl von Projekten wie auch für die Bewertung von Medien dargestellt werden (Oliver Bönsch).

Marktanalyse der BZgA zu Medien, Maßnahmen und Projekten zur Gesundheitsförderung in Kindergärten
Peter Sabo

Angesichts der unüberschaubaren Vielfalt an Angeboten, Projekten, Medien und Maßnahmen auf dem Markt der Gesundheitsförderung ist es notwendig, bundesweite Übersichten zu schaffen und Transparenz – insbesondere im Hinblick auf die Qualitätskriterien und die Bewertung – herzustellen. Hierzu soll der Arbeitsbereich „Marktbeobachtung/

Marktanalyse" der Bundeszentrale für gesundheitliche Aufklärung beitragen. Er soll verlässliche Grundlagen zur Einschätzung der Versorgungssituation schaffen, Vernetzung und Kooperation fördern sowie hierdurch ein arbeitsteiliges Vorgehen unterstützen.

Ziele und Umfang der Marktanalyse

Im Rahmen der Querschnittsaufgabe der BZgA „Marktbeobachtung/Marktanalyse" werden zu ausgewählten Themen und Zielgruppen bzw. Settings bundesweite Marktübersichten über Akteure, Medien und Maßnahmen erstellt. Zielsetzung ist ein Beitrag zur Transparenzverbesserung und Qualitätssicherung. Die differenzierte Dokumentation erfolgt standardisiert in der BZgA-Datenbank.

An dieser Stelle soll die bundesweite Bestandsaufnahme „Gesundheitsförderung im Kindergarten" vorgestellt werden.

Recherche Gesundheitserziehung und Gesundheitsförderung im Kindergarten

In die Recherche einbezogen wurden nichtkommerzielle Anbieter und Medien. Ziel war eine bundesweite Marktübersicht zu dem Themenkomplex „Gesundheitsförderung von Kindern im Kindergartenalter". Im Einzelnen sollte dokumentiert werden,
— welche Institutionen in diesem Feld tätig sind,
— worin die Aktivitäten (Maßnahmen, Projekte, Medien) bestehen und
— an welche Zielgruppen und Adressaten sich diese Aktivitäten richten.

Die hierzu durchgeführte bundesweite Recherche erstreckte sich auf folgende Informationsquellen:
— Träger von Einrichtungen für Kinder im Alter von 3–6 Jahren (kommunale Träger, freie Wohlfahrtsverbände),
— Fortbildungseinrichtungen (staatliche und nichtstaatliche),
— Einrichtungen der Gesundheitsförderung und Jugendarbeit sowie Beratungsstellen (Landeseinrichtungen, Jugendämter, nichtstaatliche Einrichtungen, Initiativen),
— Fachzeitschriften,
— Presseinformationen,
— Literatur-Datenbank SOMED Public Health Information,
— Bestandsaufnahme zur Prävention von Kinderunfällen der Bundesvereinigung für Gesundheit e.V.

Ergebnisse der Marktanalyse zum Setting Kindergarten

Auf der Grundlage der Rechercheergebnisse wurden in der Datenbank bisher 255 Maßnahmen und Medien von 86 verschiedenen Einrichtungen dokumentiert.

Die quantitativen Auswertungen der verschiedenen Informationen zeigen, dass in den Kindergärten zahlreiche und vielfältige Maßnahmen und Projekte zur Gesundheitsförderung/Gesundheitserziehung durchgeführt werden. In vielen Fällen sind die Inhalte und Erfahrungen in die tägliche Praxis eingegangen, ohne dass die Erzieherinnen es immer als besondere gesundheitserzieherische Aktivität ansehen.

Neben den routinemäßigen Maßnahmen, wie z.B. zahnärztliche und kinderärztliche Untersuchungen, gehören in vielen Einrichtungen mehrere gesundheitsförderliche Aktivitäten zum Alltagsablauf. Hierbei handelt es sich beispielsweise um fußgymnastische Übungen, Kinderturnen, Essen/Ernährung, Schwimmen, Entspannungsübungen. Zum regelmäßigen Veranstaltungsprogramm gehört außerdem die Verkehrserziehung.

Dokumentierbare Informationen über diese Maßnahmen sind kaum zu erhalten, da die Alltagsarbeit von den Erzieherinnen nicht entsprechend festgehalten wird.

Auf regionaler Ebene besteht für die Erzieherinnen ein vielseitiges Fortbildungsangebot zu Themen der Gesundheitsförderung/Gesundheitserziehung. In einigen Fällen werden diese Angebote auch von Mitarbeiterinnen unterschiedlicher Trägereinrichtungen genutzt. Des Weiteren gibt es Kooperationen zwischen den Fachreferentinnen und Fachberaterinnen verschiedener Träger. Für nichtpädagogische Mitarbeiter und Mitarbeiterinnen (Hauswirtschaftskräfte) der Einrichtungen gibt es – vor allem zum Thema Ernährung – ebenfalls Fortbildungsangebote.

In den Fachzeitschriften und in der Fachliteratur werden oftmals Themen zur Gesundheitsförderung/Gesundheitserziehung behandelt. Überwiegend konzentrieren sich die Beiträge auf theoretische bzw. konzeptionelle Themen, teilweise aber auch mit Projekten, seltener mit Medien.

Der Schwerpunkt der Aktivitäten der befragten Einrichtungen liegt bei den Maßnahmen, während das Medienangebot wesentlich geringer ist. Kommerzielle Anbieter bieten dagegen eine wesentlich größere Zahl an Medien (Bilderbücher, Spiele, Tonkassetten, Videos etc.) für Kinder im vorschulischen Alter an, die im Rahmen dieser Recherche nicht berücksichtigt wurden.

- **Themenschwerpunkte**

Die dokumentierten Medien und Maßnahmen lassen sich entsprechend ihrem Themenschwerpunkt 18 Themen zuordnen, die durch 193 Maßnahmen und in 62 Medien behandelt wurden (siehe *Tabelle 1*). Die jeweilige Zahl der Einrichtungen, die sich mit den einzelnen Themen beschäftigen, geht ebenfalls aus der Tabelle hervor.

Themen	Einrichtungen	Maßnahmen	Medien
Allergien	1	1	–
Allgemeine Vorbeugung	3	2	8
Bewegung/Haltung	23	40	9
Ernährung	11	12	12
Erste Hilfe	2	2	–
Gesundheitsförderung	18	16	8
Gewalt bei Kindern	8	7	2
Impfen	1	–	1
Medienerziehung	3	2	1
Psychosoziale Gesundheit	10	35	–
Sexualerziehung	15	16	–
Sexuelle Ausbeutung von Kindern	7	8	–
Sinneswahrnehmungen	8	13	–
Suchtprävention	22	19	9
Umwelt	4	5	–
Unfallverhütung	14	9	7
Verkehrssicherheit	3	3	3
Zahngesundheit	3	3	2
Summe	*	193	62

* Aufgrund der Mehrfachnennungen einiger Einrichtungen, die in verschiedenen Themenbereichen aktiv sind, entfällt die Summe in dieser Spalte.

Tab. 1: Alphabetisch geordnete Themenschwerpunkte der Gesundheitsförderung/Gesundheitserziehung in Kindergärten mit der Anzahl der Einrichtungen, Maßnahmen und Medien

- **Themenschwerpunkte der Maßnahmen**

Bei den dokumentierten 193 Maßnahmen (Bildungsangebote, Projekte und Veranstaltungen) dominieren die Themen Bewegung/Haltung und psychosoziale Gesundheit, gefolgt von den Themen Suchtprävention, Sexualerziehung, Gesundheitsförderung, Sinneswahrnehmungen und Ernährung. Weniger vertreten sind allgemeine Vorbeugung, erste Hilfe, Medienerziehung, Allergien und Impfen (siehe *Tabelle 2*).

Projekte werden vor allem zur Suchtprävention, Gesundheitsförderung und im Bereich Bewegung/Haltung durchgeführt. Diese Projekte wurden von den beteiligten Einrichtungen meist dokumentiert und in einigen Fällen evaluiert. Viele Projekte entstehen durch Kooperation mit externen Einrichtungen bzw. auf deren Initiative. Diese Einrichtungen befassen sich z.B. mit Suchtprävention und Gesundheitsförderung und sind durch ihre Aufgabenstellung an Projekten in Kindertagesstätten interessiert, bringen das thematische Fachwissen und oft auch Ressourcen mit ein. Die fast immer gelingende Kooperation führt dazu, dass diese Projekte nicht von außen aufgedrängt werden, sondern von den Erzieherinnen selbst in ihre pädagogische Arbeit integriert werden.

Themen	Maßnahmen	Bildungsangebote	Projekte	Veranstaltungen
Bewegung/Haltung	40	37	3	–
Psychosoziale Gesundheit	35	35	–	–
Suchtprävention	19	5	12	2
Sexualerziehung	16	15	1	–
Gesundheitsförderung	16	10	3	3
Sinneswahrnehmungen	13	13	–	–
Ernährung	12	10	2	–
Unfallverhütung	9	2	1	6
Gewalt bei Kindern	7	7	–	–
Sexuelle Ausbeutung von Kindern	8	8	–	–
Umwelt	5	3	1	1
Verkehrssicherheit	3	–	1	2
Zahngesundheit	3	–	–	3
Allgemeine Vorbeugung	2	1	1	–
Erste Hilfe	2	2	–	–
Medienerziehung	2	2	–	–
Allergien	1	1	–	–
Impfen	–	–	–	–
Summe	**193**	**151**	**25**	**17**

Tab. 2: Themenschwerpunkte der Maßnahmen geordnet nach Häufigkeit

Die Aktivitäten in den Einrichtungen spiegeln die Fortbildungsangebote an die Erzieherinnen wider, die sich mit den Themen Bewegung/Haltung, psychosoziale Gesundheit, Ernährung und Gesundheitsförderung beschäftigen. Weitere Fortbildungsangebote bieten Orientierung und Anregungen zu bestimmten Themen oder Problembereichen, wie z.B. Sexualerziehung, Gewalt bei Kindern, sexuelle Ausbeutung von Kindern, Sinneswahrnehmung, Sprachentwicklung und Sprachstörungen. Zu den zahlreichen Partnern in der Fortbildung gehören nach Auskunft der Träger u.a. Gesundheitsämter, Kinder- und Jugendärzte, Zahnärzte, Beratungsstellen, Deutsches Rotes Kreuz, Johanniter Unfallhilfe, PRO FAMILIA und Verbraucherzentralen.

- **Themenschwerpunkte der Medien**

Nahezu 90% der 62 dokumentierten Medien konzentrieren sich auf die fünf Themen Ernährung, Bewegung/Haltung, Suchtprävention, allgemeine Vorbeugung, Gesundheitsförderung und Unfallverhütung (siehe *Tabelle 3*).

Themen	Medien
Ernährung	12
Bewegung/Haltung	9
Suchtprävention	9
Allgemeine Vorbeugung	8
Gesundheitsförderung	8
Unfallverhütung	7
Verkehrssicherheit	3
Gewalt bei Kindern	2
Zahngesundheit	2
Impfen	1
Medienerziehung	1
Allergien	–
Erste Hilfe	–
Psychosoziale Gesundheit	–
Sexualerziehung	–
Sexuelle Ausbeutung von Kindern	–
Sinneswahrnehmungen	–
Umwelt	–
Summe	**62**

Tab. 3: Themenschwerpunkte der Medien geordnet nach Häufigkeit

Weiterentwicklung der Datenbank und Perspektiven

Zur Zeit werden die dokumentierten Medien und Maßnahmen verschlagwortet, um die erstellte Datenbank vielseitig nutzbar zu machen.

Im Hinblick auf die Weiterentwicklung stellen sich aus Sicht des Referenten vor allem zwei Aufgaben:

(1) die Aktualisierung der Datenbank und
(2) eine mögliche Bewertung der Angebote.

Als ein erster Schritt in diesem Zusammenhang ist die im Auftrag der BZgA erstellte kommentierte Medienübersicht zum Thema „Bewegungsförderung im Kindergarten"[1] zu sehen, die im Rahmen der Fachtagung präsentiert wurde (siehe *Kapitel 4.2.3*).

Qualitätskriterien für die Auswahl von Projekten

Oliver Bönsch

Für eine gesonderte Präsentation und als Vorstufe zu der Projektauswahl für die Fachtagung wurden einige Projekte nach bestimmten Kriterien ausgewählt und nach einem Raster dokumentiert.[2]

Die Festlegung der Qualitätskriterien erfolgte nach den Grobkriterien:
- Zielgruppenbezug (Eltern, Kinder, Erzieherinnen),
- Dokumentation und Evaluation,
- themenübergreifender Ansatz,
- Kooperation/Vernetzung.

Vor diesem Hintergrund wurden die Auswahlkriterien schließlich auf sechs relevante Gesichtspunkte festgelegt:

1. Theoretische Begründung des Projekts
2. Inhaltliche und strukturelle Bewährung des Projekts
3. Übertragbarkeit des Projekts
4. Evaluation/Dokumentation des Projekts (intern/extern)
5. Institutionelle Vernetzung
6. Einbezug der Eltern

Projektdokumentation am Beispiel „Spielzeugfreier Kindergarten"

Die Projektdarstellung erfolgt in einem einheitlichen Raster (siehe *Abbildung 1* auf der folgenden Seite).

---

1 Renate Zimmer, *Bewegungsförderung im Kindergarten. Kommentierte Medienübersicht*. Köln: BZgA (Hrsg.), 2000 (3. Aufl. 2001) (Gesundheitsförderung konkret Bd. 1).

2 Vgl. hierzu auch *Kapitel 6.1* und *6.2*.

Titel	*Spielzeugfreier Kindergarten*	Datensatz Nr.1065

Thema	Suchtprävention
Träger/Veranstalter	Landratsamt Weilheim-Schongau, Amt für Jugend und Familie Suchtarbeitskreis Landkreis Weilheim-Schongau
Ziele	Chancen und Freiraum geben für Kreativität, Muße, selbst bestimmten Rhythmus
Zielgruppe	Erzieherinnen, Eltern, Kinder
Inhalt	Fortbildung für Erzieherinnen, Elternabende. Über einen bestimmten Zeitraum wurde aus dem Gruppenraum sämtliches Spielzeug entfernt. Die Kinder erhielten auf Wunsch Werkzeug und Materialien zum Spielen.
Partner	Aktion Jugendschutz, Landesarbeitsstelle Bayern e.V. 8 Kindertagesstätten
Evaluation	1996 im Auftrag der Aktion Jugendschutz, Landesarbeitsstelle Bayern e.V. durch Dr. phil. Anna Winner, München
Erfahrungen	Förderung der sozialen, kommunikativen und kognitiven Kompetenz bei den Kindern durch Stärkung der Beziehungsfähigkeit, der Wahrnehmung persönlicher Bedürfnisse und des Selbstvertrauens, der sprachlichen Kompetenz, der Frustrationstoleranz und Spielfähigkeit. Wandel der Rolle der Erzieherinnen: Beobachten und Zuhören lernen, Moderatorin und Beraterin, entdecken eigener Lebenskompetenz.
Anmerkungen	Die Erfahrungen mit diesem Projekt in zahlreichen Kindertagesstätten in Bayern und deren Veröffentlichung führten zu vielen gleichen Projekten im gesamten Bundesgebiet.

Abb. 1: Raster für die Projektdarstellung am Beispiel „Spielzeugfreier Kindergarten"

Zusammenfassung der Arbeitsgruppendiskussion und weiterführende Fragen

In der Arbeitsphase des Workshops standen folgende Fragestellungen und Themen im Mittelpunkt:

— Erfahrungen der Teilnehmerinnen und Teilnehmer in Bezug auf Marktübersichten und Transparenz sowie eigene Vorstellungen davon;

— Erfahrungen und Vorstellungen hinsichtlich Qualitätssicherung;

— Haupterfahrungen der Teilnehmerinnen und Teilnehmer

   — als Adressaten (Praxisebene),

   — als Schlüsselpersonen (Planungs- und Entscheidungsebene);

- Verbesserungswünsche und Perspektiven;
- offene Fragen.

Eigene Erfahrungen

Aus zwei Institutionen konnte von Erfahrungen mit der Entwicklung von Datenbanken berichtet werden. So hat die Aktion Jugendschutz (Suchtprävention bei Kindern und Jugendlichen) in Bayern bereits eine Datenbank und Marktübersicht für Bayern konzipiert und umgesetzt (mit Unterstützung durch die BZgA, Softwarebereitstellung und -modifizierung nach landesspezifischen Kriterien), die online zur Verfügung gestellt werden soll. Gesehen wird die Notwendigkeit und Problematik der kontinuierlichen Aktualisierung.

Das zweite Erfahrungsbeispiel betraf den Aufbau einer landesspezifischen Datenbank zum Themenkomplex Gesundheitsförderung durch das Landesgesundheitsamt Baden-Württemberg. Hier wurde der Wunsch nach einer bundesweiten Öffnung und Vernetzung geäußert und – an die Teilnehmerinnen und Teilnehmer des Workshops gerichtet – für eine Umsetzung in den jeweiligen Regionen bzw. Ländern plädiert.

Vorstellungen und Wünsche

Aus der Diskussion ergaben sich folgende Vorstellungen und Wünsche der Teilnehmerinnen und Teilnehmern bezüglich der Weiterentwicklung der Datenbank und der Marktübersichten:

- Geäußert wurde der Wunsch nach einer bundesweiten Vernetzung der Marktübersicht über die BZgA zur Transparenzschaffung.
- Es sollte eine Abfrageoption über regionale Kriterien (z.B. Recherche über Postleitzahlen) eingerichtet werden, um eine regionale Informationsnutzung zu gewährleisten.
- Die Formulare/Fragebogen zur Aufnahme in die Datenbank sollten nicht zu umfangreich gestaltet werden, da sie ansonsten abschreckend wirken (Hemmschwelle klein halten, subtile „Verpackung" statt direkter Abfrage der angewandten Qualitätskriterien in Fragebogen/Formular).
- Es besteht ein Bedarf an Qualitätskriterien zur besseren Objektivierung und Qualitätssicherung (unter Berücksichtigung der Anwendbarkeit).
- Bewertungen sollen für den Nutzer transparent sein.

Als wichtige Fragen bzw. Aufgaben haben sich herauskristallisiert:

- Wie erfolgt die Datenbankpflege (zentral/dezentral organisiert, bei landes- bzw. bundesweiter Datenbank)? Hier wurden finanzielle und zeitliche Probleme einer kontinuierlichen Aktualisierung der Datenbank gesehen. Als Lösungsmöglichkeit wurde die Inanspruchnahme entsprechender Dienstleistungen gesehen, wobei sich allerdings die Frage stellt, wer hierfür zahlt.
- Die Entwicklung von konsensfähigen Qualitätskriterien, die anwenderfreundlich gestaltet sind (Transparenz der Bewertung).

4.2.2 Perspektiven kommunaler Zusammenarbeit – Möglichkeiten und Probleme einer intersektoralen Kooperation

Leitung: Volker Rittner, Deutsche Sporthochschule Köln
Christoph Müllmann, Stadt Kamp-Lintfort

Einführung

Bei Maßnahmen der Gesundheitsförderung reichen allgemein anerkannte Zielsetzungen und gute Argumente, so wichtig sie sind, nicht aus, wenn es darum geht, sie mit entsprechenden Maßnahmen in den kommunalen Interessenfeldern durchzusetzen und zu implementieren. Zwar spricht die WHO zu Recht von der Notwendigkeit einer ganzheitlich orientierten, intersektoralen Gesundheitspolitik (z.B. Ottawa-Charta und Nachfolgepapiere), aber es gibt wenig Erfahrungen darüber, wie dies konkret umgesetzt und bewirkt werden kann, d.h. wie entsprechende Pläne und Maßnahmen tatsächlich Einfluss und Durchsetzungskraft in den kommunalen Entscheidungsstrukturen und somit Aspekte von Community Power gewinnen können. Dies gilt in jedem Fall für das Setting Kindergarten bzw. für den Bereich Vorschulerziehung.

Vor dem Hintergrund dieser Problematik wurden – in Ergänzung und Vertiefung des Impulsreferats „Gesundheitsförderung im Vorschulbereich. Möglichkeiten kommunaler Zusammenarbeit" (siehe *Kapitel 4.1*) – in der Arbeitsgruppe noch einmal Elemente des Projekts „Hüpfdötzchen – Kindergarten in Bewegung" mit einer Videopräsentation (Sendung des WDR) und darüber hinaus das Projekt „Da bewegt sich was" in der Stadt Kamp-Lintfort vorgestellt.

Professor Rittner hob dabei insbesondere fünf Punkte hervor:

(1) die Bedeutung einer adäquaten Problembeschreibung;
(2) die Verfügbarkeit eines geeigneten Mediums (in diesem Fall Sport und Bewegung);
(3) die Wichtigkeit der kommunalen Kooperation und des Denkens in Netzwerken;
(4) die Bedeutung der Öffentlichkeitsarbeit (Beteiligung der Presse) sowie
(5) der Evaluation/Dokumentation.

Im Fall des Projekts „Da bewegt sich was" ist bemerkenswert, dass mit finanziell relativ unaufwendigen Maßnahmen ein entsprechendes Projekt in der Stadt Kamp-Lintfort realisiert wurde. Die Kommune konnte für entsprechende Zielsetzungen sensibilisiert werden und etablierte ein gesundheitsförderliches Netzwerk mit einem kommunalen Verhandlungssystem. Christoph Müllmann, Erster Beigeordneter der Stadt Kamp-Lintfort, berichtete – unter Einbezug seiner Erfahrungen als Kommunalpolitiker – über die Entstehung des Projekts und seine kommunale Durchsetzung.

Im Anschluss an die Ausführungen zu den vorgestellten Projekten wurde über die daraus gewonnenen Erkenntnisse diskutiert und von eigenen Erfahrungen im Bereich kommunaler Interessenverfolgung berichtet.

Prinzipien und Erfahrungen der kommunalen Kooperation auf dem Gebiet der Gesundheitsförderung

Volker Rittner

Bedeutung von Netzwerken

Gerade für eine in der Öffentlichkeit eher unterschätzte Einrichtung, wie es die Kindergärten darstellen, ist es wichtig zu begreifen, dass soziale Netzwerke bzw. Verhandlungssysteme ein geeignetes Mittel sind, die eigenen Ziele und Absichten wirkungsvoller darstellen zu können. Netzwerke sind in diesem Fall als Instrumente und Mechanismen der Einflussgewinnung interessant. Dies gilt in jedem Fall für lokale Interessenkonstellationen und Kommunikationsstrukturen. Allerdings muss man die Merkmale und Regeln von Netzwerken bzw. der Netzwerkarbeit kennen, um mit diesem Instrument mit Erfolgsaussichten zu operieren. Zu beherzigen sind hierbei Aspekte einer intersektoralen Politik, d.h. die Erfordernisse einer „Einflusslogik" im Umgang zwischen Institutionen und Organisationen und der entsprechenden Interaktion untereinander. Die „Einflusslogik" bzw. ein intersektorales Politikverständnis unterscheidet sich mit ihren interorganisatorischen Bezügen fundamental von der so genannten „Mitgliedslogik", d.h. von den Instrumenten und Handlungslösungen, wie sie im Kontakt innerhalb einer Organisation zum Zuge kommen.

Tatsächlich gelang es sowohl im Kreis Neuss als auch in der Stadt Kamp-Lintfort, eine größere Zahl von Akteuren in die Projekte einzubinden. Unter Berücksichtigung der skizzierten Erfordernisse der Netzwerkarbeit und des Agierens in Verhandlungssystemen kamen bemerkenswert schnell einvernehmliche Entscheidungen und Projektmaßnahmen zustande. Voraussetzung hierfür war allerdings die hauptamtliche Steuerung der Netzwerke (Projektbüro im Kreis Neuss; Beteiligung des Sport- und Jugendamts im Fall Kamp-Lintfort).

Bedeutung der adäquaten Situations- und Problembeschreibung

In Netzwerken, speziell Verhandlungssystemen, stoßen die Beteiligten sehr schnell auf sehr unterschiedliche Perspektiven, Wahrnehmungen und Einstellungen sowie Handlungsroutinen und Interessen sehr heterogener Organisationen (öffentliche Verwaltung, Non-Profit-Sektor, Verbände). Vor diesem Hintergrund ist es wichtig, dass man im Sinne eines *taking the role of the other* die Perspektiven der jeweils anderen Organisationen berücksichtigt. Dies bedingt die Überwindung der eigenen beschränkten Perspektive. Tatsächlich gab und gibt es viele Spezialprobleme der Kindergartenkonstellation, die zwar für die Selbstverständigung der Szene selbst bedeutsam und unverzichtbar sind, die aber nicht ohne weiteres bei den (zu gewinnenden Partnern) Aufmerksamkeit und Interesse bzw. Handlungsbereitschaft und Energien zur Kooperation auslösen.

Vor diesem Hintergrund ist die Auswahl einer konsensfähigen Aufgabenbestimmung bzw. Problemdefinition von größter Bedeutung. Sie muss für die Partner wie für die Öffentlichkeit anschlussfähig sein. Dabei sind insbesondere folgende Erfordernisse bedeutsam:
— die Allgemeinheit und Brisanz des Problems, an dem man arbeiten will, und seine entsprechende Darstellung;
— die wissenschaftliche Begründbarkeit des Problems bzw. der Problembestimmung;
— die kommunal adäquate Interpretation des Problems (Was bedeutet das für uns im Kreis Neuss bzw. in Kamp-Lintfort?);
— das Aufzeigen der Möglichkeit der Problemlösung seitens der Teilnehmer (*encouragment* bzw. *empowerment*), d.h. die Projektfähigkeit.

Vor diesem Hintergrund war es zweifellos ein Vorteil, dass sowohl im Kreis Neuss als auch in Kamp-Lintfort Vertreter der Deutschen Sporthochschule Köln den wissenschaftlichen Hintergrund der geplanten Maßnahme darlegen konnten. Entsprechend kann bei ähnlichen Projektvorhaben in anderen Kommunen nur empfohlen werden, die Kooperation zu wissenschaftlichen Einrichtungen zu suchen und sie als Projektpartner zu gewinnen. Von Vorteil ist dabei ein Wandel in der Hochschullandschaft. Universitäten und Fachhochschulen sind mittlerweile für Fragen des Wissenstransfers und auch für Kooperationsprojekte sehr viel aufgeschlossener.

Problemhintergrund und kommunale Relevanz
Im Fall der beiden Projekte im Kreis Neuss und in Kamp-Lintfort konnte auf sozialepidemiologische Daten eines veränderten Krankheitspanoramas verwiesen werden, die speziell für den Kreis Neuss im Rahmen eines Public-Health-Projekts erhoben worden waren (Rittner et al. 1994). So klagen im Kreis Neuss — so das Ergebnis der repräsentativen Bevölkerungsbefragung — 70,4% über Rücken- und Gelenkbeschwerden und 42,6% über Herz-Kreislauf-Beschwerden (vgl. *Abbildung 1*). Hierbei handelt es sich um Beschwerdebilder, die die Bedeutung der lebensstilbedingten chronisch-degenerativen Krankheiten widerspiegeln.

Bedeutung des Mediums Sport und Bewegung
Aus der gleichen Studie ging hervor, dass in der Bevölkerung Sport und Bewegung als die wichtigsten Möglichkeiten der Gesundheitssicherung wahrgenommen und genutzt werden. Bewegung erscheint wichtiger als beispielsweise die gesunde Ernährung, die Inanspruchnahme von medizinischen Dienstleistungen oder der Konsum von Medikamenten (vgl. *Abbildung 2*). Damit zeigte sich die große Akzeptanz eines Mediums, das in der Gesundheitsförderung bislang nur halbherzig aufgegriffen und genutzt wird. Mittlerweile hat es den Charakter einer Selbstmedikationspraxis angenommen.

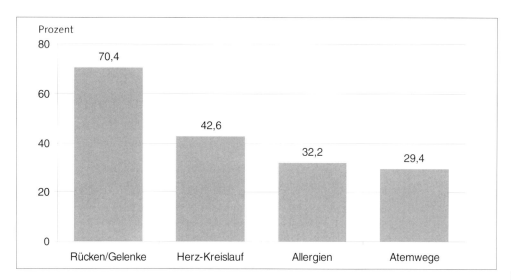

Abb. 1: Zentrale Gesundheitsprobleme

Abb. 2: Praktizierte Formen des Gesundheitsverhaltens

Tatsächlich sind Sport und Bewegung in die Rolle eines Gesundheitsmediums hinein-gewachsen. In einem veränderten Sportpanorama ist der Leistungs- und Wettkampfsport traditioneller Prägung nur noch ein Modell unter anderen. Der Gesundheitssport, der eine eigene Logik ausgebildet hat, ist dabei zu einer Art „sozialer Bewegung" geworden, in der die Gesundheitsmotivation die Sportmotivation überlagert. Interessant ist das Medium unter vier Aspekten:

(1) Es hat aufgrund seiner gewachsenen Popularität Zugang zu sehr unterschiedlichen Lebensstilen und Lebenswelten.
(2) Es baut explizite Gesundheitsrollen auf.
(3) Es erzeugt vergleichsweise leicht Handlungsbereitschaft.
(4) Die Sportorganisationen repräsentieren bereits ein soziales Netzwerk, das sich entsprechenden Zielsetzungen immer mehr öffnet und beispielsweise in Public-Health-Strategien einordnet.

Entsprechende Merkmale des Mediums Sport/Bewegung traten noch deutlicher hervor, als in der Bevölkerungsbefragung nach einer weiteren Verbesserung des Gesundheitsverhaltens gefragt wurde. In diesem Fall erhöhte sich noch einmal die wahrgenommene Bedeutsamkeit von Sport und Bewegung im Unterschied zu Ernährung/Gewichtsreduktion, dem Rauchen und den Entspannungstechniken (vgl. *Abbildung 3*).

Abb. 3: Vorschläge zur Verbesserung des eigenen Gesundheitsverhaltens

Projekte als Königsweg zur Mobilisierung von Aufmerksamkeit

In vielen Konstellationen der Gesundheitsförderung sind Projekte ein Königsweg, um kommunale Aufmerksamkeit und Beachtung und vor allen Dingen die Mitwirkung anderer Akteure zu gewährleisten bzw. zu mobilisieren. Diesen Weg beschritten auch die Maßnahmen im Kreis Neuss und in Kamp-Lintfort.

Mit Projekten verbinden sich folgende Vorteile:
— Zwang zu klaren Zielsetzungen,
— Aufbau einer Handlungsstruktur,
— klare Zeitstruktur,
— Definitionen von Zielen und Zielverwirklichungen,
— die Möglichkeit des Vorweisens von Ergebnissen.

Befristung ist unter diesen Gesichtspunkten zunächst ein Vorteil. Gleichwohl muss ein gutes Projekt immer auch die Zeit nach Projektabschluss im Auge haben und Sorge für die Nachhaltigkeit der Erfahrungen und Erkenntnisse haben.

Das Projekt „Da bewegt sich was" der Stadt Kamp-Lintfort

Christoph Müllmann

Die niederrheinische Stadt Kamp-Lintfort zählt etwa 40.000 Einwohner. Von den 14 Kindertagesstätten sind sechs in kommunaler und drei in kirchlicher Trägerschaft, drei werden von der AWO getragen und bei zweien handelt es sich um Initiativeinrichtungen. Die in der Stadt ansässigen 48 Sportvereine haben 12.500 Mitglieder.

Das Projekt „Da bewegt sich was" der Stadt Kamp-Lintfort hat mehrere Elemente des Hüpfdötzchen-Projekts adaptiert.

Vorgeschichte zur Entstehung des Projekts

1997 wurde ein „1. Stadtforum für den Sport" veranstaltet, auf dem es um die Frage ging, inwieweit die Stadt Kamp-Lintfort in Zusammenarbeit mit den Sportorganisationen zu neuen Initiativen und Lösungen im Bereich der allgemeinen Sportentwicklung kommen kann. Diese zunächst eher sportbezogene und allgemeine Zielsetzung wurde schon während des Sportforums – unter Anwesenheit von Vertretern des Kindergartenbereichs und von weiteren Akteuren, wie Jugendamt, Krankenkassen, Politiker – um explizit gesundheitsbezogene Fragestellungen erweitert und ergänzt. In verschiedenen weiteren Diskussionsstufen und Verhandlungssystemen wurde neben anderen Fragestellungen zur Situation der Sportvereine der Bezug zu den Kindergärten der Kommune hergestellt. Damit verbanden sich dann die weiteren Frage- und Aufgabenstellungen:

— Inwieweit kann das Medium Sport/Bewegung im Rahmen der zunehmend größeren Probleme der lebensstilbezogenen Krankheiten (chronisch-degenerative Krankheiten) im kommunalen Rahmen unter Beteiligung der Kindergärten, Sportvereine, Kinderärzte und anderer Akteure besser genutzt werden?
— Inwieweit können neue Erkenntnisse zur präventiven Bedeutung von Sport und Bewegung für die Kinder und Eltern in Kamp-Lintfort konkret umgesetzt werden?
— Inwieweit ist es möglich, neue Formen einer gemeinschaftlichen Zusammenarbeit zwischen den verschiedenen Akteuren im kommunalen Raum zu finden?

Überraschend schnell – 1998 – konnten sich die verschiedenen Akteure auf eine erste konkrete Maßnahme, das Projekt „Da bewegt sich was", verständigen.

Formuliert wurden drei Zielsetzungen:
(1) Verbesserung der psycho- bzw. sportmotorischen Kompetenz der Kinder im Kindergartenalter durch Entwicklung, Organisation und Durchführung eines Projekts zur Bewegungsförderung in Kindergärten.

(2) Aufbau von Arbeits- und Kooperationsbeziehungen der kommunalen Eigenhilfe.

(3) Dauerhafte Verankerung der Impulse bei Kindergärten und Kooperationspartnern.

Aktivierung kommunaler Akteure

Im Sinne einer Aktivierung der Kommune konnten der Dezernent, die Erzieherinnen und Erzieher, Jugendamt, Sportamt und Sportausschuss, die AOK, Eltern, Sportvereine und Kinderärzte für das Projekt aktiviert werden. Insbesondere die Aktivierung der Sportvereine hat zu dauerhaften Kooperationsbeziehungen zwischen einzelnen Sportvereinen und Kindergärten geführt. Nicht aktiviert werden konnten dagegen – in der Kürze der Zeit – freie Träger der Kindergärten sowie andere Krankenkassen.

1999 folgte ein Aktionstag „Sport in Schule und Verein", mit dem – ausgehend von den Erfahrungen des Kindergartenprojekts – ein Einstieg in die Bewegungsförderung bei der Gruppe der 6- bis 12-Jährigen erfolgte.

Ergebnis der beiden Projekte

In beiden Fällen – sowohl im Kreis Neuss als auch in der Stadt Kamp-Lintfort – gab es eine höhere Wertschätzung und Belegung der Arbeit in den Kindergärten, die damit eine neue Rolle als Akteure im Gesundheitsbereich gewinnen konnten. Im Bereich der Bewegungs-/Koordinationsförderung wurden messbare Verbesserungen der koordinativen Leistungsfähigkeit bewirkt. Und nicht zuletzt ergaben sich neue Kooperationsstrukturen und eine allgemeine Problemsensibilisierung auf einem wichtigen Feld der gesellschaftlichen Entwicklung.

Weitere Perspektiven

(1) Die Maßnahmen in den Einrichtungen sollen fortgeführt werden bzw. es werden weitere Kindergärten in die Projekte einbezogen. Das Gesundheitsamt im Kreis Neuss beispielsweise sieht in den Maßnahmen eine Daueraufgabe.

(2) Es erfolgte/erfolgt eine Ausdehnung des Projekts auf den Grundschulbereich.

(3) Die Kooperationen sollen beibehalten und weiterentwickelt werden.

(4) Die Projektkoordination soll institutionalisiert werden.

(5) Die Maßnahmen sollen in ein kommunales Sport-/Freizeitentwicklungskonzept integriert werden.

Diskussion der Arbeitsgruppe und Perspektiven

Vor dem Hintergrund der vorgestellten Projekte wurde die allgemeine Frage diskutiert, wie man im Rahmen der Legitimations- und Begründungskontexte aufzeigen könne, dass sich Investitionen der Kommunen im Präventionsbereich tatsächlich rechnen.

In diesem Zusammenhang wurde seitens des WHO-Vertreters (Dr. Krech) dafür plädiert, Gesundheit als Zukunftsinvestition zu betrachten, wobei Krankheit eine Kostenstelle darstellt. Man sollte sich die Frage stellen, welchen Mehrwert es für eine Region bedeutet, wenn man Gesundheit ins Zentrum von politischen Entscheidungen stellt. In diesem Zusammenhang wurde ein größeres Projekt der WHO in West-Sachsen erwähnt, in dessen Verlauf Gesundheitsinvestitionen in einer sektorübergreifenden Perspektive beleuchtet und politische Entscheidungen auf dieser Grundlage getroffen wurden.

Ein weiterer Diskussionspunkt betraf die Wirklichkeit der Gesundheitsförderung in vielen Kommunen, die als recht entfernt von den programmatischen Aussagen und Wunschvorstellungen gesehen wurden, da sich hier niemand für Gesundheitsförderung wirklich verantwortlich fühle. In diesem Zusammenhang wurde die Frage gestellt, inwieweit beispielsweise die Kommunalpolitiker im Kreis Neuss bereit waren, nicht nur das Projekt als isolierte Maßnahme zu finanzieren, sondern die Maßnahmen auch zu institutionalisieren. Tatsächlich wurden aus den Ergebnissen der zitierten Erhebung im Rahmen des Public-Health-Projekts entsprechende Konsequenzen gezogen: Im Gesundheitsamt wurde eine Stelle mit klarer Public-Health-Aufgabenstellung eingerichtet (u.a. Betreuung der Gesundheitskonferenz des Kreises, Etablierung der Gesundheitsberichterstattung, Initiierung und Begleitung von Projekten) und das Projekt „Hüpfdötzchen" wird fortgesetzt. Nachdem die 1. und 2. Phase vom Kreis Neuss getragen wurden, tragen die Einrichtungen nunmehr jeweils 250 DM selbst.

Auch im weiteren Verlauf der Gesprächsrunde konzentrierte sich das Interesse der Teilnehmerinnen und Teilnehmer vor allem auf konkrete Fragen zu den vorgestellten Projekten:

• Haben sich durch das Projekt die Ausbildungsinhalte in Bezug auf die Psychomotorik verändert?

Die Bereitschaft der Erzieherinnen und Erzieher, auf diesem Gebiet zu lernen, ist sehr groß. Sie geben an, dass in diesem Bereich Ausbildungsdefizite zu verzeichnen sind. Mögliche Änderungen infolge des Projekts sind im Rahmen des Projekts nicht weiter verfolgt worden.

• Gibt es eine Kosten-Nutzen-Analyse im Rahmen der Projekte?

In beiden Projekten wurde diese Frage nicht spezifisch verfolgt. Allerdings berührt diese Frage ein generelles Dilemma, dass ein gesundheitsökonomischer Output anders als bei der Erstellung üblicher Wirtschaftsgüter nicht so schnell als *return of invest* nachweisbar ist, da die Maßnahmen langfristig angelegt sind und die Konstellationen der Variablen außerordentlich komplex sind. Nach Aussage einer Seminarteilnehmerin ist aber durch Sport beispielsweise ein Rückgang von Vandalismus in sozialen Brennpunkten zu verzeichnen.

Erfahrungen und Erkenntnisse der Arbeitsgruppe aus eigener Projektarbeit

— Eine Aktivierung für solche Maßnahmen ist eher möglich, wenn bestimmte Akteure (z.B. Kinderärzte, Sportvereine, Krankenkassen, Hochschulen) mit einbezogen werden.

— Um etwas zu erreichen, muss den beteiligten Organisationen aufgezeigt werden, wie sie von einem solchen Projekt profitieren können.

— Man muss sich durch Veränderungen (z.B. neue kommunalpolitische Entscheidungsträger) auch neue Wege suchen und darf sich nicht hartnäckig auf den herkömmlichen Weg versteifen.

— Bevor man mit einem Projekt beginnt, müssen die entsprechenden Entscheidungsträger gesucht werden.

— Es gibt nur eine „knappe" Aufmerksamkeit. Deshalb dürfen in solchen Projekten nur zentrale Fragen behandelt werden, die für die beteiligten Akteure transparent sind.

— Eine Qualitätssicherung hängt auch mit dem Finanzrahmen eines Projekts zusammen.

— Es ist wichtig, den beteiligten Akteuren zu vermitteln, dass man mit dem Projekt den Bedürfnissen der Bevölkerung nachkommt.

— Es muss beachtet werden, dass jede Gruppe von Akteuren (Politiker, Soziologen, Erzieher) eine unterschiedliche Sprache hat. Zielgerichtete Maßnahmen müssen dies berücksichtigen, um die Adressatengruppe zu erreichen.

— Geld ist verfügbar, wenn man Druck macht, d.h. die Attraktivität und den Nutzen einer Maßnahme verdeutlicht.

Anspruch und Wirklichkeit der kommunalen Gesundheitsförderung – so die Arbeitsgruppe – klaffen noch weit auseinander. Gerade das Setting Kindergarten wird in den Kommunen hinsichtlich seiner salutogenen Potenziale noch weitgehend unterschätzt. Andererseits sprechen alle gesundheitswissenschaftlichen Erkenntnisse für eine stärkere Berücksichtigung der Vorschulerziehung. Die guten Argumente sind demnach gegeben. Auf der Operationsebene müssen allerdings, wenn die Kluft zwischen Anspruch und Wirklichkeit überwunden werden soll, die Prinzipien und Regeln intersektoralen Denkens und Handelns stärker berücksichtigt werden. Die Beispiele im Kreis Neuss und in der Stadt Kamp-Lintfort geben Anhaltspunkte dafür, dass entsprechende Erfolge möglich sind.

Literatur

Rittner, V. / Mrazek, J. / Meyer, M. / Hahnemann, G. (1999): *Gesundheit im Kreis Neuss. Präventive Potentiale in der Bevölkerung und Möglichkeiten ihrer Nutzung im Öffentlichen Gesundheitsdienst*. Köln.

4.2.3 Aspekte der Qualitätssicherung – Kriterien für die Auswahl von Medien zur Bewegungsförderung

Leitung: Renate Zimmer, Universität Osnabrück

Einführung

Die Einsicht in die Notwendigkeit einer stärkeren Berücksichtigung der Bewegungsbedürfnisse von Kindern ist bei pädagogischen Fachkräften größer geworden. Insbesondere der Kindergarten hat sich auf die zunehmende Einschränkung der freien Spiel- und Bewegungsmöglichkeiten der Kinder in ihrem Lebensalltag eingestellt und versucht, Ausgleichsmöglichkeiten zu schaffen. In vielen Einrichtungen des Elementarbereichs wurde die Förderung der Entwicklung durch Wahrnehmung und Bewegung fest im pädagogischen Konzept verankert.

Wenn auch die Ausbildung der Erzieherinnen und Erzieher der fachübergreifenden Bedeutung der Bewegung immer noch nicht den Stellenwert beimisst, den sie nach wissenschaftlichen Erkenntnissen eigentlich haben müsste, so ist doch die Bewusstheit der in der Praxis Tätigen gewachsen. Dies drückt sich in der großen Akzeptanz von Fortbildungsangeboten zum Thema Wahrnehmung und Bewegung ebenso aus wie in der Bereitschaft vieler Erzieherinnen und Erzieher, sich autodidaktisch über Literatur fortzubilden.

Entsprechend hat auch das Angebot von Fachbüchern, Broschüren und Ratgebern zum Thema Entwicklungs- und Bewegungsförderung auf dem Medienmarkt zugenommen. Es besteht eine Fülle an Printmedien zu den Bereichen Sinneswahrnehmung, Bewegung, Spiel, Rhythmik, Tanz, Psychomotorik. Zunehmend werden auch Tonträger und Videofilme produziert, die sich mit diesen Themen befassen. Angesichts der unüberschaubaren Vielzahl an Büchern, Broschüren, Musikkassetten und anderen Tonträgern stehen Erzieherinnen und Erzieher oft vor der Qual, eine Auswahl treffen zu müssen. Nicht immer lassen Titel, äußere Aufmachung des Buches, Inhaltsverzeichnis oder Illustrationen erkennen, ob es den mit dem Kauf verbundenen Erwartungen auch tatsächlich entspricht. Bei Tonträgern und Videofilmen ist es meist überhaupt nicht möglich, deren Qualität vor dem Erwerb zu überprüfen – in die Musik kann nicht hineingehört, die Filme können nicht angesehen werden.

Am Beispiel der im Auftrag der BZgA erstellten Medienübersicht zur Bewegungsförderung im Kindergarten sollten in der Arbeitsgruppe die derzeitige Situation auf dem Medienmarkt und die unterschiedlichen Medienarten dargestellt und die der Medienübersicht zugrunde liegenden Auswahlkriterien erläutert und diskutiert werden.

Medienübersicht *Bewegungsförderung im Kindergarten* – Leitfragen als Auswahlkriterien

Die im Auftrag der BZgA erstellte kommentierte Medienübersicht zur Bewegungsförderung im Kindergarten[1] soll Erzieherinnen, Erziehern und anderen pädagogischen Fachkräften bei der Auswahl und Einschätzung der vielfältigen Angebote an Fachliteratur und audiovisuellen Medien Hilfe bieten.

Sie gibt einen Überblick über bewährte und neue Medien zur Bewegungserziehung von Kindern und wurde nach folgenden Schwerpunkten gegliedert:

---

1. Fachbücher

        1.1. Bewegungserziehung/Psychomotorik

        1.2. Wahrnehmungsförderung/Sinnesspiele

        1.3 Entspannung/Stilleübungen

        1.4. Rhythmik/Tanzen

        1.5. Bewegungsräume

2. Broschüren und Lehrmaterialien

3. Spielekarteien

4. Auditive Medien

5. Audiovisuelle Medien

Tab. 1: Gliederung der kommentierten Medienübersicht *Bewegungsförderung im Kindergarten*

Überprüft und bewertet wurde ein Großteil der zur Zeit veröffentlichten und verfügbaren Medien zum Thema Bewegungsförderung, die die pädagogischen Fachkräfte im Kindergarten als Zielgruppe ansprechen und auf die Arbeit mit Kindern im vorschulischen Alter ausgerichtet sind.

Zu den Medien gehören sowohl Fachbücher als auch von Verbänden herausgegebene Broschüren und Lehrmaterialien sowie Spielekarteien, audiovisuelle Medien (Lehrfilme) und auditive Medien (CDs, MCs).

Bewertungskriterien

Zur Bewertung der Medien hinsichtlich ihrer Eignung als Arbeitsmaterial für Erzieherinnen und Erzieher wurde anhand von 14 Leitfragen ein Kriterienraster erstellt (siehe *Tabelle 2*). Ein wesentlicher Gesichtspunkt hierbei war die Gesundheitsförderung, der durch andere wichtige Aspekte einer ganzheitlichen Entwicklungsförderung durch Bewegung ergänzt wurde.

---

1 Renate Zimmer, *Bewegungsförderung im Kindergarten. Kommentierte Medienübersicht.* Köln: BZgA (Hrsg.), 2000 (3. Aufl. 2001) (Gesundheitsförderung konkret Bd. 1).

1. Werden gesundheitserzieherische Aspekte thematisiert,
   - indem auf präventive und rehabilitative Wirkungen der Bewegungsförderung Bezug genommen wird,
   - indem Gefahren der heutigen Lebenssituation von Kindern aufgezeigt werden,
   - indem die Bedeutung von Wahrnehmung und Bewegung für die Entwicklung des Kindes verdeutlicht wird,
   - indem auf das Zusammenwirken physischer, psychischer, sozialer und ökologischer Faktoren hingewiesen wird?
2. Wird der Zusammenhang zwischen psychischer, sozialer und motorischer Entwicklung deutlich (Ganzheitlichkeit anstelle isolierter Förderung körperlich-motorischer Funktionen)?
3. Wird der Bezug zu pädagogischen Konzepten der Kindergartenpädagogik hergestellt? Wird der Stellenwert von Bewegung in unterschiedlichen pädagogischen Konzepten berücksichtigt, sind auch alternative Konzepte angesprochen?
4. Sind die praktischen Beispiele und Übungs-/Spielvorschläge an den körperlich-motorischen Voraussetzungen von Kindern im Vorschulalter orientiert? Bewegungsaufgaben können auch gesundheitsschädlich sein. Werden Überbelastung, falsche Beanspruchung, nicht kindgemäßes „Training" vermieden?
5. Sind die praktischen Beispiele im Kindergarten umsetzbar, benötigen sie spezielle räumliche und materiale Voraussetzungen oder sind sie auch unter einfachen Voraussetzungen und kostengünstig zu realisieren?
6. Sind Hinweise auf die Gestaltung von Bewegungsräumen (innen, insbesondere auch außen) enthalten?
7. Werden der Erzieherin Begründungen gegeben, warum bestimmte Spielvorschläge und Bewegungsaufgaben sinnvoll und wichtig sind? Wird auf Wechselwirkungen sensorischer, motorischer, kognitiver und psychosozialer Erfahrungen hingewiesen?
8. Sind die Medien auch für die Elternarbeit einsetzbar (Information der Eltern über häusliche Über- bzw. Unterbelastungen der Kinder, falsche Sitzmöbel, Freizeitgestaltung mit Kindern auch außerhalb des Kindergartens)?
9. Lassen die Spielvorschläge eigene Ideen und Variationen der Erzieherin zu, wecken sie Kreativität und Phantasie? Bewegungsförderung kann auch für die Erzieherin gesundheitsfördernde Wirkungen haben.
10. Wird die Problematik von Unfallprävention, Aufsichtspflicht, Sicherheitsmaßnahmen angesprochen bzw. berücksichtigt?
11. Wird auf die Probleme ängstlicher, entwicklungsauffälliger, bewegungsbeeinträchtigter Kinder eingegangen? Sind didaktische und methodische Hinweise für den Umgang mit solchen Kindern enthalten?
12. Ist bei den Spiel- und Übungsvorschlägen die Bedeutung der Motivation (Freude, Spaß, Bewegungslust) berücksichtigt?
13. Werden die Inhalte verständlich übermittelt, anschaulich beschrieben, wird der Praxisbezug hergestellt?
14. Ist der Text strukturiert, übersichtlich gegliedert, sind wichtige Passagen hervorgehoben? Erleichtern Illustrierungen die praktische Umsetzung?

Tab. 2: Kriterien zur Bewertung von Medien zur Bewegungsförderung im Kindergarten

Diskussionsschwerpunkte der Arbeitsgruppe und Perspektiven

Seitens der Teilnehmerinnen und Teilnehmer des Workshops wurde bestätigt, wie zeitaufwendig und mühevoll die Auswahl geeigneter Literatur in der ohnehin knapp bemessenen Zeit des Berufsalltags erlebt wird.

Es wurde der Wunsch nach einem Fortschreiben der Medienübersichten geäußert, um die Aktualität zu gewährleisten. Zusätzlich sollte der Zugriff auf die Datenbanken der BZgA möglich sein. Eine Fortschreibung und regelmäßige Aktualisierung der Medienübersicht sollte nach Meinung einiger Diskussionsteilnehmer zusätzlich das Thema „Integration von behinderten Kindern" aufnehmen, da dies in der vorhandenen Literatur zu wenig berücksichtigt werde.

Das Internet als Medium zur Informationsbeschaffung wurde zwar begrüßt, es dürfe jedoch nicht die alleinige Quelle sein, um sich über geeignete Arbeitsmaterialien zu informieren bzw. um sich einen Eindruck über Eignung und Qualität von Medien zu verschaffen.

Im weiteren Verlauf der Diskussion wurde die Rolle der Erzieherinnen bei Bewegungs-spielen bzw. Bewegungsübungen mit Kindern thematisiert. In diesem Zusammenhang wurde auf die Bedeutung des eigenen Verhaltens im Sinne eines Vorbilds und Lernmodells für die Kinder verwiesen. Aus diesem Grunde sei es – so die einhellige Meinung – von größter Wichtigkeit, dass die Erzieherinnen und Erzieher aktiv an den Spielen und Übungen teilnehmen. Es wurde der Wunsch nach einer stärkeren Berücksichtigung dieses Aspekts auch in der Literatur und in anderen Medien sowie nach entsprechenden Fortbildungsveranstaltungen mit Selbsterfahrungsmöglichkeiten geäußert. Bei Übungs- und Spielformen sollte es Anregungen und konkrete Hinweise auf die Rolle bzw. das Verhalten der Erziehungspersonen geben.

Hinsichtlich der Auswahl audiovisueller Medien wurde betont, dass nur selten die Möglichkeit besteht, sich einen Film vor dem Kauf anzuschauen. Die Medienübersicht wurde deshalb für diesen Bereich als besonders wichtig erachtet, und es wurde positiv angemerkt, dass die Übersicht nicht nur inhaltliche Angaben, sondern auch praktische Hinweise wie Bezugsquellen etc. enthalte.

4.2.4 Mental Health Promotion im vorschulischen Alter – Strategien ganzheitlicher Gesundheitsförderung im europäischen Vergleich

Leitung: Josée van Remoortel, Mental Health Europe, Brüssel

Grundlage des Workshops bildete die Vorstellung der Ziele und Inhalte der in Brüssel angesiedelten Mental-Health-Organisation und des EU-Aktionsprojekts „Förderung der psychischen Gesundheit von Kindern bis zum 6. Lebensjahr" sowie die skizzierten Qualitätskriterien bei der Auswahl der „erfolgreichen" Modellprojekte. In der anschließenden Gesprächsrunde ging es vor allem um die Problematik der Akquise von EU-geförderten Projekten im Bereich der Gesundheitsförderung von Kindern im Kindergarten, die sich häufig kleineren Organisationen stellt, und um das Thema einer europäischen Netzwerkbildung.

Förderung der psychischen Gesundheit im Vorschulalter – das Aktionsprojekt von Mental Health Europe

Mental Health Europe ist eine in Brüssel ansässige nichtstaatliche Organisation. Erklärtes Ziel von Mental Health Europe ist die Förderung der psychischen Gesundheit und die Sekundärprävention psychischer Probleme. Kernideen und Zielsetzungen sind im Einzelnen:
– Entwicklung internationaler praxisorientierter Qualitätskriterien,
– Anregung zu Informations- und Erfahrungsaustausch (Informationsbörse über gelungene Projekte),
– europäische Netzwerkbildung (Synergieeffekte).

Es ist allgemein bekannt, dass Kindergärten einen idealen Rahmen für die Förderung der psychischen Gesundheit bieten, da sie sowohl Eltern, Lehrer, Erzieher und Gesundheitsexperten als auch Kinder verschiedener sozialer, kultureller und ethnischer Herkunft ansprechen. Ziel von Mental Health Europe ist es deshalb, das in zweieinhalb Jahren erworbene multidisziplinäre Wissen zur Verfügung zu stellen, um die psychische Gesundheit von Kindern an erste Stelle zu setzen.

Das Aktionsprojekt
Das Aktionsprojekt „Förderung der psychischen Gesundheit von Kindern bis zum 6. Lebensjahr" geht auf eine Initiative der EU zurück. Es sollte ein Programm entwickelt werden, das gute Praxisbeispiele für die psychische Gesundheit von Kindern bis zum 6. Lebensjahr ermittelt, sammelt und kategorisiert. Darüber hinaus sollten Kriterien für effektive Aktivitäten – auf nationaler wie auch auf internationaler (europäischer) Ebene – entwickelt sowie ein Informations- und Erfahrungsaustausch im Bereich der Förderung der

psychischen Gesundheit von Kindern stimuliert und organisiert werden. Ziel ist eine intensive Netzwerkbildung auf europäischer Ebene.

Der Expertenkommission wurde eine sehr breite und eindrucksvolle Palette von Projekten vorgelegt, die zeigte, dass es in Europa bereits eine große Vielfalt von Ansätzen im Bereich der psychischen Gesundheitsförderung für Kinder gibt. Diese Projekte positiv oder negativ zu bewerten, war keinesfalls Ziel der Expertenkommission. Wir alle sind sehr bemüht, Programme im Bereich der psychischen Gesundheit zu entwickeln. Deutlich wird, dass sich die Länder auf diesem Gebiet in verschiedenen Stadien der Entwicklung befinden.

Problemstellung

Für die Beurteilung der Modellprojekte stellte sich insbesondere das Problem, dass es an national wie international anerkannten Qualitätskriterien und -standards fehlte. Weitere Probleme waren:
— unterschiedliche Auffassungen von Kriterien und Erfolg,
— unterschiedliche Auffassungen von akzeptablem Beweismaterial,
— Unterschiede auf Länderebene im Bereich der Mittel für die Auswertungsrecherchen,
— Fehlen eines standardisierten und international anerkannten Berichtsformulars,
— Schwierigkeiten bei der Beschaffung von Informationen,
— Probleme unter den Teilnehmern bezüglich der Interpretation der Projektziele,
— kein „Gesamtbild" des Langzeiteffekts der Entwicklung, Verbreitung und Durchführung sowie der Ergebnissicherung.

Die eingesandten Projekte und Programme waren hinsichtlich ihres Entwicklungsstandes sehr unterschiedlich. Während sich einige Projekte noch im Konzeptstadium oder in einer Testphase befanden, wurden andere – ohne Prüfung ihrer Wirksamkeit – bereits täglich angewendet. Lediglich eine Minderheit konnte die Wirksamkeit oder Effektivität ihres Projekts belegen.

Qualitätskriterien

Ein erfolgreiches Programm sollte folgende pragmatische Qualitätskriterien erfüllen:
— Austauschbarkeit des Projekts unter Berücksichtigung der soziokulturellen Eigenheiten des jeweiligen Landes (d.h. Umsetzung in anderen Ländern muss möglich und praktikabel sein),
— Übertragbarkeit/Transferleistung in die Praxis (z.B. vor dem Hintergrund der Finanzierbarkeit),
— externe Evaluation,
— thematische Korrespondenz (Gesundheitsförderung),
— Zielgruppenorientierung (Alter, psychische Gesundheit etc.),
— Praxisumsetzung eines theoretischen Konzepts bereits vollzogen,
— Zeitrahmen des Projekts (nicht weniger als sechs Monate Laufzeit),
— Teilnehmerzufriedenheit.

Um die Qualität eines Projekts zu bewerten, kann man viele Kriterien – Ziele, Präzision der definierten Aufgaben etc. – heranziehen. Um zu entscheiden, ob ein Programm nachgeahmt oder von einer anderen Gemeinschaft angewendet werden kann, muss man sich jedoch fragen: Ist das Programm für eine bestimmte Gemeinschaft geeignet? Handelt es sich um ein Programm, das Materialien anbietet, die man benutzen und auf eine andere Gemeinschaft übertragen kann?

Das *Directory of Mental Health*[1]

Wir hoffen, dass das Verzeichnis eine Reihe von Organisationen – und zwar staatliche und nichtstaatliche – ermutigen und bewegen kann, Projekte und Strategien zu entwickeln, die zur Förderung und Verbesserung der psychischen Gesundheit von Bürgerinnen und Bürgern und insbesondere von Kleinkindern beitragen.

Das Verzeichnis verfolgt zwei Ziele:

(1) Es möchte als „Bewusstseinsdokument" fungieren, das die Wichtigkeit der Förderung psychischer Gesundheit im Allgemeinen und die der Kleinkinder im Besonderen all denjenigen vor Augen führt, die sich für das Wohlbefinden der in ihrer Umgebung lebenden Menschen interessieren, d.h. Personen, die in diesem Sektor professionell tätig sind, sowie Entscheidungsbefugten.

(2) Es führt Beispiele existierender Projekte an und fördert den Informationsaustausch und die Nachahmung erfolgreicher Projekte. Das Verzeichnis ist das Ergebnis der in den fünfzehn EU-Mitgliedstaaten und Norwegen durchgeführten Recherche bezogen auf Projekte, die sich die Förderung der psychischen Gesundheit von Kleinkindern zum Ziel gesetzt haben.

Das Verzeichnis stellt selbstverständlich keine komplette Liste aller in der Europäischen Union und Norwegen entwickelten und eingeführten Projekte dar. Auf der Grundlage der zur Verfügung stehenden Informationen wurden die 195 im Verzeichnis beschriebenen Projekte von den nationalen Partnern ausgewählt und dem europäischen Aktionsprojekt vorgeschlagen. Siebenundzwanzig von ihnen wurden von der Expertengruppe als effektive Modellprojekte gewertet.

In Anbetracht der begrenzten Zeitdauer und des begrenzten Budgets war es nicht möglich, jedes Projekt detailliert zu beschreiben. Im Verzeichnis finden sich aber eine Übersicht und eine Inhaltsangabe aller von den nationalen Partnern ausgewählten Projekte (siehe *Abbildung 1*). Interessenten sollten sich mit den in der Projektbeschreibung aufgeführten zuständigen Projektkoordinatoren oder mit dem Sekretariat von Mental Health in Verbindung setzen, um zusätzliche Informationen zu erhalten.

---

1 Mental Health Europe (Hrsg.): *Mental Health Promotion for Children up to 6 years. Directory of Projects in the European Union.* Brüssel, 1999.

Inhalt	
Präambel:	Appell zur Entwicklung von Strategien zur Förderung psychischer Gesundheit und insbesondere von Strategien und Initiativen, die auf die Bedürfnisse von Kleinkindern eingehen. Dieser Teil unterstreicht die Notwendigkeit, effektive Programme zu unterstützen und die Wirkung der psychischen Gesundheitsförderung weiterzuentwickeln.
Meilensteine:	Dieser Teil erklärt den Rahmen des Aktionsprojekts: • Zusammenstellung des Netzes, • Gebrauchsdefinition, • Liste der Qualitätskriterien.
Empfehlungen:	–
Verzeichnis:	• Effektive Modellprojekte: Beschreibung von 27 Projekten, die als Modellprojekte gewertet wurden. • Klassifizierung: Drei Arten von Klassifizierungstabellen. Die erste klassifiziert die 195 Projekte, welche die primäre Ziel- und Altersgruppe betreffen (entweder alle Kinder im Alter von 0 bis 6 Jahren, gesundheitlich besonders anfällige Kinder, Kinder anfälliger Eltern etc.). Die zweite Tabelle betrifft die vermittelnde Zielgruppe (Eltern, Gesundheitsexperten, Pfleger in der primären Gesundheitsversorgung, Kinderbetreuer etc.). In der dritten Tabelle werden die Projekte nach dem Ort der Durchführung unterteilt (Schulen, Kindergärten, Krankenhäuser, Heime etc.). • Inhaltsangabe: Kurze Beschreibung der 195 Projekte, einschließlich der Kontaktadressen der Projektkoordinatoren. Die Projekte sind in alphabetischer Reihenfolge aufgeführt.

Abb. 1: Inhalt des EU-Projektverzeichnisses *Mental Health Promotion for Children up to 6 years. Directory of Projects in the European Union*

Zusammenfassung und Thesen

Kinder haben unabhängig von ihrer ethnischen Herkunft, ihrer Religion, ihrem Geschlecht oder ihrem Gesundheits- oder Behinderungszustand[2] das Menschenrecht, bei ihrer Entwicklung zu innerem Wohlbefinden und psychisch gesundem Lebensstil beschützt und

2 Artikel 13 des Vertrags über die Europäischen Gemeinschaften, Amsterdam, Juni 1997.

unterstützt zu werden.[3] Die Förderung der psychischen Gesundheit im frühen Kindesalter bringt eine große Anzahl positiver Ergebnisse mit sich, u.a. eine verbesserte psychische Gesundheit, ein geringeres Risiko für psychische Probleme und Verhaltensstörungen, bessere Lebensqualität und eine Reihe von positiven sozialen und wirtschaftlichen Ergebnissen.

Der europäische Verbund zur Förderung psychischer Gesundheit empfiehlt, das Bewusstsein für die Wichtigkeit der psychischen Gesundheit von Kindern zu steigern und Vorgehensweisen zu entwickeln, die die psychische Gesundheit und das Wohlbefinden von Kindern und Familien begünstigt, indem

- die elterliche Erziehung und ein verantwortliches und einfühlsames Verhalten der Eltern unterstützt und die Beziehung zwischen Kind und Eltern erleichtert werden,
- empfindlichen Kindern besondere Aufmerksamkeit gewidmet wird, vor allem
  - Kindern mit gesundheitlicher oder psychosozialer Anfälligkeit (z.B. Frühgeburten, behinderten oder chronisch kranken Kindern, Kindern mit Entwicklungs- oder frühen Verhaltensproblemen),
  - Kindern mit einem schwachen Familienumfeld (z.B. missbrauchten oder vernachlässigten Kindern, Kindern mit nur einem Elternteil oder mit jugendlichen Eltern, Adoptiv-/Pflegekindern; Kindern in konfliktreichen Familien, Kindern mit psychisch kranken oder abhängigen Eltern),
  - Kindern mit soziokulturell bedingter Anfälligkeit (Flüchtlinge, Einwanderer, arbeitslose Eltern),
- eine sichere, kinderfreundliche, nicht gewalttätige und hilfsbereite Umgebung unterstützt wird, die die psychische Gesundheit der Kinder fördert und schützt,[4]
- Kindergärten und Kinderhorte eingerichtet werden, die sich für die Förderung der psychischen Gesundheit von Kindern einsetzen,
- Schulen geholfen wird, ein Umfeld, Lehrpläne und Programme zu erstellen, die die psychische Gesundheit der Kinder fördern,[5]
- die Bedürfnisse der Kinder durch präventive Maßnahmen und frühes Eingreifen verstärkt anerkannt werden, und zwar sowohl im Sozial- als auch im Gesundheitswesen (z.B. primäre Gesundheitsversorgung, Allgemeinmedizin, Krankenhäuser und andere Gesundheitsdienste, Buchhandlungen, Spielplätze etc.), und indem ferner die Ausbildung und soziale Unterstützung von Kindern und Familien gefördert werden,
- Arbeitgeber aufgefordert werden, für ein Umfeld zu sorgen, das die psychische Gesundheit der Eltern fördert und das Familienleben unterstützt,
- der rechtliche Rahmen der Betreuung und des Schutzes der Kinder kontrolliert und verstärkt wird, um die Förderung der psychischen Gesundheit und der Schutz der Kinder zu gewährleisten.

---

3 Konvention der Vereinten Nationen über die Rechte der Kinder (20. November 1989).

4 Megapoles-Public Health Network for Capital Cities/Regions; Kontakt: Kerstin Tode, Unit of Social Medicine, Stockholm County Council, Norrbacka, 17176 Stockholm, Schweden; Tel.: +46-8-51777943, Fax: +46-8-33-4693, E-Mail: kerstin.tode@socmed.sll.se

5 European Network on Health Promotion Schools; Kontakt: Vivian Barnekow Rasmussen, Technisches Sekretariat, WHO-Regionalbüro für Europa, 8 Scherfigsvej, 2100 Kopenhagen, Dänemark; Tel.: +45-39-171 235, Fax: +45-39-171 818, E-Mail: bdm@who.dk

Um diese Empfehlungen umzusetzen und zu bekräftigen, ist es unbedingt notwendig, eine besondere Finanzierung bereitzustellen, die die Ausarbeitung, Umsetzung und Aufrechterhaltung effektiver und kostengünstiger Initiativen zur Förderung der psychischen Gesundheit und des Wohls der Kinder und Familien in unterschiedlichen Umgebungen unterstützt sowie Recherchen, Form und Entwicklungen der Richtlinien und des Wissenstransfers begünstigt.

Diskussionsschwerpunkte der Arbeitsgruppe

In der Diskussion der Arbeitsgruppe ging es vor allem um die Akquise EU-geförderter themenbezogener Projekte. Als problematisch hierbei wurde die fehlende Transparenz bezüglich der Strukturen sowie der Förderrichtlinien, d.h. eine Diskrepanz zwischen Ausschreibungs- und Entscheidungskriterien, gesehen.

Der Erfahrungsaustausch im Netzwerk und die Auszeichnung von Projekten durch den European Award wurde als positiv bewertet, da sich hieraus eine nationale Aufwertung sowie eine organisations- und personeninterne Motivation zu weiterer engagierter Pojektarbeit ableiten lasse.

Als Wünsche für die Zukunft formulierte die Arbeitsgruppe insbesondere mehr Transparenz bei den EU-Ausschreibungen und der Projektvergabe sowie die Entwicklung von Qualitätskriterien aus der Praxis für die Praxis und deren Standardisierung (auf internationaler Ebene).

LEITFRAGEN, EMPFEHLUNGEN UND PERSPEKTIVEN ZUR GESUNDHEITS- FÖRDERUNG IM KINDERGARTEN

5 Leitfragen, Empfehlungen und Perspektiven zur Gesundheitsförderung im Kindergarten

Peter Franzkowiak

Leitfragen

In den Workshops wurde eine Vielzahl von spezifischen Aspekten behandelt. Über die Einzelthemen hinaus formulierten die Teilnehmerinnen und Teilnehmer aber auch gemeinsame, übergreifende Fragestellungen, die man als Grund- und Leitfragen der Gesundheitsförderung im Kindergarten ansehen kann. Die Leitfragen stellen eine (selbst-)kritische Bestandsaufnahme des gegenwärtigen Standes von Konzeptüberlegungen, der Festlegung von Zielen und Zielgruppen, des Standes der Methoden sowie der Abstimmung mit anderen Tätigkeitsfeldern/Professionellen dar.

Wie in den anderen Feldern der Prävention und Gesundheitsförderung sind solche, eher fundamentalen Fragen nicht ein für allemal, nicht abschließend zu beantworten. Sie sind jedoch eine Aufforderung zur kontinuierlichen Reflexion und Klärung eigener Standpunkte und Konzepte. Sie stellen das unverzichtbare „Hintergrundrauschen" der konzeptionellen, praktischen und evaluativen Arbeit dar.

Die Kernfragen der Teilnehmerinnen und Teilnehmer dieser Fachtagung lassen sich in vier thematische Bereiche ordnen:

(1) Gesundheitsbegriffe und Lebensweltorientierung
- Was heißt gesunde Entwicklung? Gibt es verlässliche, allgemein gültige Indikatoren für gesunde bio-psycho-soziale Entwicklung von Kinder und Jugendlichen?
- Welche Gesundheitsbegriffe haben ErzieherInnen? Welche Gesundheitsbegriffe haben Eltern? Wie kann zwischen beiden Konzeptionen im Konfliktfall vermittelt werden?
- Was heißt Orientierung an Geschlecht und Lebenswelt der Kinder und ihrer Eltern in der Praxis?
- Welche Schnittstellen bestehen zwischen pädagogischen Ansätzen und Methoden der Entwicklungs- sowie Persönlichkeitsförderung und der Gesundheitsförderung bei Kindern und ihren Eltern?

(2) Zielgruppenbezug und Überprüfbarkeit
- Wo und bei wem ist zielgruppenspezifische Gesundheitsförderung nötig? Wie spezifisch kann diese sein, wie differenziert soll sie sein?

- Bei welchen AdressatInnen besteht ein besonders dringlicher, ein vorrangiger Interventionsbedarf?
- Was sind die Kennzeichen und Indikatoren von gelungener zielgruppenspezifischer Arbeit (z.B. in sozialen Brennpunkten, mit Migranten, geschlechtsbezogen)? Was sind Indikatoren für Misserfolge?
- Was sind die Kennzeichen und Indikatoren von gelungener Elternarbeit?

(3) Berufliche Kompetenzen und Bewältigung von Belastungen
- Welches Kompetenzprofil zeichnet „gute" GesundheitsfördererInnen im Kindergarten aus? Was sind dabei Schlüsselkompetenzen?
- Welche Anforderungen an Qualifizierung und Fortbildungen leiten sich daraus ab?
- Wie kann der Berufsalltag möglichst belastungsarm gestaltet werden?
- Wie können GesundheitsförderInnen in Stand gesetzt werden, Belastungen konstruktiv zu bewältigen? Was muss an Rahmenbedingungen und persönlicher Befähigung/ Unterstützung gesichert sein, um einem Burn-out vorzubeugen?

(4) Öffentlichkeitswirksamkeit, Praxis und Vernetzung
- Wie lässt sich die Wirksamkeit der präventiv angelegten Kindergartenarbeit in der lokalen, in der professionellen und in der allgemeinen Öffentlichkeit (besser) darstellen? Was sind wirksame Strategien der Öffentlichkeitsarbeit für Gesundheitsförderung im Kindergarten?
- Wie kann der „Markt" von Materialien, Methoden, Konzepten, Qualifikationen und Evaluationen transparent(er) gemacht werden? Wo sind Übersichten und Qualitätsbewertungen, wie ist ein leichter Zugang zu gewährleisten?
- Wie und wo finden GesundheitsförderInnen praktische Umsetzungsbeispiele und Problemlösungen?
- Was sind die Kennzeichen gelungener Vernetzung und Kooperation von Fachkräften und Interessierten, die in der Gesundheitsförderung im Kindergarten tätig sind bzw. aktiv werden wollen? Mit wem sollte unbedingt, mit wem kann sinnvoll kooperiert werden?

Empfehlungen und Perspektiven

In Verbindung mit der Formulierung von Leitfragen entwickelten die Teilnehmerinnen und Teilnehmer in den Workshops übergreifende Empfehlungen und Perspektiven für Theorie und Praxis der Gesundheitsförderung im Kindergarten. Ein Teil der Empfehlungen ist direkt aus den Leitfragen abgeleitet. Der verbleibende Teil weist darüber hinaus, wobei ergänzende Herausforderungen und Arbeitsfelder markiert werden.

Die Empfehlungen und Perspektiven der Teilnehmerinnen und Teilnehmer lassen sich in sechs thematische Bereiche ordnen:

(1) Allgemeine Leitlinien

- Von zentraler inhaltlicher Bedeutung für die Gesundheitsförderung im Kindergarten sollten – ebenso wie im schulischen und außerschulischen Bereich – sein:
  - die Förderung von Körpergefühl und Bewegungsfreude,
  - die Unterstützung von Selbstwirksamkeit und Sozialkompetenzen,
  - die Immunisierung gegenüber gesundheitsgefährdenden Anreizen in Familie und Lebenswelt sowie
  - die Vermittlung altersgerechter Lebenskompetenzen.
- Erzieherinnen und Erzieher wie auch Praxisansätze sollten sensibilisiert sein bzw. werden für die unterschiedlichen Lebenswelten. Sie sollten kulturspezifische Gesundheitskonzepte von Kindern und Eltern kennen und angemessen darauf reagieren können.
- Geschlechtsbezogene Arbeit sollte als übergreifender Ansatz verankert werden.

(2) Persönliche Aspekte und Rahmenbedingungen

- Erzieherinnen und Erzieher sollten befähigt werden, eine persönliche gesundheitsfördernde Haltung zu praktizieren. Damit sollten sie als Modelle für Kinder und Eltern wirken können. Bei der Umsetzung und Aufrechterhaltung dieser Funktionen sollten sie unterstützt werden.
- Die Arbeits- und Rahmenbedingungen für Gesundheitsförderung im Kindergarten sind zu verbessern. Der strukturelle Rahmen für Gesundheitsförderung sollte gesichert sein. Wichtig ist die Sicherung der Kontinuität von Maßnahmen und Beteiligten.

(3) Kooperation und Vernetzung

- Gesundheitsförderung bedarf des Aufbaus und der Pflege von Partnerschaften. An erster Stelle stehen die Partnerschaften mit Eltern. Unverzichtbar sind aber auch professionelle Kooperationen in regionalen Netzwerken. Eine intersektorale Zusammenarbeit (z.B. mit kommunalen Behörden, PädiaterInnen, Sportvereinen) ist anzustreben.
- Gesundheitsförderung im Kindergarten braucht Öffentlichkeitswirksamkeit und Öffentlichkeitsarbeit.
- Vorgehensweisen erfolgreicher Implementation sollten lokal, regional und bundesweit transparent gemacht werden. Ein Leitfaden für intersektorale Kooperation sollte entwickelt werden.

(4) Information und Kommunikation

- Regionale Informations- und Austauschforen (Netzwerke) sollten aufgebaut werden, in denen Erzieherinnen und Erzieher erfolgreiche Vorgehensweisen, Modelle guter Praxis, bewährte Methoden, Erfahrungen mit ausgewählten Zielgruppen, Dokumentation und Programmevaluation abrufen und austauschen können.

- Die BZgA sollte ihre Funktion als Clearingstelle ausbauen. Als erster Schritt könnte eine Projektbörse evaluierter Programme der Gesundheitsförderung im Kindergarten eingerichtet werden (z.B. über eine Internet-Homepage).

(5) Kompetenzen und Qualifizierungsbedarf

- Das Kompetenzprofil der Berufsgruppe der in der Kindergartenerziehung (gesundheitsförderlich) Tätigen sollte gestärkt werden.
- Fortbildungen zur Gesundheitsförderung sind Investitionen in gute MitarbeiterInnen und in gute Praxis. Als solche sind sie aufzuwerten.
- Gesundheitsbezogene Qualifizierungsmaßnahmen sollten sich auf Schwerpunkte konzentrieren. Ein Aufbau in modulare Grund- und Aufbaukurse mit Methodenreflexion und Praxiserprobungen ist anzustreben.
- Fortbildungen sollten vorrangig mit ErzieherInnen-Teams erfolgen. Dabei ist auf die Vermittlung ganzheitlicher Gesundheitsförderung in Theorie und Praxis zu achten sowie eine unbedingte Praxisorientierung zu gewährleisten.

(6) Markttransparenz und Qualitätssicherung

- Die allgemeine Markt-, Medien- und Angebotstransparenz ist kontinuierlich zu verbessern.
- Die Entwicklung von Qualitätsstandards für Medien, Maßnahmen und Projekte ist von vorrangiger Bedeutung. Sie sollten von Kindergartenerziehung, Gesundheitsförderung, Planung und Forschung gemeinsam und praxisnah entwickelt und überprüft werden.
- Qualitätsstandards und Indikatoren sollten entwickelt werden für praxisnahe Konzepte, Übertragbarkeit/Transfer von Methoden, Arbeit mit unterschiedlichen Zielgruppen, Modelle guter Praxis und praxisnahe Evaluation von Maßnahmen.
- Qualitätsstandards und Markttransparenz für die Qualifizierung zur Gesundheitsförderung im Kindergarten sowie für Maßnahmen der Fortbildung sind zu entwickeln.
- Die präventive und gesundheitsfördernde Arbeit muss dokumentiert werden. Eine praxisnahe Evaluation aller Einzelmaßnahmen und längerfristigen Projekte ist anzustreben. Evaluation ist auch im Setting Kindergarten ein unverzichtbarer Teil der Qualitätssicherung.

MODELLPROJEKTE FÜR DIE GESUNDHEITSFÖRDERUNG IM KINDERGARTEN

6.1 Aspekte der Qualitätssicherung

Die Festlegung der Qualitätskriterien orientierte sich an der im Rahmen der Marktrecherche bereits durchgeführten Vorauswahl der Bundeszentrale für gesundheitliche Aufklärung nach den folgenden Grobkriterien:
– Zielgruppenbezug (Eltern, Kinder, Erzieherinnen und Erzieher),
– Dokumentation und Evaluation,
– themenübergreifender Ansatz,
– Kooperation/Vernetzung.

Nach einer Optimierung der Kriterien im Sinne einer qualitätssichernden Projektauswahl wurde die Anzahl der Auswahlkriterien auf sechs relevante Gesichtspunkte festgelegt:

1. Theoretische *Begründung* des Projekts	• Gesundheitsrelevanz • Gesundheitsverständnis • salutogenetischer Ansatz • Integration von Konzepten der Früh-/Sozialpädagogik • Setting-Ansatz • Kindorientierung (Lebensweltbezug, Orientierung an kindlichen Vorstellungswelten und Bedürfnissen)
2. Inhaltliche und strukturelle *Bewährung* des Projekts	• Ergebnisse • Kontinuität • Weiterentwicklungen (Verbesserung der „Erziehungsqualität") • Veränderung von Rahmenbedingungen
3. *Übertragbarkeit* des Projekts	• Praktikabilität und Umsetzbarkeit • Fortbildungskonzeptionen und Materialien • ggf. bereits erfolgte Übertragungen • finanzielle Rahmenbedingungen (hinsichtlich der Übertragungsmöglichkeiten)
4. *Evaluation/Dokumentation* des Projekts (intern/extern)	
5. Institutionelle *Vernetzung*	• institutionelle Partner • Netzwerkbildung auf kommunaler Ebene • Professionalität
6. Einbezug der Eltern	• als zentrale Mediatoren in der Gesundheitsförderung • schichtübergreifende Zugangswege • Kontinuität und Qualität von Veranstaltungen

Tab. 1: Auswahlkriterien für die Projektauswahl

Kurzdarstellung der
Models of good practice

Die Modellprojekte im Überblick

Im Rahmen der Fachtagung hatten die nachfolgend aufgeführten Projekte Gelegenheit, sich in einer Ausstellung zu präsentieren. Eine Kurzdarstellung der einzelnen Projekte erfolgt im Anschluss an diese Übersicht.

Suchtvorbeugung in Kindertagesstätten	Landeszentrale für Gesundheitsförderung in Rheinland-Pfalz e.V. (LZG)
Sexualpädagogik in der Fachschule und Berufsfachschule für Sozialpädagogik	Landesinstitut Schleswig-Holstein für Praxis und Theorie der Schule (IPTS)
Starke Kindheit, starkes Leben	Büro für Suchtprävention der Hamburgischen Landesstelle gegen die Suchtgefahren, Amt für Jugend, Hamburg
Frühe Gewaltprävention	Erziehungs- und Familienberatungsstelle des Caritasverbands Offenbach/Main
Hüpfdötzchen – Kindergarten in Bewegung	Kreisgesundheitsamt Neuss
Konflikt als Chance	Institut für angewandte Familien-, Kindheits- und Jugendforschung an der Universität Potsdam
Analyse zum Stand der gesundheitlichen Versorgung von Migranten und Migrantinnen im Stadtbezirk Friedrichshain/Berlin	Interkulturelle Begegnungsstätte BAYOUMA-Haus, Arbeiterwohlfahrt Kreisverband Friedrichshain
Benjamin-Club – Integrative Früherziehung	Erziehungsministerium Luxemburg (Psychologische Beratungsstelle)
Gesunde Kindertagesstätte – erleben und gestalten	Landesvereinigung für Gesundheitsförderung Thüringen e.V. AGETHUR
Spielzeugfreier Kindergarten	Aktion Jugendschutz, Landesarbeitsstelle Bayern e.V.
Suchtprävention und Gesundheitsförderung im Elementarbereich	Präventionszentrum Bremen-Nord
Initiative „Mehr Bewegung in den Kindergarten"	Sportjugend Hessen
Psychomotorische Kindertagesstätte	Förderverein Psychomotorik Bonn e.V.
Kinder stark machen – Suchtprävention im Kindergarten	Kasseler Arbeitskreis „Kinder stark machen – Suchtprävention im Kindergarten"

Tab. 1:   Übersicht über die an der Präsentation beteiligten *Models of good practice*

Suchtvorbeugung in Kindertagesstätten

Träger/Veranstalter: Landeszentrale für Gesundheitsförderung in Rheinland-Pfalz e.V. (LZG)

Zeitraum: 1996–1998

Partner/Vernetzung: Ministerium für Kultur, Jugend, Familie und Frauen Rheinland-Pfalz
Präventionsfachkräfte der örtlichen Suchtberatungsstellen Fachhochschule Koblenz

Zielgruppe: Erzieherinnen/Erzieher, Kinder, Eltern

Projektziele: Kontinuierliche Förderung der Lebenskompetenzen von Kindern, u.a. durch Förderung eines realistischen Selbstbildes/des Selbstwertgefühls, der Selbständigkeit/Eigenaktivität, der Beziehungs- und Konfliktfähigkeit, der Wahrnehmungs- und Ausdrucksfähigkeit sowie der Genuss- und Erlebnisfähigkeit

Umsetzung:	*Unterteilung in drei Projektphasen:*

1. Mit Konflikten umgehen

- Stärkung des Selbstwertgefühls bei den Kindern
- Ausdruck und Umgang mit Gefühlen
- Verbesserung des Gruppenklimas
- Einbindung der Kinder in Lösungs- und Entscheidungsprozesse

2. Förderung der Kreativität

- Einrichtung eines Improvisationstheaters
- Maskenbau und Maskenspiel
- Theater zu situationsbezogenen Entwicklungsthemen
- Experimenteller Umgang mit Naturmaterialien

3. Einfach spielen – Alternativen zu Konsumhaltungen

- Kreativitätsförderung
- Angebot von Übungen sowie Spielangebote
- Raumgestaltung
- Projektwoche zum Umgang mit alternativem Spielzeug/alternativen Spielmaterialien

Parallel dazu: Projektbegleitende Seminare zum Projektverlauf und zur Projektplanung für alle Beteiligten, Einbindung der Eltern in den Projektverlauf.

Evaluation:	**Intern**: Dokumentation der Praxiserfahrungen durch Projektmitarbeiter **Extern**: Fachhochschule Koblenz

Ergebnisse:	*Entwicklung der Kinder:*

- Vertrauensvollere und offenere Atmosphäre unter den Kindern
- Gewachsene Selbstständigkeit
- Intensivierung der Arbeit zum Thema „Gefühle"
- Beobachtung höherer Konzentration und Ausdauer

Bezüglich der Elternarbeit:

- Gewachsenes Vertrauen in die Arbeit der ErzieherInnen
- Erprobung neuer Formen der Elternarbeit
- Entwicklung von dauerhaften Elternangeboten
- Integration der Eltern in Projektvorbereitung und -planung

Materialien/Fotos:	• Tagungsreader (Arbeitskreise Suchtprävention der LZG mit Basistexten, Kurzbeschreibung des Gesamtprojekts mit Praxisbeispielen und Projekt--themen als Dokumentation) • In Planung: Materialsammlung für ErzieherInnen mit Anregungen zur gesundheitsfördernden und suchtpräventiven Arbeit
Anmerkungen:	Die Projekterfahrungen bilden einen Bestandteil des Seminarangebots der LZG für ErzieherInnen.
Kontaktadresse:	Landeszentrale für Gesundheitsförderung in Rheinland-Pfalz e.V. Karmeliterplatz 3 55116 Mainz

Sexualpädagogik in der Fachschule und Berufsfachschule für Sozialpädagogik

Aus- und Fortbildungskonzeption zur Sexualpädagogik

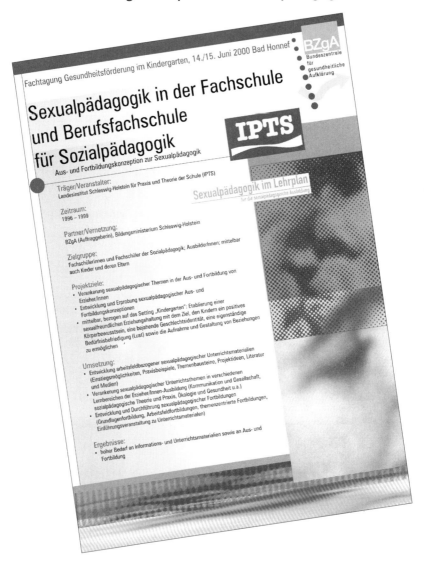

Träger/Veranstalter: Landesinstitut Schleswig-Holstein für Praxis und Theorie der Schule (IPTS)

Zeitraum: 1996–1999

Partner/Vernetzung: BZgA (Auftraggeberin)
Bildungsministerium Schleswig-Holstein

Zielgruppe:	Fachschülerinnen und Fachschüler der Sozialpädagogik, AusbilderInnen, mittelbar auch Kinder und deren Eltern
Projektziele:	• Verankerung sexualpädagogischer Themen in der Aus- und Fortbildung von ErzieherInnen
	• Entwicklung und Erprobung sexualpädagogischer Aus- und Fortbildungskonzeptionen
	Mittelbar, bezogen auf das Setting „Kindergarten":
	• Etablierung einer sexualfreundlichen Erziehungshaltung mit dem Ziel, den Kindern ein positives Körperbewusstsein, eine bejahende Geschlechtsidentität, eine eigenständige Bedürfnisbefriedigung (Lust) sowie die Aufnahme und Gestaltung von Beziehungen zu ermöglichen.
Umsetzung:	• Entwicklung arbeitsfeldbezogener sexualpädagogischer Unterrichtsmaterialien (Einstiegsmöglichkeiten, Praxisbeispiele, Themenbausteine, Projektideen, Literatur und Medien)
	• Verankerung sexualpädagogischer Unterrichtsthemen in verschiedenen Lernbereichen der ErzieherInnen-Ausbildung (Kommunikation und Gesellschaft, sozialpädagogische Theorie und Praxis, Ökologie, Gesundheit u.a.)
	• Entwicklung und Durchführung sexualpädagogischer Fortbildungen (Grundlagenfortbildung, Arbeitsfeldfortbildungen, themenzentrierte Fortbildungen, Einführungsveranstaltung zu Unterrichtsmaterialen)
Evaluation:	**Extern:** Universität Kiel (Evaluationsforschungsgruppe)
	Intern: Dokumentation von Ergebnissen im Rahmen eines Fachhefts der BZgA
Ergebnisse:	Hoher Bedarf an Informations- und Unterrichtsmaterialien sowie an Aus- und Fortbildung
Materialien/Fotos:	• „Sexualpädagogik im Lehrplan" und „Sexualpädagogische Fortbildungen" (Broschüren)
	• „Sexualpädagogik zwischen Persönlichkeitslernen und Arbeitsfeldorientierung" (BZgA-Fachheft *Sexualpädagogik zwischen Persönlichkeitslernen und Arbeitsfeldorientierung.* Köln, 1999 [Reihe Forschung und Praxis der Sexualaufklärung und Familienplanung Bd. 16; Bestell-Nr. 13 300 016; Schutzgebühr: 26,- DM])
Anmerkungen:	Das Modellprojekt bezieht sich nicht nur auf das Arbeitsfeld „Kindergarten", sondern auch auf offene Kinder- und Jugendarbeit, Heimerziehung und Einrichtungen für Menschen mit geistiger Behinderung
Kontaktadresse:	Christa Wanzeck-Sielert Universität Flensburg, Institut für Gesundheitsbildung Schützenkuhle 26 24937 Flensburg

Starke Kindheit, starkes Leben
Suchtvorbeugung mit ErzieherInnen und Eltern

Träger/Veranstalter: Arbeitskreis Suchtprävention mit Kindern und Familien

Büro für Suchtprävention der Hamburgischen Landesstelle gegen die Suchtgefahren (Federführung)

Amt für Jugend (Federführung), Referat Suchtprävention, Sexualpädagogik,
Aids

Zeitraum: 1996–1998

Partner/Vernetzung:	Universität Koblenz-Landau
	Amt für Jugend, Abteilung Aus- und Fortbildung
	Hamburgische Landesstelle für Gesundheitsförderung
	Kompass-Beratungsstelle für Kinder aus Familien mit Suchtproblemen und Suchtprävention
	Betriebliche Suchtberatung der Vereinigung städtischer Kindertagesstätten

Zielgruppe: ErzieherInnen, Eltern, mittelbar auch Kinder

Projektziele:
- Vermittlung von allgemeinen pädagogischen und suchtpräventiven Kenntnissen an ErzieherInnen und Eltern
- Integration von suchtvorbeugendem Verhalten in den pädagogischen Alltag bei ErzieherInnen und Eltern
- Intensivierung der Kooperation zwischen ErzieherInnen und Eltern
- Konzipierung von situations- und alltagsorientierten Handlungskonzepten durch die ErzieherInnen

Umsetzung:
- Pilotseminar für ErzieherInnen: Einführung in die Grundlagen der Suchtvorbeugung und Suchtentstehung
- Grundlagenfortbildung für TeilnehmerInnen: vier halbtägige Lehrgänge zu erziehungs- und suchtspezifischen Themen
- Auftaktseminar für die PraxisberaterInnen
- Projektarbeit in Kindertagesstätten
- Begleitende Praxisberatung zweimal im Monat von je 1,5 Stunden
- Projektbezogene Fortbildung: vier halbtägige Lehrgänge, Seminartag zur Bilanz
- Abendveranstaltungen für Eltern und ErzieherInnen aus allen beteiligten Einrichtungen
- Großes Kinder- und Familienfest
- Auswertung der Praxisphase

Evaluation: **Intern**: Selbstevaluation, Dokumentation
Extern: Universität Koblenz-Landau

Ergebnisse: *Einfluss des Projekts auf die Arbeit der ErzieherInnen*:
- Sensibilisierung für die Bedeutung der Suchtprävention im Kindergarten
- Verbesserte Kenntnisse über Suchtentwicklung und Suchtprävention
- Übertragung der Kenntnisse in der Kindergartenalltag
- Verbesserte Kenntnisse über Familienstruktur und -system
- Intensivierung der Kooperation mit den Eltern

Materialien/Fotos:
- Projektdokumentation
- Fotos aus verschiedenen Kindertagesstätten

Kontaktadresse: Büro für Suchtprävention Hamburg
Brenner Str. 90
20099 Hamburg

Frühe Gewaltprävention

Qualifizierung von Mitarbeiterinnen und Mitarbeitern in
Kindertagesstätten, Horten und Grundschulen

Titel/Thema:	*Frühe Gewaltprävention.* Qualifizierung von Mitarbeiterinnen und Mitarbeitern in Kindertagesstätten, Horten und Grundschulen
Träger/Veranstalter:	Erziehungs- und Familienberatungsstelle des Caritasverbands Offenbach/Main

Zeitraum:	Seit 1993 Fortbildungsreihe mit sechs Nachmittagen à 3½ Stunden
Partner/Vernetzung:	Kommunale Vernetzung durch „Netzwerke sozialer Arbeit" und Präventionsräte Vertikale Vernetzung durch Einbindung in Caritasverband
Zielgruppe:	Mitarbeiterinnen und Mitarbeiter in Kindertagesstätten, Horten und Grundschulen; mittelbar Kinder und deren Familien
Projektziele:	• Stärkung der sozialen Kompetenzen der Kinder und deren Konfliktfähigkeit • Verbesserung der Kooperation von ErzieherInnen bzw. Lehrern untereinander und Stärkung ihrer Konfliktfähigkeit (auch im Sinne ihrer Vorbildfunktion) • Verbesserung der Zusammenarbeit von ErzieherInnen bzw. LehrerInnen und Eltern (Information und Mitarbeit)
Umsetzung:	*Inhalte der kollegiumsinternen Fortbildung:* • Konflikte als Chance zum sozialen Lernen; Fantasiereisen, Malen • Leitfaden zur Konfliktlösung; Versöhnungsritual • Methoden gegenseitiger Unterstützung; Supervisionsmodell • Kollegiale Beratung • Motivation zur Elternarbeit • Gestaltung von Elternabenden
Evaluation:	**Extern**: Fachhochschule Darmstadt Dokumentation des Ansatzes durch Buch und Broschüren
Ergebnisse:	• Allgemeine Verbesserung der Situation in Kindertagesstätten, Schulen und Horten: weniger verbale und körperliche Gewalt, zunehmende Konfliktfähigkeit, Versöhnungsrituale im Alltag u.a. • Große Nachfrage nach Informationsmaterialien und Fortbildungen
Materialien/Fotos:	• Anschreiben, Beitragsmanuskript, Praxisbroschüre, Laudatio, Zeitschriftenartikel • Weiterhin erhältlich: Videofilme und Buch
Anmerkungen:	Auszeichnung mit dem Hessischen Präventionspreis 1999
Kontaktadresse:	Caritasverband Offenbach/M. Psychologische Beratungsstelle für Eltern, Kinder und Jugendliche Franz-Werner Müller Frankfurter Str. 33 63500 Seligenstadt

Hüpfdötzchen – Kindergarten in Bewegung

Träger/Veranstalter: Arbeitskreis „Prävention im Kindes- und Jugendalter", Kreis Neuss, unter organisatorischer Leitung des Kreisgesundheitsamtes Neuss, Geschäftsstelle Ortsnahe Koordinierung

Zeitraum: Pilotphase Oktober 1996 bis September 1997, seitdem jährliche Durchführung

Partner/Vernetzung: *Arbeitskreis „Prävention im Kindes- und Jugendalter":*

AG der Betriebskrankenkassen im Kreis Neuss • AG der Verbände der freien Wohlfahrtspflege • AOK Rheinland, Regionaldirektion Neuss • Apothekerkammer Nordrhein • Deutsche Sporthochschule Köln • Deutscher Turner-Bund • IKK Nordrhein, Regionaldirektion Düsseldorf und Neuss • Krankengymnasten und Motopäden • Kreisgesundheitsamt Neuss • Kreisjugendamt Neuss • Kreissportbund Neuss • Landeselternschaft der Grundschulen NRW • Rheinischer Turner-Bund • Schulamt für den Kreis Neuss • Sportberatungsbüro des Kreises Neuss • Sportvereine

Zielgruppe:	Kinder, Eltern und ErzieherInnen
Projektziele:	• Schaffung täglicher Bewegungsanlässe im Kindergartenalltag sowie im Elternhaus zur langfristigen Reduzierung von Koordinationsstörungen und motorischen Auffälligkeiten • Schaffung von Transparenz durch Fortbildungsangebote, Beratungen, praktische Hilfen und weiterführende Angebote, z.B. Bewegungswerkstatt im Kreis Neuss • Förderung der interinstitutionellen Kooperation, z.B. mit Sportvereinen • Orientierung an der Lebenswelt von Kindern unter Einbezug der Settings „Elternhaus" und „Kindergarten" im Sinne der Ottawa-Charta zur Gesundheitsförderung
Umsetzung:	• Vorbesprechung: Klärung der Rahmenbedingungen, Wünsche und Interessen des Kindergartens • Elternabend: Informationen und Anregungen durch Diplomsportlehrer, Kinderärzte, Krankengymnasten und Motopäden • Fortbildungen für ErzieherInnen: Schaffung von situationsorientierten Bewegungsanlässen/bewegungsfreundliche Umgestaltung von Innen- und Außengelände • Durchführung psychomotorischer Bewegungsspiele/Vor-Ort-Beratung und Supervision durch Diplomsportlehrer • Nachbesprechung: gemeinsame Reflexion der Projektinhalte, weiterführende Unterstützungsangebote
Evaluation:	**Intern** über die Deutsche Sporthochschule und die Geschäftsstelle Ortsnahe Koordinierung Veröffentlichungen in Fachzeitschriften
Ergebnisse:	• Verbessertes Bewegungsverhalten der Kinder • Veränderte Sichtweise von Bewegung und Bewegungserziehung der ErzieherInnen • Erweiterung der Fachkompetenz der ErzieherInnen durch Erfahrungen mit dem eigenen Körper • Aufbau eines institutionalisierten Netzwerks • Implementation des Konzepts im Kreis Kamp-Lintfort („Da bewegt sich was"; siehe auch *Kap. 4.2.2*) sowie Übertragung auf die Schule („Springlebendige Schule")
Materialien/Fotos:	• Anschreiben, Praxisbroschüre (Materialiensammlung) • Projektbeschreibungen • Internetseiten • Veröffentlichung im Rahmen des ersten Berichts zur gesundheitlichen Lage von Kindern und Jugendlichen im Kreis Neuss
Kontaktadresse:	Kreisgesundheitsamt Neuss Geschäftsstelle Ortsnahe Koordinierung Lindenstraße 16 41515 Grevenbroich

Konflikt als Chance

Forschungs- und Interventionsprogramm zur Förderung der sozialen Partizipation bei 5- bis 8-jährigen Kindern in Kindergarten und Schule

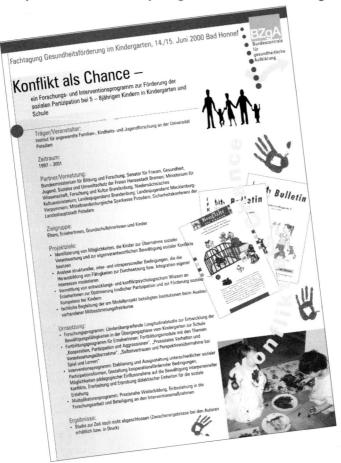

Träger/Veranstalter: Institut für angewandte Familien-, Kindheits- und Jugendforschung an der Universität Potsdam

Zeitraum: 1997–2001

Partner/Vernetzung: Bundesministerium für Bildung und Forschung • Senator für Frauen, Gesundheit, Jugend, Soziales und Umweltschutz der • Freien Hansestadt Bremen • Ministerium für Wissenschaft, Forschung und Kultur Brandenburg • Niedersächsisches Kultusministerium • Landesjugendamt Brandenburg • Landesjugendamt Mecklenburg-Vorpommern • Mittelbrandenburgische Sparkasse Potsdam • Sicherheitskonferenz der Landeshauptstadt Potsdam

Zielgruppe: Eltern, ErzieherInnen, GrundschullehrerInnen und Kinder

Projektziele:	• Identifizierung von Möglichkeiten, die Kinder zur Übernahme sozialer Verantwortung und zur eigenverantwortlichen Bewältigung sozialer Konflikte in Kindergarten und Schule besitzen
	• Analyse struktureller, inter- und intrapersoneller Bedingungen, die die Herausbildung von Fähigkeiten zur Durchsetzung bzw. Integration eigener Interessen moderieren
	• Vermittlung von entwicklungs- und konfliktpsychologischem Wissen an ErzieherInnen zur Optimierung kindlicher Partizipation und zur Förderung sozialer Kompetenz bei Kindern.
	• Fachliche Begleitung der am Modellprojekt beteiligten Institutionen beim Ausbau vorhandener Mitbestimmungsfreiräume
Umsetzung:	*Forschungsprogramm:*
	• Länderübergreifendes Forschungsprogramm in 22 Einrichtungen, als Längsschnittstudie angelegt, um einen Einblick in die Entwicklung der Bewältigungsfähigkeiten in der Übergangsphase von Kindergarten zur Schule zu erhalten
	Fortbildungsprogramm für ErzieherInnen:
	• Fortbildungsmodule mit den Themen „Kooperation, Partizipation und Aggressionen", „Prosoziales Verhalten und Verantwortungsübernahme", „Selbstvertrauen und Perspektivenübernahme bei Spiel und Lernen"
	Interventionsprogramm:
	• Etablierung und Ausgestaltung unterschiedlicher sozialer Partizipationsformen
	• Gestaltung kooperationsfördernder Bedingungen
	• Möglichkeiten pädagogischer Einflussnahme auf die Bewältigung interpersoneller Konflikte; Erarbeitung und Erprobung didaktischer Einheiten für die soziale Erziehung
	Multiplikatorenprogramm:
	• Praxisnahe Weiterbildung durch Qualifizierung, Einbeziehung in die Forschungsarbeit und Beteiligung an den Interventionsmaßnahmen
Evaluation:	**Intern:** laufend
Ergebnisse:	Zwischenergebnisse in: Sturzbecher, D. / Langner, W. / Waltz, C. (2000): „Wie viel Autonomie besitzen Kinder? Ein Vergleich der Perspektiven von Kindern und ihren Erziehungspersonen." In: Krappmann, L. / Kuhn, H.-P. / Uhlendorff, H. (Hrsg.): *Sozialisation zur Mitbürgerlichkeit.* Opladen: Leske + Budrich.
	Sturzbecher, D. / Großmann, H. (Hrsg.) (2001): *Besserwisser, Faxenmacher, Meckertanten. Wie Kinder ihre Eltern und Erzieherinnen erleben.* Neuwied: Luchterhand.
	Sturzbecher, D. / Großmann, H.: *Soziale Partizipation in Kindergarten und Grundschule* (Fortbildungshandbuch für die Praxis) (erscheint 2002 beim Luchterhand-Verlag, Neuwied).
Materialien/Fotos:	IFK-Bulletin 1999, 2000 (Ausgabe 1 und 2)
Kontaktadresse:	Institut für angewandte Familien-, Kindheits- und Jugendforschung an der Universität Potsdam (IFK) z. Hd. Dr. Heidrun Großmann Burgwall 15 16727 Vehlefanz

Analyse zum Stand der gesundheitlichen Versorgung von Migranten und Migrantinnen

im Stadtbezirk Friedrichshain/Berlin

Träger/Veranstalter:	Interkulturelle Begegnungsstätte BAYOUMA-Haus
	Arbeiterwohlfahrt, Kreisverband Friedrichshain
Zeitraum:	laufend

Partner/Vernetzung:	Gesundheitsamt Friedrichshain • Kinder- und Jugendgesundheitsdienst • Beratungsstelle für Hör- und Sprachbehinderte • Abteilung Jugend- und Familiendienst des Bezirksamtes • Krankenhaus Friedrichshain • Niedergelassene Ärzte • Sozialmedizinischer Dienst • MUT Gesellschaft für Gesundheit/Berlin • VHS Friedrichshain • Ausländerheime • Vereine, Initiativen, Selbsthilfegruppen und Beratungsstellen aus Vietnam, • Afrika, Lateinamerika und dem arabischen Raum
Zielgruppe:	MigrantInnen, medizinisches Personal, SozialarbeiterInnen, ErzieherInnen, Behörden
Projektziele:	• Aufdecken von Defiziten und Entwicklung von Möglichkeiten zu deren Behebung • Entwicklung einer adäquaten Präventionsarbeit • Vernetzung vorhandener Angebote • Sensibilisierung der Öffentlichkeit für das Thema
Umsetzung:	• Erstellung von mehrsprachigem Informationsmaterial zu folgenden Themen: Impfprophylaxe, Diätplan für Säuglinge bei Durchfallerkrankungen, Zweisprachigkeit, Verhütung, Brustkrebsvorsorge, Ernährung, HIV/AIDS-Aufklärung, Sucht und Drogen • Kostenlose medizinische Angebote für nichtversicherte MigrantInnen • Seminarangebote zum Thema „Zweisprachigkeit" in Zusammenarbeit mit der VHS • Gemeinsam mit dem Kinder- und Jugendgesundheitsdienst wurden Briefe an die Eltern Neugeborener im Bezirk in verschiedenen Sprachen verfasst und übersetzt, um Zugang zu ausländischen Müttern zu finden • Übersetzung von Merkblättern zu den Themen Hygiene und Kinderunfälle • Vernetzung der niedergelassenen Ärzte mit Sprachangebot • Begleitung/Übersetzung bei Arztkonsultationen
Evaluation:	Dokumentation des Projektverlaufs
Ergebnisse:	*Handlungsbedarf ergibt sich für folgende Bereiche:* • Sprache (Verständigungsschwierigkeiten, Unkenntnis und Unsicherheit bei Arztkonsultationen) • Informationsmaterialien in verschiedenen Sprachen • Zielgruppenorientierte Gesundheitsförderung • Adäquate Angebote im psychosozialen Bereich
Materialien/Fotos:	Projektdokumentation
Anmerkungen:	Die Analyse zum Stand der gesundheitlichen Versorgung von MigrantInnen im Stadtbezirk Friedrichshain wurde auf Beschluss des Gesundheitsausschusses der BVV Friedrichshain erstellt.
Kontaktadresse:	Interkulturelle Begegnungsstätte „BAYOUMA Haus" Natascha Garay Colbestraße 11 10245 Berlin

Benjamin-Club – Integrative Früherziehung

Träger/Veranstalter:	Erziehungsministerium Luxemburg (Psychologische Beratungsstelle)
Zeitraum:	Seit 1981 (laufend)
Partner/Vernetzung:	Dienststellen des Gesundheitsministeriums, des Familienministeriums und des Justizministeriums Universität Nancy (Frankreich)
Zielgruppe:	Vorrangig Kinder sozial benachteiligter Risikogruppen im Alter von 0,8–4 Jahren, behinderte Kinder, Migrantenkinder, Eltern
Projektziele:	• Entwicklung psychologischer und persönlicher Ressourcen von Kindern und Eltern • Integration von Problemkindern und ihren Eltern in die Projektarbeit bzw. Projektgruppen • Enge Zusammenarbeit mit den Eltern • Verbesserung der Interventionsqualität im Elementarbereich • Schaffung von Strukturen auf kommunaler Ebene • Entwicklung neuer diagnostischer Instrumente • Schaffung von Kooperationsmöglichkeiten und therapeutischer Unterstützung
Umsetzung:	*Einteilung in vier Projektphasen:* **Phase 1** (1981–1984): • Gründung einer Non-Profit-Organisation • Vernetzung von öffentlichen und privaten Trägern

- Funktion als zusätzlicher psycho-pädagogischer Beratungs- und Förderdienst im 1. Lebensjahr
- *Pilotprojekt*: Bildung einer Experimental- und Kontrollgruppe in drei Gemeinden/Ambulante psycho-pädagogische Förderung – Hausbesuche bei ausgewählten Problemkindern

Phase 2 (1985–1989):
- Konvention mit dem Erziehungsministerium Luxemburg (Finanzierung des Fachpersonals)
- Gründung und Ausbau des ersten Benjamin-Clubs (als integrative Spiel- und Fördergruppe)
- *Psycho-pädagogische Follow-up-Studie* (Alter 2–4 Jahre): Kommunikation/Sprache
- *Erweiterung der Dienstleistung*: Ambulante Sprachförderung
- *Elternarbeit*: Einbeziehung der Eltern in die erzieherische Frühbetreuung
- Entwicklung eines Tests zur Frühentwicklung (Benjamin-Test)

Phase 3 (1990–1993):
- Erweiterung auf sechs Spielgruppen (300 Kinder) in Gemeinden
- *Follow-up-Studie*: Experimental- und Kontrollgruppe beim Übergang in die Grundschule
- Erstellung kindgerechter Spiel- und Arbeitsmaterialien
- Intensivierung der Elternarbeit (90 Eltern)

Phase 4 (1994–1999):
- Zwölf Spielgruppen (600 Kinder)
- Entwicklung von neuen psychologischen Eltern- und Erzieherfragebogen zur Kinderentwicklung und Familienerziehung
- Seminare zur erzieherischen Bildung der Eltern
- Intensivierung der erzieherischen Einbeziehung der Eltern in die Spiel- und Fördergruppen (180 Eltern)

Evaluation: **Extern:** Universität Nancy; **Intern:** Erziehungsministerium Luxemburg

Ergebnisse:
- Verbesserung des „Development Quotient" (Brunet-Lézine, Uzgiris-Hunt), insbesondere bei Kindern mit hohem Risikoanteil
- Follow-up-Studie nach 5 bzw. 6 Jahren (Universität Nancy) ergab eine erhebliche Reduzierung des Aggressionspotenzials
- Angleichung anderer sozialer und schulischer Indikatoren an die Kontrollgruppen (Konzentrationsfähigkeit, Gehorsam, Ausdrucksfähigkeit, Inanspruchnahme des Lehrers, Probleme bei der Arbeit)
- Aufbau effizienter Institutionen im Bereich „Integration und Frühentwicklung"
- Starke Einbindung der Elternarbeit in das Projekt

Materialien/Fotos: Benjamin-Test • Fragebogen • Organisation • Einschreibungs-, Früherkennungsprozedur • Fotoalbum

Anmerkungen: Aufwandsentschädigung für beteiligte Eltern

Kontaktadresse: Centre Benjamin/Benjamin Action-Research Institute
c/o Dr. Nico Kneip
Postfach 268
4 rue de Deich, 9003 Ettelbrück, Luxemburg

Gesunde Kindertagesstätte – erleben und gestalten

Träger/Veranstalter: Landesvereinigung für Gesundheitsförderung Thüringen e.V. – AGETHUR

Zeitraum: 1996–1997

Partner/Vernetzung: Deutsche Gesellschaft für Ernährung, Sektion Thüringen • Landessportbund Thüringen • PRO FAMILIA, Weimar • Verein Arbeit und Frauen, Erfurt • Thüringische Krebsgesellschaft • Studierende von Fachschulen und Hochschulen • Träger der Kindertagesstätten

Zielgruppe: Kinder, Eltern und pädagogische Fachkräfte

Projektziele:
- Förderung eines eigenverantwortlichen und bewussten Umgangs der Kinder mit sich selbst und mit der Umwelt
- Integration der Gesundheitsförderung in den Lern- und Erlebnisraum von Kindertagesstätten (Gesundheitsförderung als durchgängiges Prinzip)

	• Berücksichtigung der Settings „Elternhaus" und „Kindergarten"
	• Kooperation und Erfahrungsaustausch von pädagogischen Fachkräften unterschiedlicher Einrichtungen
	• Langfristige Übertragung des Projekts in angrenzende Grundschulen der Kindertagesstätten

Umsetzung:
- *Fünf Themenbausteine:* Ernährung, Umwelt und Zahngesundheit; Bewegung, Spiel und Sport; Suchtprävention; Gewaltprävention; Sexualpädagogik
- Projektdurchführung in neun Kindertagesstätten der Stadt Weimar und des Umlandes (fünf verschiedene Träger); pro Thema jeweils über ca. vier Wochen wöchentlich eine Veranstaltung (45–90 Minuten)
- Vor- und Nachbereitung durch die ErzieherInnen in Zusammenarbeit mit den Eltern
- Bereitstellung von Arbeitsmaterialien zur selbstständigen Weiterführung und Ergänzung der Themen
- Methoden der Umsetzung: u.a. Selbsterfahrungsspiele, Interaktionsspiele, Rollenspiele, Puppentheater, Erlernen gesundheitsfördernder Fähigkeiten, Spielfeste

Evaluation:
Intern: Evaluative Begleitung durch AGETHUR

Ergebnisse:
Mit den Veranstaltungen in den neun Einrichtungen wurden insgesamt 400 Kinder im Alter von zwei bis sechs Jahren erreicht

Verwendete Themenbausteine:
- Gewaltprävention in vier Tagesstätten
- Suchtprävention in vier Tagesstätten
- Ernährung in zwei Tagesstätten
- Bewegung in drei Tagesstätten
- ErzieherInnen der Kindertagesstätte „Anne Frank" haben nach Projektabschluss den Vorsatz gefasst, sich zum „Gesunden Kindergarten" zu entwickeln

Materialien/Fotos:
- Musikkassette, Videomitschnitt
- Arbeitsmaterialien für ErzieherInnen
- Projektvorstellung über den BZgA-Infodienst
- Projektdokumentation

Anmerkungen:
Der finanzielle Aufwand für die einmalige Durchführung des Projekts in drei Kindertagesstätten beträgt ca. 7.500 DM (Honorare, Fahrt- und Materialkosten).

Verwenden von Elementen aus „Flirpse".

Zur Forcierung des Multiplikatoreneffekts: Antrag an das Thüringische Ministerium für Soziales und Gesundheit, die inhaltlichen Themen in die praktische Ausbildung der ErzieherInnen aufzunehmen.

Kontaktadresse:
Landesvereinigung für Gesundheitsförderung Thüringen e.V. – AGETHUR
Carl-August-Allee 1
99423 Weimar

„Spielzeugfreier Kindergarten"

Ein Projekt zur Suchtprävention für Kinder und mit Kindern

Träger/Veranstalter:	Aktion Jugendschutz, Landesarbeitsstelle Bayern e.V.
Zeitraum:	Seit 1992
Partner/Vernetzung:	*Initiative*: Arbeitskreis „Kindergarten" des Suchtarbeitskreises Weilheim-Schongau, Gesundheitsamt (E. Schubert), Amt für Jugend und Familie (R. Strick)

Implementation und Koordination: Aktion Jugendschutz, Landesarbeits-stelle Bayern e. V.
Durchführung: Zahlreiche Kindergärten

Zielgruppe: Kinder, Eltern und ErzieherInnen

Projektziele: Förderung von Lebenskompetenzen der Kinder, u.a. Kommunikations- und Konfliktfähigkeit, Selbstvertrauen, Frustrationstoleranz

Umsetzung:
- Entfernung jeglichen Spielzeugs für drei Monate
- Werkzeuge und Materialien nur auf Anfrage der Kinder
- ErzieherInnen geben keine Anregungen
- Regelmäßige Praxisberatung für die ErzieherInnen
- Elternabende; Einbezug der Großeltern

Evaluation: **Extern:** Begleitstudie durch unabhängige Wissenschaftlerin

Intern: Dokumentation des Projektverlaufs durch die ErzieherInnen über spezielle Erfassungsraster, Erfahrungsberichte und Beobachtungsbogen

Ergebnisse: *Stärkung folgender Kompetenzbereiche bei den Kindern:*
- Selbstvertrauen
- Beziehungsfähigkeit
- Wahrnehmung persönlicher Bedürfnisse
- Sprachliche Kompetenz
- Kreativität und kritisches Denken
- Frustrationstoleranz/Spielfähigkeit

Materialien/Fotos:
- Projektdokumentation
- Leitfaden zur Durchführung
- Elterninfo
- Videofilm
- Wissenschaftliche Begleitstudie
- Leitfaden zur Projektbegleitung
- Pressespiegel

Anmerkungen: Transferleistungen innerhalb Deutschlands, nach Österreich und in die Schweiz

Projektbeteiligung von weit über 100 Kindergärten, bei vielen regel-mäßiger Bestandteil des Kindergartenjahres

Aufgenommen in die Liste der „Effective model projects" in *Mental Health Promotion for Children up to 6 Years – Directory of Projects in the European Union* (zu diesem Verzeichnis siehe auch *Kapitel 4.2.4*).

Kontaktadresse: Aktion Jugendschutz, Landesarbeitsstelle Bayern e.V.
Fasaneriestraße 17
80636 München

Suchtprävention und Gesundheitsförderung im Elementarbereich

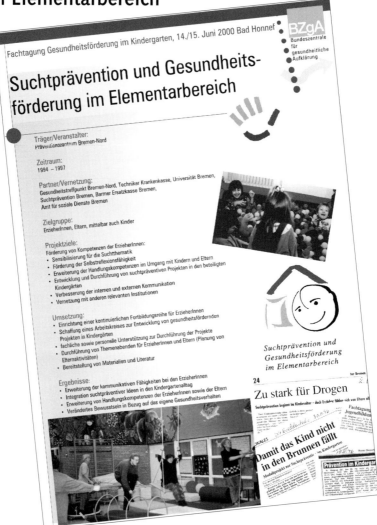

Träger/Veranstalter: Präventionszentrum Bremen-Nord

Zeitraum: 1994–1997

Partner/Vernetzung: Gesundheitstreffpunkt Bremen-Nord
Techniker-Krankenkasse
Universität Bremen
Suchtprävention Bremen
Barmer Ersatzkasse Bremen
Amt für soziale Dienste Bremen

Zielgruppe:	ErzieherInnen, Eltern, mittelbar auch Kinder
Projektziele:	*Förderung von Kompetenzen der ErzieherInnen:*

Projektziele: *Förderung von Kompetenzen der ErzieherInnen:*

- Sensibilisierung für die Suchtthematik
- Förderung der Selbstreflexionsfähigkeit
- Erweiterung der Handlungskompetenzen im Umgang mit Kindern und Eltern
- Entwicklung und Durchführung von suchtpräventiven Projekten in den beteiligten Kindergärten
- Verbesserung der internen und externen Kommunikation
- Vernetzung mit anderen relevanten Institutionen

Umsetzung:

- Einrichtung einer kontinuierlichen Fortbildungsreihe für ErzieherInnen
- Schaffung eines Arbeitskreises zur Entwicklung von gesundheitsfördernden Projekten in Kindergärten
- Fachliche sowie personelle Unterstützung zur Durchführung der Projekte
- Durchführung von Themenabenden für ErzieherInnen und Eltern (Planung von Elternaktivitäten)
- Bereitstellung von Materialien und Literatur
- Einbeziehung von MitarbeiterInnen anderer Institutionen (z.B. Erziehungsberatungsstelle)

Evaluation: **Extern** und **intern** unter Beteiligung der Psychologischen Fakultät der Universität Bremen

Ergebnisse:

- Erweiterung der kommunikativen Fähigkeiten bei den ErzieherInnen
- Integration suchtpräventiver Ideen in den Kindergartenalltag
- Erweiterung von Handlungskompetenzen der ErzieherInnen sowie der Eltern
- Verbesserte Fähigkeit, den Zustand der Kinder zu beurteilen
- Verändertes Bewusstsein in Bezug auf das eigene Gesundheitsverhalten

Materialien/Fotos:

- Evaluation des Modellprojekts
- Dokumentation der Fachtagung „Erfahrungen aus einem Modellprojekt mit Kindergärten in Bremen-Nord"
- Dokumentation der Fachtagung „Eltern als Partner in der Erziehungsarbeit"
- Suchtprävention und Gesundheitsförderung im Elementarbereich: Teil 1: Fortbildungsreihe für ErzieherInnen Teil 2: Abendveranstaltungsreihe „Erziehung in Zeiten der Unsicherheit", suchtpräventive Projekte in einzelnen KTHs

Kontaktadresse: Präventionszentrum Bremen-Nord
Weserstr. 16
28757 Bremen

Initiative „Mehr Bewegung in den Kindergarten"
Kooperation zwischen Kindergärten und Sportvereinen

Träger/Veranstalter: Sportjugend Hessen

Zeitraum: Zwei Durchlaufphasen: 1998/99 und 1999/2000 (Kindergartenjahr) Fortsetzung in 2001/2002

Partner/Vernetzung: Hessisches Ministerium des Inneren • Unfallkasse Hessen • Spielgeräte-hersteller eibe • Hessische Turnjugend

Zielgruppe: Kindergartenkinder, ErzieherInnen, ÜbungsleiterInnen, Eltern, Entschei-dungsträger in Kindergärten und Vereinen, Öffentlichkeit in der Kommune

Projektziele:
- Einrichtung von Kooperationen zwischen Kindergärten und Sport-vereinen zur besseren Nutzung qualitativer und materieller Ressourcen
- Stärkerer Einbezug von Bewegung in den Kindergartenalltag im Sinne einer ganzheitlichen Persönlichkeitsentwicklung, einer lebenslangen Gesundheitsförderung sowie einer aktiven Unfallverhütung
- Wahrnehmungs- und bewegungsfördernde Angebote auf der Basis der Psychomotorik sowie Einbindung und Verbesserung zusätzlicher Räumlichkeiten und Materialien

	• Werbung für Vereinssportangebote und Kindergartenarbeit in der Kommune
Umsetzung:	• Landesweite Werbung für die Initiative
	• Auswahl von jeweils 40 Kooperationen pro Kindergartenjahr
	• Abschluss eines Kooperationsvertrags zwischen Kindergarten und Sportverein
	• Regionale Beratungstreffen
	• Einsatz von ÜbungsleiterInnen als „Experten für Bewegung" im Kindergarten (gemeinsame Durchführung der Bewegungsstunden durch ÜbungsleiterIn und ErzieherIn)
	• Qualifizierung von ErzieherInnen und ÜbungsleiterInnen in der wöchentlichen Praxis und durch regionale Fortbildungen
	• Förderung der Sportvereine durch Honorarzuschuss für die ÜbungsleiterInnen (DM 800,-); Förderung der Kooperationen durch Materialgutscheine (insgesamt DM 500,- pro Jahr und Kooperation)
	• Aktive Öffentlichkeitsarbeit der Kooperationen und der Sportjugend
	• Einbindung der Eltern durch Informationsabende und Feste
Evaluation:	**Extern:** durch Ev. Fachhochschule Darmstadt/Universität Frankfurt
	Intern: durch Fragebogen, Zwischen- und Jahresberichte, Abschlusstreffen, Pressespiegel
	Erstellung einer Dokumentation (geplant)
Ergebnisse:	• Positive Rückmeldungen der beteiligten Kooperationspartner Kindergarten und Sportverein
	• Gute Zusammenarbeit von ErzieherInnen und ÜbungsleiterInnen
	• Erweiterung von Bewusstsein und Qualifikation der ErzieherInnen bezüglich einer bewegungsorientierten Kinderbetreuung
	• Kinder reagieren positiv auf zusätzliche Bewegungsangebote, agieren selbständig, verlieren Ängste, bauen Aggressionen ab u.a.
	• Eltern erkennen Bedeutung von Bewegung für die Entwicklung ihrer Kinder
	• Positive Resonanz in der regionalen und überregionalen Presse
	• Zahlreiche Rückmeldungen und Nachfragen
Materialien/Fotos:	• Anschreiben, überarbeitete Maske, Kurzauswertung
	• Kooperationsunterlagen
	• Pressespiegel
	• Zeitschriftenaufsatz
	• Infobroschüre
	• Internetinformationen (unter www.sportjugend-hessen.de)
	• Dokumentation (geplant)
Anmerkungen:	Projektauswertung für Frühjahr 2000 geplant
	Einbindung der Initiative in Fachkongresse, Fortbildungen etc.
Kontaktadresse:	Sportjugend Hessen
	Stephan Schulz-Algie
	Otto-Fleck-Schneise 4
	60528 Frankfurt am Main

Psychomotorische Kindertagesstätte

Träger/Veranstalter: Förderverein Psychomotorik Bonn e.V.

Zeitraum: Seit 1997

Partner/Vernetzung: *Interne Einbindung in den Förderverein Psychomotorik Bonn* mit den zentralen Einrichtungen:

Förderzentrum E. J. Kiphard (Rheinische Modelleinrichtung für Psychomotorik, Beratungsstelle für Kindesentwicklung)

Institut für angewandte Bewegungsforschung (wissenschaftliche Begleitung)

Rheinische Akademie (Aus- und Fortbildungsveranstaltungen)
Externe Partner:
Stadt Bonn
Rhein-Sieg-Kreis
Kooperationsverträge mit Vereinen (Netzwerk Psychomotorik Rheinland)
Paritätischer Wohlfahrtsverband, Behindertensportverband, Aktionskreis Psychomotorik u.a.

Zielgruppe: Kinder; mittelbar auch Eltern, ErzieherInnen, Lehrkräfte

Projektziele:
- Förderung der Persönlichkeitsentwicklung und Handlungsfähigkeit von Kindern in den Bereichen Ich-Kompetenz, Sachkompetenz und Sozialkompetenz
- Umfassende und dezentrale Angebote zur Entwicklungsförderung „vor Ort"
- Aus- und Fortbildung von ErzieherInnen, Lehrkräften u.a.

Umsetzung:
- Einbindung der psychomotorischen Arbeitsweise in den Tagesablauf der Kindertagesstätte
- Wahrnehmung und Bewegung als zentrale Ausgangspunkte der pädagogischen Arbeit
- Psychomotorisch ausgebildete ErzieherInnen als verlässliche Bezugspersonen für die Kinder
- Spezifische Raumgestaltung im Innen- und Außenbereich, u.a. Spiel- und Funktionsbereiche für Wahrnehmung, Rollenspiel, Bauen und Konstruieren, Musik/Rhythmik und Bildnerisches Gestalten
- Klare Zeitstrukturen im Tagesablauf, die den Kindern als Orientierung dienen

Evaluation: **Intern:** Evaluation, Supervision, Einbindung in Förderverein Psychomotorik Bonn e.V.
Spezielle wissenschaftliche Projekte
Zahlreiche Fachpublikationen

Ergebnisse:
- Große Nachfrage nach Kindergartenplätzen und anderen Angeboten im Großraum Bonn
- Umfangreiches Fortbildungsangebot
- Bundesweite Kongresse und Fachtagungen

Materialien/Fotos:
- Infobroschüre „Förderverein Psychomotorik Bonn e.V."
- Jährliche Fortbildungsprogramme
- „Haus des Fördervereins" (Diskette)

Kontaktadresse: Förderverein Psychomotorik Bonn e.V.
Rudolf Lensing-Conrady, Hans Jürgen Beins
Wernher-von-Braun-Str. 3
53113 Bonn

Kinder stark machen –
Suchtprävention im Kindergarten

Träger/Veranstalter: Kasseler Arbeitskreis „Kinder stark machen – Suchtprävention im Kindergarten" mit Unterstützung der BZgA und der Hessischen Arbeitsgemein-
schaft für Gesundheitserziehung (HAGE)

Zeitraum: 1996–1998

Partner/Vernetzung: Kasseler Arbeitskreis „Kinder stark machen – Suchtprävention im
Kindergarten":

Anneliese Augustin (vormals MdB)

Drogenverein Nordhessen

Fachstelle für Suchtprävention der Stadt Kassel

Gesundheitsamt und Jugendamt der Stadt Kassel

Hessische Arbeitsgemeinschaft für Gesundheitserziehung

Praxis für Supervision und Organisationsberatung J. Sondermann

Verband der ev. Kindertagesstätten im diakonischen Werk Kurhessen-Waldeck

Verein „Bewegen–Spielen–Lernen"

Konzeptionelle Unterstützung durch die BZgA und die Koordinierungsstelle für Suchtprävention in Hessen (KSH)

Finanzielle Unterstützung durch die BZgA, die Kasseler Sparkasse, den Verband der forschenden Arzneimittelhersteller, den Arbeitskreis der Kasseler Krankenkassen und den Bundesverband der pharmazeutischen Industrie

Zielgruppe: Kinder, Eltern und ErzieherInnen

Projektziele:
- Veränderung von Einstellungen zu suchtspezifischen Problemen bei Eltern und ErzieherInnen
- Förderung von Fähigkeiten und Fertigkeiten zur Lebensbewältigung
- Stärkung der Lebenskompetenz mit der Intention, ein gesundes und starkes Selbstvertauen zu vermitteln
- Aufbau von protektiven Faktoren wie spielerische, positive Einstellung zum eigenen Körper, Kommunikationsfähigkeit, Genussfähigkeit, Frustrationstoleranz, Umgang mit Gefühlen wie Langeweile, Angst und Wut
- Orientierung an realistischen Vorbildern in den ErzieherInnen und Eltern, die einen verantwortungsbewussten Umgang mit Suchtmitteln vorleben und vermitteln
- Stärkung des Selbstwertgefühls durch Grundeinstellung in der Erziehung, die Gefühle und das Gelingen in den Vordergrund stellt und nicht das Versagen oder den Fehler
- Bewegung als zentrales Medium der Auseinandersetzung mit der eigenen Person und Umwelt, um das Körper- und Selbstwertgefühl zu stärken
- Integration der Suchtprävention als ein Teil der Gesundheitsförderung in Kindergärten der Stadt Kassel (Öffentlichkeitsarbeit)

Umsetzung: *Umsetzung und Einbezug der drei Zielgruppen erfolgen über drei Projektbestandteile:*

• Informationsteil

Informationen zum Thema Suchtprävention für Eltern und ErzieherInnen: 3–5 Abendveranstaltungen, um sich über Suchtverhalten zu informieren, eigenes Konsumverhalten zu hinterfragen.

• Ermutigungsteil

Stärkung des Selbstwertgefühls für ErzieherInnen: Supervisor führt Supervisionen und Fortbildungen mit allen ErzieherInnen durch. Es geht um die Grundeinstellung in der Erziehung, die Gefühle und das Gelingen in den Vordergrund stellt, darum, Mut zu haben, die Kinder zu loben und seine eigenen Ängste überwinden zu können. Vertrauen in die eigenen Fähigkeiten gilt als Voraussetzung für das Gelingen.

• Psychomotorikteil (20 Sitzungen pro Kindergarten)

Förderung der Körpererfahrung für Kinder: Motologen führen psychomotorische Übungsstunden in Begleitung der ErzieherInnen durch. Kinder brauchen Gelegenheit, ihr Können, ihren Mut und ihr Selbstvertrauen mit dem eigenen Körper zu erproben. Gleichzeitig erfolgen Fortbildungen für die ErzieherInnen, um selber psychomotorische Elemente in den Kindergartenalltag zu integrieren.

Evaluation:	• Eingangsdokumentation mit Institutionsanalyse der einbezogenen Kindergärten
	• Prozessevaluation mit Dokumentation der Informations- und Fortbildungsveranstaltungen sowie der Psychomotorikstunden
	• Effektevaluation mit Erfassung der Einstellung zur Suchtprävention und des Selbstvertauens der ErzieherInnen und der Eltern sowie der Auswirkungen auf die Kinder
	• Follow-up-Befragung der Projektkinder im Alter von 14–18 Jahren durch die HAGE geplant
Ergebnisse:	• Vollständige Umsetzbarkeit der Projektbausteine in den Kindergartenalltag: stetige und dichte Folge der Interventionen
	• Signifikante Veränderung hinsichtlich der Verhaltensweisen und Einstellungen von ErzieherInnen und Eltern
	• Verhaltensveränderungen bei den Kindern: Sie sind selbstständiger und selbstbewusster, das Sozialverhalten ist ausgeglichener, stärkere Integration von außen stehenden und „schwächeren" Kindern
	• Veränderte Erziehungseinstellung von ErzieherInnen und Eltern, die in Wechselwirkung zum veränderten Verhalten der Kinder stehen
	• Aufgreifen neuer, zusätzlicher Impulse in die erzieherische Arbeit, z.B. Bewegungsbaustelle, Bildung einer Waldgruppe
Materialien/Fotos:	*Dokumentation des Ansatzes durch Veröffentlichungen in Fachzeitschriften, Internet, Pressespiegel und Dokumentationsberichte:*
	• Projektbeschreibung
	• Evaluationsbericht
	• Umfangreiche Pressemappe
	• Fotoausstellung
	• Internetseiten
	• Dokumentation in *Mental Health Promotion for Children up to 6 Years – Directory of Projects in the European Union* (zu diesem von Mental Health Europe herausgegebenen Verzeichnis siehe auch *Kapitel 4.2.4*)
Anmerkungen:	Übertragung und Weiterentwicklung des Projekts auf andere Kindergärten sowie Grundschulen ist geplant
	Einbau von Projektteilen als curriculare Bausteine in die Ausbildung von ErzieherInnen
Kontaktadresse:	Hessische Arbeitsgemeinschaft für Gesundheitserziehung e. V. Heinrich-Heine-Straße 44 35039 Marburg

ANHANG

7.1 Literaturübersicht

Altgeld, Thomas / Walter, Ulla (1997): „Don't hesitate, innovate. Gesundheitsförderung zwischen Utopie und Realität." In: Altgeld, Thomas / Laser, Ina / Walter, Ulla (Hrsg.) (1997): *Wie kann Gesundheit verwirklicht werden? Gesundheitsfördernde Handlungskonzepte und gesellschaftliche Hemmnisse.* Weinheim, München: Juventa.

Antonovsky, Aaron (1979): *Health, stress and coping: New perspectives on mental and physical well-being.* San Francisco: Jossey-Bass.

Antonovsky, Aaron (1987): *Unraveling the mystery of health. How people manage stress and stay well.* San Francisco: Jossey-Bass.

Antonovsky, Aaron (1993): „Gesundheitsforschung versus Krankheitsforschung." In: Franke, A. / Broda, M. (Hrsg.) (1993): *Psychosomatische Gesundheit. Versuch einer Abkehr vom Pathogenese-Konzept.* Tübingen. dgvt.

Antonovsky, Aaron (1997): *Salutogenese: Zur Entmystifizierung der Gesundheit.* Dt., erweiterte Herausgabe von Alexa Franke. Tübingen: dgvt.

Arnold, Rolf (1997): *Qualitätssicherung in der Erwachsenenbildung.* Opladen: Leske + Budrich.

Badura, Bernhard (1996): „Vorstellung vorhandener Methoden und Konzepte." In: *Dokumentation der Wiss. Jahrestagung der Bundesvereinigung für Gesundheit e.V. zu Qualitätsstrategien in Prävention und Gesundheitsförderung – Leitlinien, Praxisbeispiele, Potentiale.* Bonn.

Badura, Bernhard (1997): „Zehn Jahre Ottawa-Charta: Was bleibt vom enthusiastischen Aufbruch?" In: Altgeld, Thomas / Laser, Ina / Walter, Ulla (1997): *Wie kann Gesundheit verwirklicht werden? Gesundheitsfördernde Handlungskonzepte und gesellschaftliche Hemmnisse.* Weinheim, München: Juventa.

Badura, Bernhard (1999): „Evaluation und Qualitätsberichterstattung im Gesundheitswesen – Was soll bewertet werden und mit welchen Maßstäben." In: Badura, Bernhard / Siegrist, Johannes (Hrsg.) (1999): *Evaluation im Gesundheitswesen. Ansätze und Ergebnisse.* Weinheim, München: Juventa.

Badura, Bernhard / Siegrist, Johannes (Hrsg.) (1999): *Evaluation im Gesundheitswesen. Ansätze und Ergebnisse.* Weinheim, München: Juventa.

Badura, Bernhard / Strodtholz, Petra (1998a): „Qualitätsförderung, Qualitätsforschung und Evaluation im Gesundheitswesen." In: Schwartz, F. W. et al. (Hrsg.) (1998): *Das Public Health Buch. Gesundheit und Gesundheitswesen.* München, Wien: Urban & Schwarzenberg.

Badura, Bernhard / Strodtholz, Petra (1998b): „Soziologische Grundlagen der Gesundheitswissenschaften." In: Hurrelmann, Klaus / Laaser, Ulrich (Hrsg.)(1998): *Handbuch Gesundheitswissenschaften.* Weinheim, München: Juventa.

Badura, Bernhard / Grande, Gesine / Janßen, Heinz / Schott, Thomas (1995): *Qualitätsforschung im Gesundheitswesen. Ein Vergleich in ambulanter und stationärer kardiologischer Rehabilitation.* Weinheim, München: Juventa.

Becker-Textor, I. (1995): *Kindergartenalltag. Eine praxisorientierte Einführung in die Kindergartenarbeit.* Neuwied: Luchterhand.

Becker-Textor, I. (1998): *Der Dialog mit den Eltern.* München: Don Bosco.

Becker-Textor, I. (1999): *Kreativität im Kindergarten. Anleitung zur kindgemäßen Intelligenzförderung im Kindergarten.* Freiburg: Herder.

Beske, F. (1992): „Qualitätssicherung. Einführung und gesetzliche Grundlagen." *Gesundheitswesen,* 54.

Birner, Ulrich (1995): „Dienstleistungsorientiertes Qualitätsmanagement – Chance und Forderung für Gesundheitseinrichtungen." In: Spörkel, Herbert et al. (Hrsg.) (1995): *Total Quality Management. Forderungen an Gesundheitseinrichtungen. Konzepte – Modelle – Analogien.* Berlin, München: Quintessenz.

Blank, J. / Windisch, R. (1997): „Zur Notwendigkeit eines Paradigmenwechsels in der professionellen Haltung. Beispiel einer Initiative zur Gesundheitsförderung und Suchtprävention im Kindergarten." *Prävention* 1/1997.

Blättner, Beate (1997): „Gesundheitsbildung als Empowermentstrategie." In: Altgeld, T. / Laser, I. / Walter, U. (Hrsg.) (1997): *Wie kann Gesundheit verwirklicht werden?* Weinheim, München: Juventa.

Blättner, Beate (1999): „Gesundheitsförderung und Gesundheitsbildung." *Prävention* 3/1999.

Boehnke, Klaus / Sohr, Sven (1996): „Kind und Umwelt. Zur Bedeutung von Umweltzerstörung für die Sozialisation von Kindern." In: Mansel, Jürgen (1996): *Glückliche Kindheit – Schwierige Zeit. Über die veränderten Bedingungen des Aufwachsens.* Opladen: Leske + Budrich (Kindheitsforschung 7).

Breuer, C. (1997): „Bewegende Erkenntnisse – zur Bewegungssituation der Kinder und Jugendlichen im Kreis Neuss." In: Kreis Neuss, Gesundheitsamt (Hrsg.) (1997): *Erster Bericht zur gesundheitlichen Lage von Kindern und Jugendlichen im Kreis Neuss.* Grevenbroich.

Breuer, C. / Rumpeltin, C. / Schülert, T. (1998): „Lebensweltbezogene Ansätze in der Bewegungsförderung von Kindern im Vorschulalter. Evaluation des Projektes ‚Hüpfdötzchen – Kindergarten in Bewegung'." *Praxis der Psychomotorik* 23 (1998), 1.

Brinkhoff, Klaus-Peter (1998): *Sport und Sozialisation im Jugendalter. Entwicklung, soziale Unterstützung und Gesundheit.* Weinheim, München: Juventa.

Brinkhoff, Klaus-Peter: „Kindsein ist kein Kinderspiel. Über die veränderten Bedingungen des Aufwachsens und notwendigen Perspektiverweiterung in der modernen Kindheitsforschung." In: Mansel, Jürgen (1996): *Glückliche Kindheit – Schwierige Zeit. Über die veränderten Bedingungen des Aufwachsens.* Opladen: Leske + Budrich (Kindheitsforschung 7).

Brodtmann, D. (1997): „Kinder – Bewegung – Gesundheit. Was sind die wirklichen Risikofaktoren?" In: Zimmer, R. (Hrsg.) (1997): *Bewegte Kindheit.* Schorndorf: Hofmann.

Brösskamp-Stone, Ursel / Schmacke, Norbert / Walter, Ulla / Kickbusch, Ilona (1998): „Institutionen, Systeme und Strukturen in der Gesundheitsförderung." In: Schwartz, F. W. et al. (Hrsg.)(1998): *Das Public Health Buch. Gesundheit und Gesundheitswesen.* München, Wien: Urban & Schwarzenberg.

Bründel, H. / Hurrelmann, K. (1996): *Einführung in die Kindheitsforschung.* Weinheim, Basel: Beltz Verlag.

Bullinger, H. / Nowak, J. (1998): *Soziale Netzwerkarbeit: Eine Einführung für soziale Berufe.* Freiburg: Lambertus.

Bundesvereinigung für Gesundheit (o.J.): *Bestandsaufnahme interdisziplinärer Netzwerke im Bereich der Prävention und Gesundheitsförderung unter besonderer Berücksichtigung der modernen Informations- und Kommunikationstechnologien.* Bonn.

Burchardt, Eva (1999): *Identität und Studium in der Sexualpädagogik.* Frankfurt/Main.

BZgA (Hrsg.) (1995): *Wegweiser, Sexualpädagogische Aus- und Fortbildung in der Bundesrepublik Deutschland.* Köln: BZgA.

BZgA (Hrsg.) (1998a): *Gesundheit für Kinder und Jugendliche.* Köln: BZgA (Konzepte 1).

BZgA (Hrsg.) (1998b): *Gesundheit von Kindern. Epidemiologische Grundlagen. Dokumentation einer Expertentagung der BZgA.* Köln: BZgA (Forschung und Praxis der Gesundheitsförderung Bd. 3).

BZgA (Hrsg.) (1998c): *Was erhält Menschen gesund? Antonovskys Modell der Salutogenese – Diskussionsstand und Stellenwert.* Köln: BZgA (Forschung und Praxis der Gesundheitsförderung Bd. 6).

BZgA (Hrsg.) (1999a): *Sexualpädagogik zwischen Persönlichkeitslernen und Arbeitsfeldorientierung.* Köln: BZgA (Forschung und Praxis der Sexualaufklärung und Familienplanung Bd. 16).

BZgA (Hrsg.) (1999b): *Leitbegriffe der Gesundheitsförderung. Glossar zu Konzepten, Strategien und Methoden der Gesundheitsförderung.* (2. Aufl.) Schwabenheim a. d. Selz: Peter Sabo. (Blickpunkt Gesundheit 3).

BZgA (Hrsg.) (1999c): *„Qualitätssicherung in der gesundheitlichen Aufklärung. Marktbeobachtung. Marktanalyse."* Köln: BZgA (Broschüre).

BZgA (Hrsg.) (1999d): *Starke Kinder brauchen starke Eltern. Familienbezogene Suchtprävention. Konzepte und Praxisbeispiele.* Köln: BZgA (Forschung und Praxis der Gesundheitsförderung Bd. 7).

Deutsche Verkehrswacht (1997): *Das „Move it"-Buch.* Meckenheim: GHS

Deutsches Jugendinstitut (Hrsg.) (1999): *Kindertagesbetreuung – Jugendarbeit – Familienbildung. Konzepte und Arbeitsansätze.* München.

Dietscher, Christina / Lobnig, Hubert (1998): „Evaluation als Beitrag zur Qualitätsentwicklung von Gesundheitsförderungsprojekten." In: Dür, Wolfgang / Pelikan, Jürgen M. (Hrsg.) (1998): *Qualität in der Gesundheitsförderung. Ansätze und Beispiele zur Qualitätsentwicklung und Evaluation.* Wien: Facultas-Universitätsverlag (Gesundheitswissenschaften/Gesundheitsförderung 5).

Doehler, M. (1989): *Korporatisierung als gesundheitspolitische Strategie.* Köln.

Dordel, Sigrid (1998): „Ätiologie und Symptomatik motorischer Defizite und Auffälligkeiten." In: BZgA (Hrsg.) (1998): *Gesundheit von Kindern. Epidemiologische Grundlagen.* Köln: BZgA (Forschung und Praxis der Gesundheitsförderung Bd. 3).

Duglosch, Gabriele E. / Krieger, Winfried (1996): „Evaluation der Gesundheitsförderung und Prävention." *Public Health Forum* 14.

Eggert, Dietrich (1994): *Theorie und Praxis der psychomotorischen Förderung.* Dortmund: Borgmann.

Engel, Peter (1998): „Umfassendes Qualitätsmanagement – eine Verhaltensänderung. Wie können wir Potentiale so fördern, dass sie unseren Visionen entsprechen?" In: Liebelt, Jutta (Hrsg.) (1998): *Angewandtes Qualitätsmanagement. Gesundheitseinrichtungen als lernende Organisationen.* Berlin, Heidelberg, New York: Springer.

Epstein, S. (1984): „Entwurf einer integrativen Persönlichkeitstheorie." In: Filipp, S. (Hrsg.) (1984): *Selbstkonzept – Forschung.* Stuttgart: Klett-Cotta.

Faltermaier, Toni (1999): „Subjektorientierte Gesundheitsförderung: Zur Konzeption einer salutogenetischen Praxis." In: Röhrle, Bernd / Sommer, Gert (1999): *Prävention und Gesundheitsförderung.* Tübingen: dgvt (Fortschritte der Gemeindepsychologie und Gesundheitsförderung Bd. 4).

Fischer, K. (1989): „Das Psychomotorische Paradigma in der Frühförderung." In: Irmischer, T. / Fischer, K. (1989): *Psychomotorik in der Entwicklung.* Schorndorf: Hofmann.

Franke, Susanne / Renn, Heinz / Runde, Peter (1994): „Gesundheitsförderung durch Organisationsentwicklung – Erfahrungen aus der Praxis." *Prävention* 3/1994.

Fthenakis, E. Wassilios (1998): „Erziehungsqualität: Ein Versuch der Konkretisierung durch das Kinderbetreuungsnetzwerk der Europäischen Union." In: Sturzbecher, Dietmar (Hrsg.) (1998): *Kindertagesbetreuung in Deutschland. Bilanzen und Perspektiven. Ein Beitrag zur Qualitätsdiskussion.* Freiburg: Lambertus.

Fthenakis, E. Wassilios / Eirich, Hans (Hrsg.) (1998): *Erziehungsqualität im Kindergarten. Forschungsergebnisse und Erfahrung.* Freiburg: Lambertus.

Fthenakis, E. Wassilios / Sturzbecher, Dietmar (1998): „Entwicklungstendenzen und Perspektiven in der Kindertagesbetreuung." In: Sturzbecher, Dietmar (Hrsg.) (1998): *Kindertagesbetreuung in Deutschland. Bilanzen und Perspektiven. Ein Beitrag zur Qualitätsdiskussion.* Freiburg: Lambertus.

Fthenakis, E. Wassilios / Textor, Martin (1998): *Qualität von Kinderbetreuung. Konzepte, Forschungsergebnisse, internationaler Vergleich.* Weinheim: Beltz.

Gaidetzka, S. (1997): „Suchtvorbeugung in Kindertagesstätten. Ein Projekt zur Unterstützung gesundheitsfördernder Prozesse." *Prävention* 1/1997.

Gerber, Uwe / Stützner, von Wilfried (1999): „Entstehung, Entwicklung und Aufgaben der Gesundheitswissenschaften." In: Hurrelmann, Klaus (Hrsg.) (1999): *Gesundheitswissenschaften.* Berlin, Heidelberg, New York: Springer (Handbuch Gesundheitsmanagement 3).

Göpel, Eberhard (1993): „Entwicklung von Qualitätsmerkmalen für gesundheitsfördernde Schulen." *Prävention* 3/1993.

Göpel, Eberhard / Mühlum, Albert / Batholomeyczik, Sabine (1997): *Sozialarbeitswissenschaften – Pflegewissenschaften – Gesundheitswissenschaften.* Freiburg: Lambertus.

Göppel, R. (1997): *Ursprünge der seelischen Gesundheit.* Würzburg: Edition Bentheim.

Großmann, Heidrun (1998): „Sozialer Wandel und seine Folgen für die Lebenssituation von Kindern – eine soziologische Perspektive." In: Sturzbecher, Dietmar (Hrsg.) (1998): *Kindertagesbetreuung in Deutschland. Bilanzen und Perspektiven. Ein Beitrag zur Qualitätsdiskussion.* Freiburg: Lambertus.

Grundmann-Simsek, D. / Nöcker, G.: „Materialien zur Suchtprävention im Vorschulalter. Vorstellung der Expertise von Bernd Kammerer im Auftrag der BZgA." *Prävention* 1/1997.

Güntert, Bernhard J. (1999): „Benchmarking als Instrument der Qualitätssicherung." In: Badura, Bernhard / Siegrist, Johannes (Hrsg.) (1999): *Evaluation im Gesundheitswesen. Ansätze und Ergebnisse.* Weinheim, München: Juventa.

Güntert, Bernhard J. et al. (1996): „Patientenzufriedenheit – eine wichtige Dimension des Total Quality Management." *Public Health Forum* 11 (1996).

Günther, Ulrike / Leonhäuser, Ingrid-Ute (1996): „Qualitätswahrnehmung und -merkmale in der Gesundheitsförderung." *Public Health Forum* 11 (1996).

Hanesch, W. et al. (Hrsg.) (1994): *Armut in Deutschland.* Reinbek: Rowohlt.

Hassel, H. / Mattick, H. (1997): „Gesundheitsförderung in KITAS. Fortbildung von Erzieherinnen zur zielorientierten Projektplanung." *Prävention* 1/1997.

Hellerich, Gert (1989): „Die Transformation von der nekrophilen zur biophilen Prävention." In: Stark, Wolfgang (1989): *Lebensweltbezogene Prävention und Gesundheitsförderung: Konzepte und Strategien für die psychosoziale Praxis.* Freiburg: Lambertus.

Helming, E. / Schattner, H. / Blüml, H. / DJI (1998): *Handbuch Sozialpädagogische Familienhilfe.* Bonn: BMFSFJ.

Héritier, Adrienne (1993): „Policy-Netzwerkanalyse als Untersuchungsinstrument im europäischen Kontext: Folgerungen aus einer empirischen Studie regulativer Politik." In: Héritier, A. (Hrsg.) (1993): *Policy-Analyse. Kritik und Neuorientierung.* (PVS, Sonderheft 24).

Hurrelmann, Klaus (1990a): *Familienstress, Schulstress, Freizeitstress. Gesundheitsförderung für Kinder und Jugendliche.* Weinheim, Basel: Beltz.

Hurrelmann, Klaus (1990b): „Plädoyer für die Kooperation medizinischer und psychosozialer Dienste für Kinder und Jugendliche." *Prävention* 4/1990.

Hurrelmann, Klaus (1994a): „Auszüge aus einem Memorandum zur Verbesserung der medizinischen und psychosozialen Versorgung für Kinder und Jugendliche." *Paed Extra* 7–8, (1994).

Hurrelmann, Klaus (1994b): *Sozialisation und Gesundheit. Somatische, psychische und soziale Risikofaktoren im Lebenslauf.* (3. Aufl.) Weinheim, München: Juventa.

Hurrelmann, Klaus (1998a): „Machen moderne Familienstrukturen Kinder krank?" *Psychomed* 10 (1998) 1.

Hurrelmann, Klaus (1998b): *Einführung in die Sozialisationstheorie. Über den Zusammenhang von Sozialstruktur und Persönlichkeit.* (6. Aufl.) Weinheim: Beltz.

Hurrelmann, Klaus (1999a): „Bielefelder Erklärung zur Kinder- und Jugendpolitik." *Gesundheitswesen* 59 (1999).

Hurrelmann, Klaus (1999b): „Sind unsere Kinder Gewinner oder Verlierer? Kindheit heute." *Kiga heute* 4 (1999).

Hurrelmann, Klaus / Klaubert, Katrin (2000): *Wie Kinder gesund bleiben. Kleines Gesundheitslexikon für Kindergarten und Grundschule.* Weinheim: Beltz.

Hurrelmann, Klaus / Laaser, Ulrich (1998): „Entwicklung und Perspektiven der Gesundheitswissenschaften." In: Hurrelmann, Klaus / Laaser, Ulrich (Hrsg.) (1998): *Handbuch Gesundheitswissenschaften.* Neuausgabe. Weinheim, München: Juventa.

Hurrelmann, K. / Ulich, D. (Hrsg.) (1991): *Neues Handbuch der Sozialisationsforschung.* Weinheim: Beltz.

Hurrelmann, Klaus / Unverzagt, Gerlinde (1998): *Kinder stark machen für das Leben. Herzenswärme, Freiräume, klare Regeln.* Freiburg: Herder.

Jansen, D. / Schubert, K. (Hrsg.) (1995): *Netzwerke und Politikproduktion. Konzepte, Methoden, Perspektiven.* Marburg: Schüren.

Janßen, Heinz (1996): „Total Quality Management-System." *Public Health Forum* 11 (1996).

Jaster, Hans-Joachim (1996): *Qualitätssicherung im Gesundheitswesen.* Stuttgart: Thieme.

Juul, Jesper (1997): *Das kompetente Kind. Auf dem Weg zu einer neuen Wertgrundlage für die ganze Familie.* Reinbek: Rowohlt.

Kahl, Hans-Josef (1998): „Unfälle und Verletzungen von Kindern unter besonderer Berücksichtigung der Verletzungen im Haus- und Freizeitbereich." In: BZgA (1998): *Gesundheit von Kindern. Epidemiologische Grundlagen.* Köln: BZgA (Forschung und Praxis der Gesundheitsförderung Bd. 3).

Kamiske, Gerd F. / Brauer, Peter (1995): *Qualitätsmanagement von A bis Z: Erläuterungen moderner Begriffe des Qualitätsmanagements.* (2., erw. Aufl.) München, Wien: Hanser.

Kiphard, Ernst J. (1989): *Psychomotorik in Praxis und Theorie.* Gütersloh: Flöttmann.

Kirschner, W. / Radoschewski, M. / Kirschner, R. (1995): *Paragraph 20 SGB V. Gesundheitsförderung, Krankheitsverhütung. Untersuchung zur Umsetzung durch die Krankenkassen.* Sankt Augustin: Asgard.

Klocke, A. / Hurrelmann, K. (Hrsg.) (2000): *Kinder und Jugendliche in Armut. Umfang, Auswirkungen und Konsequenzen.* Opladen: Westdeutscher Verlag.

Kolip, P. / Hurrelmann, K. / Schnabel, P. E. (Hrsg.) (1995): *Jugend und Gesundheit.* Weinheim, München: Juventa.

Kronberger Kreis für Qualitätsentwicklung (1998): *Qualität im Dialog entwickeln. Wie Kindertageseinrichtungen besser werden.* Seelze: Kallmeyer'sche.

Kühnlein, Irene / Faltermaier, Toni / Burda-Viering, Martina (1997): „Gesundheitsvorstellungen im Alltag. – Anregungen zu einer ganzheitlichen Gesundheitsförderung." *Prävention* 3/1997.

Kunz, T. (1993): *Weniger Unfälle durch Bewegung.* Schorndorf: Hofmann.

Laaser, Ulrich / Hurrelmann, Klaus (1998): „Gesundheitsförderung und Krankheitsprävention." In: Hurrelmann, Klaus / Laaser, Ulrich (Hrsg.) (1998): *Handbuch Gesundheitswissenschaften.* Weinheim, München: Juventa.

Laewen, H.-J. / Neumann, K. / Zimmer, J. (Hrsg.) (1997): *Der Situationsansatz – Vergangenheit und Zukunft.* Seelze: Kallmeyer.

Leidel, Jan (1997): „Wie kann Gesundheit verwirklicht werden? Kommunale Strategien." In: Altgeld, Thomas / Laser, Ina / Walter, Ulla (1997): *Wie kann Gesundheit verwirklicht werden? Gesundheitsfördernde Handlungskonzepte und gesellschaftliche Hemmnisse.* Weinheim, München: Juventa.

Liebelt, Jutta (1998): „Einleitung, Begriffsbestimmungen und Problemstellung." In: Liebelt, Jutta (Hrsg.) (1998): *Angewandtes Qualitätsmanagement. Gesundheitseinrichtungen als lernende Organisationen.* Berlin, Heidelberg, New York: Springer (Handbuch Gesundheitsmanagement).

Liebelt, Jutta / Engel, Peter (1998): „Lernen mit ‚doppelter Schleife' – unsere Chance, TQM richtig anzuwenden." In: Liebelt, Jutta (Hrsg.) (1998): *Angewandtes Qualitätsmanagement. Gesundheitseinrichtungen als lernende Organisationen.* Berlin, Heidelberg, New York: Springer (Handbuch Gesundheitsmanagement).

Lipp-Peetz, Christine / Hinze, Klaus / Krahl, Klaus-Peter (1996): „*Die Kindertageseinrichtung als Ort der Förderung von Gesundheit I und II.*" Materialien für die sozialpädagogische Praxis (MSP) 27. Deutscher Verein für öffentliche und private Fürsorge. Frankfurt/M.

Lobnig, Hubert (1999): „Qualität der Gesundheitsförderung – Qualität durch Gesundheitsförderung. Konzepte – Ansätze – Erfahrungen." In: Österreichische Kontaktstelle für betriebliche Gesundheitsförderung (Hrsg.) (1999): *Qualitätssicherung in der betrieblichen Gesundheitsförderung.* Linz.

Lobnig, Hubert / Dietscher, Christina (1996): „Evaluation von Gesundheitsförderungsprojekten." In: Lobnig, Hubert / Pelikan, Jürgen M. (Hrsg.) (1996): *Gesundheitsförderung in Settings: Gemeinde, Betrieb und Krankenhaus. Eine österreichische Forschungsbilanz.* Wien: Facultas-Universitätsverlag.

Lobnig, Hubert / Pelikan, Jürgen M. (1996): „Evaluation von Gesundheitsförderungsprojekten im Rahmen des Setting-Ansatzes." *Prävention* 2/1996.

Mansel, Jürgen (1996): „Glückliche Zeit – Schwierige Kindheit." In: Mansel, Jürgen (Hrsg.) (1996): *Glückliche Kindheit – Schwierige Zeit. Über die veränderten Bedingungen des Aufwachsens.* Opladen: Leske + Budrich (Kindheitsforschung 7).

Markefka, M. / Nauck, B. (Hrsg.) (1993): *Handbuch der Kindheitsforschung.* Neuwied, Berlin: Luchterhand.

Mayntz, R.: „Policy-Netzwerke und die Logik von Verhandlungssystemen." In: Héritier, A. (1994): *Policy-Analyse. Kritik und Neuorientierung. Politische Vierteljahresschrift.* Sonderheft 24/1993. Opladen.

Meinhold, Marianne (1998): *Qualitätssicherung und Qualitätsmanagement in der Sozialen Arbeit. Einführungen und Arbeitshilfen.* Freiburg: Lambertus.

Mental Health Eurpope (MHE) (Hrsg.) (1999): *Mental Health Promotion for Children up to 6 Years. Directory of Projects in the European Union.* Brüssel.

Mersmann, H. (1998): „Gesundheit von Schulanfängern – Auswirkungen sozialer Benachteiligungen." In: BZgA (Hrsg.) (1998): *Gesundheit von Kindern – Epidemiologische Grundlagen.* Köln: BZgA (Forschung und Praxis der Gesundheitsförderung Bd. 3).

Neuber, N. (1999): „Gesundes Selbstvertrauen!? Identitätsförderung durch Bewegung, Spiel und Sport." *Olympische Sportjugend.* (Schorndorf) 44, 11.

Neuber, N. (2000): *Kreative Bewegungserziehung – Bewegungstheater.* Aachen: Meyer und Meyer.

Noack, R. Horst (1996): „Public Health, Salutogenese und Gesundheitsförderung." In: Lobnig, Hubert / Pelikan, Jürgen M. (Hrsg.) (1996): *Gesundheitsförderung in Settings: Gemeinde, Betrieb und Krankenhaus. Eine österreichische Forschungsbilanz.* Wien: Facultas-Universitätsverlag.

Nolte, B. (1999): *Evaluationsbericht über das Kasseler Modellprojekt: „Kinder stark machen – Suchtprävention im Kindergarten" 1996–1998.* Im Auftrag der Hessischen Arbeitsgemeinschaft für Gesundheitserziehung e.V. (HAGE), der BZgA und des Bundesministeriums für Gesundheit. Marburg.

Oerter, R. / Montada, L.(Hrsg.) (1998): *Entwicklungspsychologie.* (9. Aufl.) München: Urban & Schwarzenberg.

Olbrich, I. (1989): *Auditive Wahrnehmung und Sprache.* Dortmund: Modernes Lernen.

Osbar, Christian / Specht, Ralf (1997): „Sexualpädagogik als Thema und Aufgabe in der sozialpädagogischen Ausbildung. Ein Modellprojekt für angehende Erzieherinnen und Erzieher und sozialpädagogische Assistentinnen und Assistenten." *Prävention* 1/1997.

Osbar, Christian / Specht, Ralf (1998): „Sexualpädagogik in der sozialpädagogischen Grundausbildung." *Forum Sexualaufklärung* 1/1998 – Ausbildung, Fortbildung. Köln: BZgA.

Otto, U. (Hrsg.) (1997): *Aufwachsen in Armut. Erfahrungswelten und soziale Lagen von Kindern armer Familien.* Opladen: Leske + Budrich.

Øvretveit, John (1996): „Quality in health promotion." *Health Promotion International* 11 (1996) 1.

Palentien, Christian (1998): „Kinder und Jugendliche." In: Schwartz, F. W. et al. (Hrsg.) (1998): *Das Public Health Buch. Gesundheit und Gesundheitswesen.* München, Wien: Urban & Schwarzenberg.

Palentien, C. / Klocke, C. / Hurrelmann, K. (1999): „Armut im Kindes- und Jugendalter." *Politik und Zeitgeschichte* B 18 (1999).

Pelikan, Jürgen M. / Dietscher, Christina / Novak-Zezula, Sonja (1998): „Evaluation als Strategie der Qualitätssicherung in der Gesundheitsförderung. Probleme, Ansätze, Beispiele." In: Dür, Wolfgang / Pelikan, Jürgen M. (Hrsg.) (1998): *Qualität in der Gesundheitsförderung. Ansätze und Beispiele zur Qualitätsentwicklung und Evaluation.* Wien: Facultas-Universitätsverlag (Gesundheitswissenschaften/Gesundheitsförderung 5).

Regel, G. / Wieland, J. A. (1984): *Psychomotorik im Kindergarten.* Rissen: EBV.

Rehn, Benno (1998): „Die Bedeutung des internen Audits für das kontinuierliche Lernen. Soziale Einrichtungen auf neuen Wegen." In: Liebelt, Jutta (Hrsg.) (1998): *Angewandtes Qualitätsmanagement. Gesundheitseinrichtungen als lernende Organisationen.* Berlin, Heidelberg, New York: Springer (Handbuch Gesundheitsmanagement).

Renner, H. (1997): „Gesundheitsförderung im salutogenen Kontext – vom Entwurf zur Praxis. Aus der Arbeit der Hessischen Arbeitsgemeinschaft für Gesundheitserziehung e.V." *Prävention* 2/1997.

Riemann, Klaus (1999): „Evaluation." In: BZgA (Hrsg.) (1999): *Leitbegriffe der Gesundheitsförderung. Glossar zu Konzepten, Strategien und Methoden der Gesundheitsförderung.* (2. Aufl.) Schwabenheim a. d. Selz: Peter Sabo (Blickpunkt Gesundheit 3).

Riemann, Klaus (1999): „Qualitätssicherung." In: BZgA (Hrsg.) (1999): *Leitbegriffe der Gesundheitsförderung. Glossar zu Konzepten, Strategien und Methoden der Gesundheitsförderung.* (2. Aufl.) Schwabenheim a. d. Selz: Peter Sabo (Blickpunkt Gesundheit 3).

Rienhoff, Otto (1998): „Qualitätsmanagement." In: Schwartz, F. W. et al. (1998): *Das Public Health Buch. Gesundheit und Gesundheitswesen.* München, Wien: Urban & Schwarzenberg.

Rittner, V. / Breuer, C. (1998): „Sport – ein vernachlässigtes Medium in der Public-Health-Diskussion." In: Rütten, A. (Hrsg.) (1998): *Public Health und Sport*. Stuttgart: Nagelschmid (Sozialwissenschaften des Sports 6).

Rittner, V. / Mrazek, J. / Meyer, M. / Hahnemann, G. (1994): *Gesundheit im Kreis Neuss. Präventive Potentiale in der Bevölkerung und Möglichkeiten ihrer Nutzung im Öffentlichen Gesundheitsdienst*. Köln.

Robertz-Grossmann, Beate / Prümel-Philippsen, Uwe (1999): „Qualitätsmanagement/Qualitätssicherung." In: Bundesvereinigung für Gesundheit e.V. (Hrsg.) (1999): *Gesundheit: Strukturen und Handlungsfelder*. Neuwied: Luchterhand.

Ruckstuhl, Brigitte / Studer, Hubert / Somaini, Bertino (1998): „Eine Qualitätsdebatte für die Gesundheitsförderung!" *Sozial- und Präventivmedizin* (1998).

Rumpeltin, C. / Schülert, T. (1997): „Das Projekt ‚Hüpfdötzchen – Kindergarten in Bewegung'. Ein Konzept zur lebensweltbezogenen Prävention für Kinder im Vorschulalter." *Praxis der Psychomotorik* 23 (1997) 3.

Scala, Klaus / Heimerl, Katharina (1998): „Qualität durch Projektmanagement am Beispiel eines Transferprojektes." In: Dür, Wolfgang / Pelikan, Jürgen M. (Hrsg.) (1998): *Qualität in der Gesundheitsförderung. Ansätze und Beispiele zur Qualitätsentwicklung und Evaluation*. Wien: Facultas-Universitätsverlag (Gesundheitswissenschaften/Gesundheitsförderung 5).

Schiller, U. / Mast, J. / Schneider, V. (1997): „Grundeinstellung zu Sucht und Gesellschaft bei Erzieherinnen." *Prävention* 1997.

Schlack, H. G. (1998): „Lebenswelten von Kindern als Determinanten von Gesundheit und Entwicklung." In: BZgA (Hrsg.) (1998): *Gesundheit von Kindern – Epidemiologische Grundlagen*. Köln: BZgA (Forschung und Praxis der Gesundheitsförderung Bd. 3).

Schneider-Wohlfahrt, Ursula / Risse-Engels, Elisabeth / Wack, Otto Georg / Wolf, Rainer (1994): „Zur ganzheitlichen Sichtweise von Mensch, Gesundheit und Krankheit." In: Schneider-Wohlfahrt, Ursula / Wack, Otto Georg (1994): *Entspannt sein – Energie haben*. München: Beck.

Schwartz, Friedrich W. / Walter, Ulla (1998): „Prävention." In: Schwartz, F. W. et al. (Hrsg.) (1998): *Das Public Health Buch. Gesundheit und Gesundheitswesen*. München, Wien: Urban & Schwarzenberg.

Schwartz, F. W. / Badura, B. / Leidl, R. / Raspe, H. / Siegrist, J. (1998): *Das Public Health Buch. Gesundheit und Gesundheitswesen*. München, Wien: Urban & Schwarzenberg.

Schwartz, Friedrich W. / Bitzer, Eva Maria / Dörning, Hans / Walter, Ulla (1998): „Evaluation und Qualitätssicherung im Gesundheitswesen." In: Hurrelmann, Klaus / Laaser, Ulrich (Hrsg.) (1998): *Handbuch Gesundheitswissenschaften*. Weinheim, München: Juventa.

Schwartz, Friedrich W. / Siegrist, Johannes / Troschke, von Jürgen (1998): „Wer ist gesund? Wer ist krank? Wie gesund bzw. krank sind Bevölkerungen." In: Schwartz, F. W. et al. (Hrsg.) (1998): *Das Public Health Buch. Gesundheit und Gesundheitswesen*. München, Wien: Urban & Schwarzenberg.

Schwarzer, R. (1996): *Psychologie des Gesundheitsverhaltens*. (2. Aufl.) Göttingen, Toronto, Zürich: Hogrefe.

Selbmann, Hans-Konrad (1996): „Qualitätsmanagement, Public Health und Forschung." *Public Health Forum* 11 (1996).

Seligmann, M. (1979): *Erlernte Hilflosigkeit*. München: Urban & Schwarzenberg.

Settertobulte, Wolfgang / Hoepner-Stamos, Friederike / Hurrelmann, Klaus (1997a): „Gesundheitsstörungen im Kindesalter. Ergebnisse des Bielefelder ‚Gesundheitssurveys'." *Prävention* 1/1997.

Settertobulte, Wolfgang / Hoepner-Stamos, Friederike / Hurrelmann, Klaus (1997b): „Gesundheitsförderung in der Schule." In: Altgeld, Thomas / Laser, Ina / Walter, Ulla (1997): *Wie kann Gesundheit verwirklicht werden? Gesundheitsfördernde Handlungskonzepte und gesellschaftliche Hemmnisse*. Weinheim, München: Juventa.

Siegrist, Johannes (1995): *Medizinische Soziologie*. (5. Aufl.) München, Wien: Urban & Schwarzenberg.

Siegrist, Johannes (1998): „Machen wir uns selber krank." In: Schwartz, F. W. et al. (Hrsg.) (1998): *Das Public Health Buch. Gesundheit und Gesundheitswesen*. München, Wien: Urban & Schwarzenberg.

Siegrist, Johannes (1999): „Chancen und Grenzen sozialwissenschaftlicher Evaluationsforschung im Gesundheitswesen." In: Badura, Bernhard / Siegrist, Johannes (Hrsg.) (1999): *Evaluation im Gesundheitswesen. Ansätze und Ergebnisse*. Weinheim, München: Juventa (Gesundheitsforschung).

Siegrist, J / Frühbuß, J / Grebe, A. (1997): *Soziale Chancengleichheit für die Gesundheit von Kindern und Jugendlichen. Expertise im Auftrag des Bundesministerium für Gesundheit.* Düsseldorf.

Sielert, Uwe et al. (1996): *„Sexualpädagogik in der Ausbildung von Erzieherinnen und Erziehern."* Eine Expertise zur Bestimmung curricularer Planungsdaten im Auftrag der BZgA. Köln (unveröffentlicht).

Sielert, Uwe / Herrath, Frank (2000): *„Sexualpädagogik in der Hochschulausbildung."* Abschlussbericht Gesellschaft für Sexualpädagogik e.V. Köln 1999 (BUK – Bundesverband der Unfallkassen: Sonderauswertung für Kindergärten vom 12.5.2000).

Spörkel, Herbert et al. (Hrsg.) (1995): *Total Quality Management. Forderungen an Gesundheitseinrichtungen. Konzepte – Modelle – Analogien.* Berlin, München: Quintessenz.

Sportjugend NRW (Hrsg.) (1998): *Kinder mit mangelnden Bewegungserfahrungen.* Teil 1. Duisburg.

Stark, Wolfgang (1989): „Prävention als Gestaltung von Lebensräumen. Zur Veränderung und notwendigen Reformulierungen." In: Stark, Wolfgang (1989): *Lebensweltbezogene Prävention und Gesundheitsförderung: Konzepte und Strategien für die psychosoziale Praxis.* Freiburg: Lambertus.

Stark, Wolfgang (1996): „Qualitätsmanagement in sozialen und gesundheitsbezogenen Einrichtungen." *Public Health Forum* 11 (1996).

Statistisches Bundesamt (Hrsg.) (1999): *Gesundheitsbericht für Deutschland.* Stuttgart: Metzler Poeschel.

Strick, R. (1997): „Spielzeugfreier Kindergarten. Ein Projekt zur Suchtprävention für Kinder und mit Kindern." *Prävention* 1/1997.

Sturzbecher, Dietmar (Hrsg.) (1998): *Kindertagesbetreuung in Deutschland. Bilanzen und Perspektiven. Ein Beitrag zur Qualitätsdiskussion.* Freiburg: Lambertus.

Sturzbecher, D. / Großmann, H. (Hrsg.) (2001): *Besserwisser, Faxenmacher, Meckertanten. Wie Kinder ihre Eltern und Erzieherinnen erleben.* Neuwied: Luchterhand.

Sturzbecher, D. / Großmann, H.: *Soziale Partizipation in Kindergarten und Grundschule (Fortbildungshandbuch für die Praxis).* Neuwied: Luchterhand (erscheint 2002).

Sturzbecher, D. / Langner, W. / Waltz, C (2000): „Wie viel Autonomie besitzen Kinder? Ein Vergleich der Perspektiven von Kindern und ihren Erziehungspersonen." In: Krappmann, L. / Kuhn, H.-P. / Uhlendorff, H. (Hrsg.): *Sozialisation zur Mitbürgerlichkeit.* Opladen: Leske + Budrich.

Thiersch, H. (1978): „Alltagshandeln und Sozialpädagogik." *Neue Praxis* 3, 25. Jg. (1978).

Tietze, Wolfgang (1998): *Wie gut sind unsere Kindergärten?* Berlin: Luchterhand.

Tietze, Wolfgang / Schuster, Käthe-Marie / Rossbach, Günther (1997): *Kindergarten-Einschätz-Skala (KES).* Berlin: Luchterhand.

Troschke, v. J. / Gerber, U. / Reiser, U (1997): „Gesundheitsförderung in Kindergärten. Erfahrungen mit einem Modellprojekt der Techniker-Krankenkasse." *Prävention* 1/1997.

Veidt, A. (1998): „Wie und warum bleiben Menschen gesund? – Salutogenese – Individuelle und soziale Ressourcen stärken." *Prävention* 2/1998.

Waller, Heiko (1996): *Gesundheitswissenschaften. Eine Einführung in Grundlagen und Praxis.* (2., überarb. Aufl.) Stuttgart, Berlin, Köln: Kohlhammer.

Werner, E. E. / Smith, R. S. (1992): *Overcoming the odds: High risk children from birth to adulthood.* Ithaca, NY: Cornell University Press.

WHO (1997): *„Die Jakarta-Erklärung zur Gesundheitsförderung für das 21. Jahrhundert."* Genf.

Wilkesmann, U. (1995): „Macht, Kooperation und Lernen in Netzwerken und Verhandlungssystemen." In: Jansen, D. / Schubert, K. (Hrsg.) (1995): *Netzwerke und Politikproduktion. Konzepte, Methoden, Perspektiven.* Marburg: Schüren.

Winner, A. (1997): „Der spielzeugfreie Kindergarten – ein Projekt zur Förderung von Lebenskompetenzen bei Kindern? Ergebnisse einer Begleitstudie zur Suchtprävention im Kindergarten." *Prävention* 1/1997.

Zimmer, J. / Preissing, C. / Thiel, T. / Krappmann, L. (1997): *Kindergärten auf dem Prüfstand. Dem Situationsansatz auf der Spur.* Seelze: Kallmeyer.

Zimmer, Renate (1993): „Didaktische Konzeptionen der Sport- und Bewegungserziehung im Elementarbereich." *Sportunterricht* (Schorndorf) 42 (1993) 8.

Zimmer, Renate (1996): *Motorik und Persönlichkeitsentwicklung bei Kindern*. Schorndorf: Hofmann.

Zimmer, Renate (1997): *Handbuch der Sinneswahrnehmung. Grundlagen einer ganzheitlichen Erziehung*. Freiburg: Herder.

Zimmer, Renate (1999): *Handbuch der Bewegungserziehung*. Freiburg: Herder.

Zimmer, Renate (2000): *Handbuch der Psychomotorik. Theorie und Praxis der psychomotorischen Förderung von Kindern*. Freiburg: Herder.

Zimmer, Renate (2000): *Kreative Bewegungsspiele*. Freiburg: Herder.

Zimmer, Renate (2000): *Bewegungsförderung im Kindergarten. Kommentierte Medienübersicht*. (3. Auflage) Köln: BZgA (Hrsg.) (Gesundheitsförderung konkret Bd. 1)

Zimmer, Renate / Circus, H. (1995): *Psychomotorik*. Schorndorf: Hofmann.

7.2 Programm der Tagung

"Gesundheitsförderung im Kindergarten"
Fachtagung der BZgA vom 14. bis 15. Juni 2000 im Seminaris Hotel, Bad Honnef

Mittwoch, 14. 6. 2000

ab 12.30 Uhr   Anreise, Empfang der Teilnehmerinnen und Teilnehmer,
Tagungscafé

13.45–14.30 Uhr   • **Auftritt der Kindergartengruppen**
"Kinderwind", Kaarst, und "St. Agatha", Dormagen
• **Begrüßung und Eröffnung**
Dr. Elisabeth Pott, Direktorin der Bundeszentrale
für gesundheitliche Aufklärung
• **Grußwort der WHO**
Dr. Rüdiger Krech, WHO-Regionalbüro für Europa,
Kopenhagen

14.30–15.00 Uhr   **Impulsreferat 1:**
**Zentrale Gesundheitsprobleme im Kindesalter und
Entwicklung von Interventionsstrategien**
Dr. Elisabeth Pott, BZgA, Köln

15.00–15.30 Uhr   **Impulsreferat 2:**
Der Kindergarten als Setting der Gesundheitsförderung
Prof. Dr. Renate Zimmer, Universität Osnabrück

15.30–16.30 Uhr   **Eröffnung des Tagungscafés:**
Präsentation der "Models of good practice"[1]

16.30–18.30 Uhr   **Workshops Block I:**
Entwicklungsförderung im vorschulischen Alter

Workshop a
Konzepte der Frühpädagogik
Kornelia Schneider, Deutsches Jugendinstitut, München

Workshop b
Mädchen und Jungen im Kindergarten
Prof. Dr. Christian Büttner, Hessische Stiftung Friedens-
und Konfliktforschung, Frankfurt/M.

---

1   Übersicht und Kurzdarstellung der ausgestellten Projekte siehe *Kapitel 6.2.*

Workshop c

**Entwicklungsförderung durch Bewegung – Möglich-
keiten und Grenzen psychomotorischer Arbeit**
Prof. Dr. Renate Zimmer, Universität Osnabrück

Workshop d

**Mental Health Promotion im vorschulischen Alter –
Strategien ganzheitlicher Gesundheitsförderung im
europäischen Vergleich**
Josée van Reemoortel, Mental Health Europe, Brüssel

Workshops Block II:

Gesundheitsförderung im Kindergartenalltag

Workshop a

**Leben und Arbeiten im Kindergarten – Bedarfe von
ErzieherInnen**
Sabine Hoffmann-Steuernagel, LVG in Schleswig-
Holstein e.V., Kiel/Franz Gigout, LAG Saarland e.V.

Workshop b

**Gesundheitsförderung/Gesundheitserziehung in den
Fortbildungsangeboten für ErzieherInnen**
Peter Sabo, Gesellschaft für angewandte Jugend- und
Gesundheitsforschung e.V., Schwabenheim a.d. Selz

Workshop c

**Lied, Humor und Lebensfreude – Aspekte ganzheit-
licher Gesundheitsförderung** (ausgefallen)
Prof. Dr. Fredrik Vahle, Universität Gießen

Workshop d

**Kindergartenalltag und Implementation von
Gesundheitsförderung**
Margarete Mix, Gesundheitsmanagerin/Kindergarten-
leiterin, Hamburg

Workshop e

Prävention von Kinderunfällen
Inke Schmitt, BAG Kindersicherheit, Bundesvereinigung
für Gesundheit, Bonn

ab 19.30   Abendessen

Donnerstag, 15. 6. 2000

9.00–9.30 Uhr **Impulsreferat 3:**
Zugangswege zu Kindern aus unterschiedlichen
sozialen Lagen
Prof. Dr. Cornelia Helfferich, Ev. Fachhochschule Freiburg

9.30–10.00 Uhr **Impulsreferat 4:**
Gesundheitsförderung im Vorschulbereich –
Möglichkeiten kommunaler Zusammenarbeit
Prof. Dr. Volker Rittner, Deutsche Sporthochschule Köln

10.00 Uhr Tagungscafé

10.30–12.30 Uhr Workshops Block III:
Gesundheitsförderung im Kindergarten unter Berücksichtigung besonderer sozialer Lagen

Workshop a
Projektarbeit in sozialen Brennpunkten
Martina Abel, Gesundheitsamt Köln

Workshop b
Gesundheitsförderung im Kindergarten unter Berück-
sichtigung von Migrantenfamilien
Dr. Mehmet Alpbek, Arbeitskreis Neue Erziehung, Berlin

Workshop c
Gesundheitliche Auswirkungen sozialer Benachteili-
gung bei Kindern – Umsetzung von Empfehlungen
unter besonderer Berücksichtigung von Elternarbeit
Margarete Mix, Gesundheitsmanagerin/Kindergarten-
leiterin, Hamburg/Dr. Ulla Dirksen-Kauerz, Beratungs-
zentrum Sehen, Hören, Bewegen, Sprechen, Hamburg

Workshop d
Kinderarmut in Deutschland – Aspekte der Gesund-
heitsförderung
Prof. Dr. Eva Luber, Fachhochschule Magdeburg/
Dr. Müller-Senftleben, MASGF Brandenburg, Potsdam

Workshops Block IV:

Gesundheitsförderung im Kindergarten – Transparenz/Vernetzung und Qualitätssicherung

Workshop a
Medien und Maßnahmen der Gesundheitsförderung – Transparenzschaffung durch bundesweite Überblicke
Peter Sabo, Gesellschaft für angewandte Jugend- und Gesundheitsforschung e.V., Schwabenheim a.d. Selz/ Deutsche Sporthochschule Köln

Workshop b
Aspekte der Qualitätssicherung – Kriterien für die Auswahlvon Medien zur Bewegungsförderung
Prof. Dr. Renate Zimmer, Universität Osnabrück

Workshop c
Perspektiven kommunaler Zusammenarbeit – Möglichkeiten und Probleme einer intersektoralen Kooperation
Prof. Dr. Volker Rittner, Deutsche Sporthochschule Köln/ Dr. Christoph Müllmann, Beigeordneter der Stadt Kamp-Lintfort

12.30 Uhr   Mittagessen

13.30–14.30 Uhr   **Präsentation der „Models of good practice" im Tagungscafé**

14.30–15.30 Uhr   **Empfehlungen für die Gesundheitsförderung im Kindergarten**

- **Auswertung und Ergebnisse**
  Prof. Dr. Peter Franzkowiak, Fachhochschule Koblenz

- **Schlusswort**
  Harald Lehmann, Stellv. Direktor der Bundeszentrale für gesundheitliche Aufklärung

7.3 Verzeichnis der Teilnehmerinnen und Teilnehmer

Die nachfolgende Teilnehmerliste wurde auf der Grundlage der Anmeldungen erstellt. Trotz des Bemühens um weitestgehende Vollständigkeit kann nicht sichergestellt werden, dass alle Teilnehmerinnen und Teilnehmer der Tagung aufgeführt sind.

Abel, Dipl.-Psych. Martina, Bundesvereinigung für Gesundheit e.V., Heilsbachstr. 30, 53123 Bonn

Alpbek, Dr. Mehmet, Arbeitskreis Neue Erziehung, Boppstr. 10, 10967 Berlin

Andreas-Siller, Petra, Suchtberatung und -behandlung drobs, Heiligengeiststr. 19, 21335 Lüneburg

Augustin, Anneliese, Hainbuchenstr. 27, 34128 Kassel

Becker, Axel, Kreis Neuss, Sportberatungsbüro, Lindenstr. 16, 41515 Grevenbroich

Beins, Hans Jürgen, Förderverein Psychomotorik e.V. , Wernher-von-Braun-Str. 3, 53113 Bonn

Berger, Lars, Präventionszentrum Bremen-Nord , Weserstr. 16, 28757 Bremen

Böck, Monika, Kapitelstr. 6, 51103 Köln,

Bogucki, Monika, Deutsche Sporthochschule Köln, Melchiorstr. 1, 50670 Köln

Bönsch, Oliver, Deutsche Sporthochschule Köln, Institut für Sportsoziologie, Carl-Diem-Weg 6, 50933 Köln

Breithecker, Dr. phil. Dieter, Bundesarbeitsgemeinschaft für Haltungs- u. Bewegungsförderung e.V., Friedrichstr. 14, 65185 Wiesbaden

Bucksch, Jens, Deutsche Sporthochschule Köln, Institut für Sportsoziologie, Carl-Diem-Weg 6, 50933 Köln

Bucksch, Nicole, Deutsche Sporthochschule Köln, Leyendeckerstr. 4g, 50825 Köln

Büttner, Prof. Dr. Christian, Hessische Friedens- und Konfliktforschung, Leimenrode 29, 60322 Frankfurt

Compère, Nicole, Fotografin, Zaunhofstr. 28, 50997 Köln

Debele, Rebecca, Interkulturelle Begegnungsstätte Bayouma-Haus, Colbestr. 11, 10247 Berlin,

Dirksen-Kauerz, Dr. Ursula, Süllbergstreppe 2a, 22587 Hamburg

Dordel, Dr. rer. nat Sigrid, Deutsche Sporthochschule Köln, Institut für Sportsoziologie, Carl-Diem-Weg 6, 50927 Köln

Dorer, Christine, veranstaltungen + congresse, Kuchener Str. 24, 70327 Stuttgart

Ehmke, Dipl.-Päd. Irene, Büro für Suchtprävention Hamburg, Brenner Str. 90, 20099 Hamburg

Ehrhardt, Viola, Landesvereinigung für Gesundheitsförderung Thüringen e.V. AGETHUR, Carl-August-Allee 1, 99423 Weimar

Empt, Erika, Gesundheitsamt Köln KJGD (Kinder- u. Jugend-Gesundheits-Dienst), Neumarkt 15–21, 50667 Köln

Ettischer, Heike, Bundeszentrale für gesundheitliche Aufklärung, Ostmerheimer Str. 220, 51109 Köln

Färber, Heike, Sportjugend Hessen, Otto-Fleck-Schneise 4, 60528 Frankfurt a. M.

Fichtner, Dr. Heinz-Lothar, Im Moore 7, 30167 Hannover

Franzkowiak, Prof. Dr. Peter, Fachhochschule Koblenz, FB Sozialwesen, Finkenherd 4, 56075 Koblenz

Frevel, Dorothea, Hamburgische Arbeitsgemeinschaft für Gesundheitsförderung e.V., Fuhlsbüttler Str. 401, 22309 Hamburg

Gaidetzka, Sabine, Landeszentrale für Gesundheitsförderung in Rheinland-Pfalz e.V., Karmeliterplatz 3, 55116 Mainz

Garay, Natascha, Interkulturelle Begegnungsstätte Bayouma-Haus, Colbestr. 11, 10247 Berlin

Gebelein, Ulrike, Diakonisches Werk der EKD Bundesvereinigung Evangelischer Tageseinrichtungen für Kinder e.V., Stafflenbergstr. 76, 70184 Stuttgart

Gebhardt, Nicole, Deutsche Turnerjugend , Otto-Fleck-Schneise 8, 60528 Frankfurt

Gies, Volker, Deutsche Sporthochschule Köln, Heinrich-Herle-Str. 19, 50737 Köln

Gigout, Franz, Landesarbeitsgemeinschaft für Gesundheitsförderung Saarland e.V., Feldmannstr. 30, 66119 Saarbrücken

Golenia, Marion, Deutsche Sporthochschule Köln, Melatengürtel 84, 50823 Köln

Goßmann, Waltraud, Hessische Arbeitsgemeinschaft für Gesundheitserziehung e.V., Heinrich-Heine-Str. 44–46, 35039 Marburg

Grieger, Dr. Dorothea, Büro der Beauftragten der Bundesregierung für Ausländerfragen, Mauerstr. 45–52, 10117 Berlin

Großmann, Bianca, Institut für angewandte Familien-, Kindheits- und Jugendforschung, Burgwall 15, 16727 Vehlefanz

Hankemann, Ria, Kompass Beratungsstelle für Suchtprävention, Spohrstr. 1, 22083 Hamburg

Hebben, Candy, Universität Osnabrück FB 3/Sport und Sportwissenschaft, Sportzentrum, Jahnstr. 41, 49080 Osnabrück

Helfferich, Prof. Dr. Cornelia, Evangelische Fachhochschule Fachbereich Sozialpädagogik, Bugginger Str. 38, 79114 Freiburg

Hellmers, Claudia, Teckentrupsweg 9, 33334 Gütersloh

Hoffmann-Steuernagel, Dipl. oec. troph. Sabine, Landesvereinigung für Gesundheitsförderung Schleswig-Holstein e.V., Flämische Straße 6–10, 24103 Kiel

Hohn, Monika, Landeszentrale für Gesundheitsförderung in Rheinland-Pfalz e.V., Karmeliterplatz 3, 55116 Mainz

Hollmach, Kerstin, Landesvereinigung für Gesundheitsförderung Thüringen e.V. AGETHUR, Carl-August-Allee 1, 99423 Weimar

Huth, Kerstin, Beerenweg 3, 17033 Neubrandenburg

Kislik, Monika, Landeszentrale für Gesundheitsförderung in Rheinland-Pfalz e.V., Karmeliterplatz 3, 55116 Mainz

Klapdor-Volmar, Dr. Beate, Carossastr. 1, 41464 Neuss

Knapp, Martina, Landeszentrale für Gesundheitsförderung in Rheinland-Pfalz e.V., Karmeliterplatz 3, 55116 Mainz

Kneip, Dr. Nico, Ministère de l'education nationale Groupe d'étude et d'aide au développement de l'enfant Centre Benjamin, 4, rue de Deich, 9012 Ettelbrück, Luxemburg

Krech, Dr. Rüdiger, WHO-Regionalbüro für Europa, Scherfigsvej 8, 2100 Kopenhagen, Dänemark

Krüger, Piotr, Universität Osnabrück FB 3/Sport und Sportwissenschaft, Sportzentrum, Jahnstr. 41, 49080 Osnabrück

Kühn, Regina, Präventionszentrum Bremen-Nord , Weserstr. 16, 28757 Bremen

Lehmann, Harald, Bundeszentrale für gesundheitliche Aufklärung, Ostmerheimer Str. 220, 51109 Köln

Lensing-Conrady, Rudolf, Förderverein Psychomotorik e.V., Wernher-von-Braun-Str. 3, 53113 Bonn

Leykamm, Barbara, Landesgesundheitsamt Baden-Württemberg, Abt. 3, Ref. Gesundheitsförderung, Hoppenlaustr. 7, 70174 Stuttgart

Luber, Prof. Dr. Eva, Hochschule Magdeburg-Stendal, Maxim-Gorki-Str. 31–37, 39108 Magdeburg

Lummer, Petra, Teckentrupsweg 9, 33334 Gütersloh

Lütkens, Alexandra, Deutsche Sporthochschule Köln, Gustavstr. 1, 50937 Köln

Maasberg, Angelika, Landesvereinigung für Gesundheit Niedersachsen e.V., Fenskeweg 2, 30165 Hannover

Mann-Luoma, Reinhard, Bundeszentrale für gesundheitliche Aufklärung, Ostmerheimer Str. 220, 51109 Köln

Mashkoori, Dipl. oec. troph. Karim, Gesundheitsamt Münster, Gesundheitsplanung und -förderung, Stühmerweg 8, 48147 Münster

Menne, Sabine, Hessische Arbeitsgemeinschaft für Gesundheitserziehung e.V., Heinrich-Heine-Str. 44–46, 35039 Marburg

Mersmann, Dr. Heiner, Stadt Köln, Gesundheitsamt, Neumarkt 15–21, 50667 Köln

Meyer-Nürnberger, Dr. Monika, Bundeszentrale für gesundheitliche Aufklärung, Ostmerheimer Str. 220, 51109 Köln

Minger, Dr., Sächs. Staatsministerium f. Soziales, Gesundheit, Jugend und Familie, Ref. 47, Kindertagesbetreuung, Albertstr. 10, 01097 Dresden

Mix, Margarete, Kindergarten St. Bernard, Langenstücken 40, 22393 Hamburg

Müller, Birgit, Kreisgesundheitsamt Neuss, Geschäftsstelle Ortsnahe Koordinierung, Lindenstr. 16, 41515 Grevenbroich

Müller-Senftleben, Bernd., MAFGF Brandenburg, Referat 45, Berliner Str. 90, 14473 Potsdam

Müllmann, Dr. Christoph, Stadt Kamp-Lintfort, Dez. II, Postfach 1760, 47462 Kamp-Lintfort

Munder, Jörg, Mediendesign, Schickhardtstr. 51, 70199 Stuttgart

Neuber, Dr. Nils, Ruhr-Universität Bochum, Fakultät für Sportwissenschaft, Stiepler Str. 129, 44780 Bochum

Oprach, Dorothee, Förderverein Psychomotorik e.V. Kindertagesstätten, Wernher-von-Braun-Str. 3, 53113 Bonn

Paradies, Christina, Bundeszentrale für gesundheitliche Aufklärung, Ostmerheimer Str. 220, 51109 Köln

Paulik, Marlies, Landesamt für Soziales und Familie, Abt. V, Landesjugendamt, Steinweg 23, 98617 Meiningen

Peim, Olaf, Deutsche Sporthochschule Köln , Classen-Kappelmann-Str. 43, 50931 Köln

Pott, Dr. Elisabeth, Bundeszentrale für gesundheitliche Aufklärung, Ostmerheimer Str. 220, 51109 Köln

Regelski, Mark, Deutsche Sporthochschule Köln, Hauptstr. 28, 51570 Windeck

Remoortel, van, Josée, European Union Mental Health Europe, Clovislaan 6, 1000 Brüssel, Belgien

Rittner, Prof. Dr. Volker, Deutsche Sporthochschule Köln, Institut für Sportsoziologie, Carl Diem-Weg 6, 50933 Köln

Sabo, Peter, Gesellschaft für angewandte Jugend- und Gesundheitsforschung e.V. (GJG), Am Sonnenberg 17, 55270 Schwabenheim a.d.Selz

Salice-Stephan, Katharina, Redaktion und Lektorat, Melchiorstr. 29, 50670 Köln

Scheffer, Johanna, Goerdelerplatz 7, 63067 Ludwigshafen

Scherz, Dr., Bundesministerium für Gesundheit, Am Probsthof 78a, 53108 Bonn

Schlack, Dr. Ute, Gesundheitsamt Köln KJGD (Kinder- u. Jugend-Gesundheits-Dienst), Neumarkt 15–21, 50667 Köln

Schmidt, Inke, Bundesvereinigung für Gesundheit e.V., BundesArGe Kindersicherheit, Heilsbachstr. 30, 53123 Bonn

Schneider, Kornelia, Deutsches Jugendinstitut e.V. (DJI), Abt. Kinder/Kinderbetreuung, Nockherstr. 2, 81541 München

Schneider, Veronika, Arbeiterwohlfahrt Bundesverband e.V., Oppelner Str. 130, 53119 Bonn

Schönfelder, Gitta, Städtische Kindertageseinrichtung, Bonner Str. 104a, 53757 Sankt Augustin

Schönwandt, Martin, Deutsche Turnerjugend, Otto-Fleck-Schneise 8, 60528 Frankfurt a.M.

Schröder, Elisabeth, Deutsche Sporthochschule Köln, Gleueler Str. 53, 50931 Köln

Schroll, Eckhard, Bundeszentrale für gesundheitliche Aufklärung, Ostmerheimer Str. 220, 51109 Köln

Schubert, Elke, Gesundheitsamt Weilheim/Schongau, Oberer Graben 6, 82362 Weilheim

Schubert, Susanne, Universität Osnabrück FB 3/Sport und Sportwissenschaft, Sportzentrum – Jahnstr. 41, 49080 Osnabrück

Schultz, Julia, Universität Osnabrück, FB 3/Sport und Sportwissenschaft, Sportzentrum – Jahnstr. 41, 49080 Osnabrück

Schulz-Algie, Stephan, Sportjugend Hessen , Otto-Fleck-Schneise 4, 60528 Frankfurt a.M.

Schutzeichel, Hedwig, Kindergarten „Rappelkiste", Jahnstr. 3, 56588 Waldbreitbach

Schweer, Thorsten, Universität Osnabrück, FB 3/Sport und Sportwissenschaft, Sportzentrum – Jahnstr. 41, 49080 Osnabrück

Seidel, Heide, Käthe-Münch-Kindertagesstätte, Rodgaustr. 5, 63500 Seligenstadt

Seifert, Elisabeth, Aktion Jugendschutz Landesarbeitsstelle Bayern e.V., Fasaneriestraße 17, 80636 München

Sommer, Ingrid, Landschaftsverband Rheinland, Landesjugendamt, 50663 Köln

Stinner, Isolde, Ev. integratives Montessori-Kinderhaus, Diemstr. 10, 53797 Lohmar

Thiemann-Zickfeld, Hanne, Ministerium für Frauen, Arbeit, Gesundheit und Soziales, Postfach 10 24 53, 66024 Saarbrücken

Vesper, Ute, Kindertagesstätte der Arbeiterwohlfahrt, Sylter Weg 20, 30163 Hannover

Vöge, Monika, Hessische Arbeitsgemeinschaft für Gesundheitserziehung e.V., Heinrich-Heine-Str. 44–46, 35039 Marburg

Wahl, Rita, Deutscher Fußball-Bund, Altes Pastorat 3, 45892 Gelsenkirchen

Wanzeck-Sielert, Christa, Universität Flensburg, Institut für Gesundheitsbildung, Schützenkuhle 26, 24937 Flensburg

Westphal-Zenth, Rosemarie, Hessisches Ministerium für Umwelt, Landwirtschaft und Forsten, Jugend, Familie und Gesundheit, Landesjugendamt Hessen, Kleiststr. 25, 65187 Wiesbaden

Wetzel, Dr. Ursula, Kinder- und Jugendgesundheitsdienst Gesundheitsamt Bremen, Hornerstr. 60–70, 28203 Bremen

Wollenweber, Gisela, Ev. integratives Montessori-Kinderhaus, Diemstr. 10, 53797 Lohmar

Wunck, Andreas, BundesAG zur Förderung haltungs- u. bewegungsauffälliger Kinder, Friedrichstr. 14, 65185 Wiesbaden

Ziemer, Jens, Landesvereinigung für Gesundheit des Landes Sachsen-Anhalt, Burgstr. 40/41, 06124 Halle

Zimmer, Prof. Dr. Renate, Universität Osnabrück, FB 3/Sport und Sportwissenschaft, Sportzentrum – Jahnstr. 41, 49080 Osnabrück

Fachheftreihe „Forschung und Praxis der Gesundheitsförderung"

Band 1: *Standardisierung von Fragestellungen zum Rauchen*
Ein Beitrag zur Qualitätssicherung in der Präventionsforschung von Klaus Riemann und Uwe Gerber im Auftrag der BZgA.
Bestellnr.: 60 600 000

Band 2: *Geschlechtsbezogene Suchtprävention* – Praxisansätze, Theorieentwicklung, Definitionen.
Abschlussbericht eines Forschungsprojekts von Peter Franzkowiak, Cornelia Helfferich und Eva Weise im Auftrag der BZgA.
Bestellnr.: 60 602 000

Band 3: *Gesundheit von Kindern* – Epidemiologische Grundlagen. Eine Expertentagung der BZgA.
Bestellnr.: 60 603 000

Band 4: *Prävention durch Angst?* – Stand der Furchtappellforschung.
Eine Expertise von Jürgen Barth und Jürgen Bengel im Auftrag der BZgA.
Bestellnr.: 60 604 000

Band 5: *Prävention des Ecstasykonsums* – Empirische Forschungsergebnisse und Leitlinien.
Dokumentation eines Statusseminars der BZgA vom 15. bis 17. September 1997 in Bad Honnef.
Bestellnr.: 60 605 000

Band 6: *Was erhält Menschen gesund?* – Antonovskys Modell der Salutogenese – Diskussionsstand und Stellenwert. Eine Expertise von Jürgen Bengel, Regine Strittmatter und Hildegard Willmann im Auftrag der BZgA.
Bestellnr.: 60 606 000

Band 7: *Starke Kinder brauchen starke Eltern* – Familienbezogene Suchtprävention – Konzepte und Praxisbeispiele.
Bestellnr.: 60 607 000

Band 8: *Evaluation – ein Instrument zur Qualitätssicherung in der Gesundheitsförderung*
Eine Expertise von Gerhard Christiansen, BZgA, im Auftrag der Europäischen Kommission.
Bestellnr.: 60 608 000

Band 9: *Die Herausforderung annehmen* – Aufklärungsarbeit zur Organspende im europäischen Vergleich.
Eine Expertise im Auftrag der BZgA und Ergebnisse eines internationalen Expertenworkshops vom 2. bis 3. November 1998 in Bonn.
Bestellnr.: 60 609 000

Band 10: *Bürgerbeteiligung im Gesundheitswesen* – Eine länderübergreifende Herausforderung.
Dokumentation einer internationalen Tagung der Fakultät für Gesundheitswissenschaften der Universität Bielefeld in Zusammenarbeit mit dem WHO-Regionalbüro für Europa am 4. bis 5. Februar 1999 in Bonn von Bernhard Badura und Henner Schellschmidt.
Bestellnr.: 60 610 000

Band 11: *Schutz oder Risiko?* – Familienumwelten im Spiegel der Kommunikation zwischen Eltern und ihren Kindern. Eine Studie von Catarina Eickhoff und Jürgen Zinnecker im Auftrag der BZgA.
Bestellnr.: 60 611 000

Band 12: *Suchtprävention im Sportverein* – Erfahrungen, Möglichkeiten und Perspektiven für die Zukunft.
Dokumentation einer Fachtagung der BZgA vom 20. bis 22. März 2000.
Bestellnr.: 60 612 000

Band 13: *Der Organspendeprozess: Ursachen des Organmangels und mögliche Lösungsansätze*
Inhaltliche und methodenkritische Analyse vorliegender Studien von Stefan M. Gold, Karl-Heinz Schulz und Uwe Koch im Auftrag der BZgA.
Bestellnr.: 60 613 000

Band 14: *Ecstasy – „Einbahnstraße" in die Abhängigkeit?* – Drogenkonsummuster in der Techno-Party-Szene und deren Veränderung in längsschnittlicher Perspektive. Eine empirische Untersuchung von H. Peter Tossmann, Susan Boldt und Marc-Dennan Tensil, im Auftrag der BZgA.
Bestellnr.: 60 614 000

Band 15: *Qualitätsmanagement in Gesundheitsförderung und Prävention* – Grundsätze, Methoden und Anforderungen.
Bestellnr.: 60 615 000